Wissensbasierte Diagnose von Industrieunternehmen

Europäische Hochschulschriften
Publications Universitaires Européennes
European University Studies

Reihe V
Volks- und Betriebswirtschaft

Série V   Series V
Sciences économiques, gestion d'entreprise
Economics and Management

Bd./Vol. 1980

PETER LANG
Frankfurt am Main · Berlin · Bern · New York · Paris · Wien

Martin Eisenhut

Wissensbasierte Diagnose von Industrieunternehmen

Modellkonzeption und
empirische Fundierung

PETER LANG
Europäischer Verlag der Wissenschaften

Die Deutsche Bibliothek - CIP-Einheitsaufnahme

Eisenhut, Martin:
Wissensbasierte Diagnose von Industrieunternehmen :
Modellkonzeption und empirische Fundierung / Martin
Eisenhut. - Frankfurt am Main ; Berlin ; Bern ; New York ;
Paris ; Wien : Lang, 1996
  (Europäische Hochschulschriften : Reihe 5, Volks- und
  Betriebswirtschaft ; Bd. 1980)
  Zugl.: München, Techn. Univ., Diss., 1996
  ISBN 3-631-30792-6

NE: Europäische Hochschulschriften / 05

D 91
ISSN 0531-7339
ISBN 3-631-30792-6
© Peter Lang GmbH
Europäischer Verlag der Wissenschaften
Frankfurt am Main 1996
Alle Rechte vorbehalten.

Das Werk einschließlich aller seiner Teile ist urheberrechtlich geschützt. Jede Verwertung außerhalb der engen Grenzen des Urheberrechtsgesetzes ist ohne Zustimmung des Verlages unzulässig und strafbar. Das gilt insbesondere für Vervielfältigungen, Übersetzungen, Mikroverfilmungen und die Einspeicherung und Verarbeitung in elektronischen Systemen.

Printed in Germany 1 2 3 4 6 7

Meiner Frau Ulrike und meinen Eltern

Geleitwort

Viele Unternehmen setzen sich ständig mit der Frage der Leistungsbewertung und der Identifikation von Reorganisationsfeldern auseinander. Basis hierfür ist auch die Erkenntnis, daß die Auswahl und Durchführung von Reorganisationen einen erheblichen Beitrag zur Positionsverbesserung gegenüber dem Wettbewerb leisten kann. Um die Unternehmensanalyse effizient und entscheidungsorientiert zu gestalten, kommen mathematische Verfahren auf diesem betriebswirtschaftlichen Gebiet zur Anwendung. Da der Konnektionismus bisher in vielen Bereichen, wie etwa der Kreditwürdigkeitsprüfung oder der Aktienkursprognose, bei der Unterstützung und Bewertung von Entscheidungen wesentliche Beiträge leisten konnte, gilt es zu überprüfen, ob diese Methode auch den Prozeß der Unternehmensanalyse verbessern kann.

Mit dieser interdisziplinären Arbeit wird der Versuch unternommen, den Konnektionismus mit dem Gebiet der Unternehmensanalyse zu verbinden. Der Konnektionismus ist ein Ansatz der Künstlichen Intelligenz und kann mit neuronalen Netzen operationalisiert werden. Die Ausarbeitung zeigt, daß der Einsatz dieser Methode bestehende Schwachstellen der traditionellen Unternehmensanalyse reduzieren oder überwinden kann. Neben einer Leistungspositionierung und der Identifikation von Kostensenkungs- oder Leistungssteigerungspotentialen erfolgt unter Zuhilfenahme künstlicher neuronaler Netze eine Selektion von Reorganisationsfeldern.

Dem Autor gelingt es, eine empirisch abgesicherte, wissensbasierte Konzeption zur DV-gestützten Analyse von Industrieunternehmen zu erarbeiten und anhand einer prototypischen Anwendung zu verifizieren. Dem wissensbasierten Ansatz liegt die Konzeption eines prozeßorientierten Unternehmensdatenmodells zugrunde. Dieses wird der Mustererkennung entsprechend mit Eingangs- und Ausgangsmustern betriebswirtschaftlicher Blickrichtungen beschrieben. Die Wissensbasis des Klassifikators setzt sich aus 55 Unternehmen zusammen, die im Rahmen von mehreren Arbeitskreisen und Forschungsprojekten, die ich an meinem Lehrstuhl durchführte, befragt wurden. Die Modellkonzeption und die Ergebnisse der Korrektheitsprüfung des implementierten Mustererkennungssystems bestätigen den Erfolg der Anwendung neuronaler Netze im Rahmen der Unternehmensanalyse.

Dem vorliegenden Buch liegt eine Dissertation der Technischen Universität München zugrunde. Es richtet sich an Leser aus Wissenschaft und Praxis, die sich mit den Fragen der Leistungsbewertung und -steigerung von Organisationen und der Weiterentwicklung des begleitenden mathematischen Instrumentariums der Unternehmensanalyse auseinandersetzen.

München, im Mai 1996

Prof. Dr. Horst Wildemann

Vorwort

Wissensbasierte Systeme waren in den letzten Jahren mit großen Erwartungen verbunden, was deren Möglichkeiten betrifft, Lösungen in komplexen Problemsituationen zu finden. Da im Rahmen der Unternehmensanalyse eine Vielzahl statistischer Informationen zu bewerten sind, besteht die Forderung nach einem Instrument, welches den Diagnoseprozeß nicht nur operativ unterstützt, sondern auch eine Komponente zur Entscheidungsunterstützung bereitstellt. Regelbasierte Systeme sind diesem Zusammenhang nur schwer einsetzbar, aus diesem Grund soll die Idee umgesetzt werden, den Konnektionismus auf das komplexe betriebswirtschaftliche Gebiet der Unternehmensanalyse zu übertragen. Mit der Entwicklung eines Unternehmensdatenmodells in Form von Ein- und Ausgangsmustern und der Konzeption eines neuronalen Netzes als Musterklassifikator wird die Grundlage für einen modellbasierten Ansatz geschaffen. Das Training des implementierten Mustererkennungssystems mit realen Unternehmensdaten und der Bewertung der Reklassifikations- und Prognoseleistung fundieren die erfolgreiche Anwendung des Konnektionismus zur Diagnose von Industrieunternehmen.

Die vorliegende Dissertation entstand an der Technischen Universität München während meiner Assistenzzeit am Lehrstuhl für Betriebswirtschaftslehre mit Schwerpunkt Logistik und im Zusammenhang mit meiner dortigen Beratertätigkeit. Mein besonderer Dank gilt zuallererst meinem verehrten akademischen Lehrer, Herrn Professor Dr. Horst Wildemann für die Anregung, die wissenschaftliche Förderung und die Betreuung der Arbeit. Er hat mir die Möglichkeit gegeben, mich mit betriebswirtschaftlichen und technologischen Fragestellungen in Industrieunternehmen intensiv auseinanderzusetzen und hat dadurch mein Interesse für das Gebiet der Unternehmensdiagnose geweckt. Herrn Professor Dr. Manfred Broy danke ich sehr herzlich für die Übernahme des Korreferats, Herrn Professor Dr. Franz Holzheu danke ich für die Übernahme des Prüfungsvorsitzes. Bei meinen ehemaligen und heutigen Kollegen am Lehrstuhl möchte ich mich für die gute

Zusammenarbeit in gemeinsamen Industrieprojekten bedanken. Herrn Dipl.-Ing., Dipl.-Wirtsch.-Ing. Stefan Keller danke ich für fruchtbare betriebswirtschaftliche Diskussionen. Besonderer Dank gilt Herrn Dr. rer. pol. Michael C. Hadamitzky für seine zahlreichen wissenschaftlichen Anregungen sowie für seine stetige Diskussionsbereitschaft und motivatorische Unterstützung.

Herrn Dipl.-Inform. Albert Hager, Herrn Dipl.-Ing., Dipl.-Wirtsch.-Ing. Bodo Ischebeck und Herrn stud. rer. nat. Markus Garschhammer möchte ich für Ihr großes Engagement und Ihre konstruktive Unterstützung in der Umsetzungsphase des Diagnoseinstruments WIDIS herzlich danken.

Das vorliegende Buch widme ich meiner Frau Ulrike und meinen Eltern, die durch Ihr Vertrauen und Ihre liebevolle Unterstützung zum erfolgreichen Abschluß dieser selbstgestellten Aufgabe beigetragen haben.

München, im Mai 1996

Martin Eisenhut

Inhaltsverzeichnis

Abbildungsverzeichnis	XV
Abkürzungsverzeichnis	XVII

A	**Einführung**	**1**
	1 Ausgangssituation und Problemstellung	1
	2 Behandlung des Themas in der Literatur	9
	3 Charakterisierung des Lösungsansatzes und Gang der Untersuchung	15
B	**Unternehmensanalyse als Anwendungsgebiet der wissensbasierten Diagnose**	**19**
	1 Begriffsabgrenzungen	19
	2 Vorgehensweise der Unternehmensanalyse	21
	3 Infomationsbasis	24
	3.1 Kennzahlen	25
	3.2 Kennzahlensysteme	26
	4 Vergleichsmethoden zur Diagnose	30
	4.1 Innerbetriebliche Vergleiche	30
	4.2 Unternehmensvergleiche	35
	4.3 Benchmarking	38
	4.4 Vergleichbarkeit von Unternehmen	42
	4.5 Bewertung der Diagnosemethoden	45
	5 Defizite der konventionellen Informationsverarbeitung bei der Unternehmensanalyse	48
	6 Anforderungsprofil an wissensbasierte Diagnosen	49

C	**Wissensbasierte Problemlösung mittels Mustererkennung**	**51**
	1 Grundlagen der Mustererkennung	51
	2 Prozeß der Klassifikation von Mustern	54
	3 Mathematische Klassifikationsverfahren	62
	3.1 Statistische Verfahren	63
	3.2 Nicht-parametrische Verfahren	65
	3.3 Geometrische Verfahren	67
	3.4 Klassifikation und multivariate Statistik	68
	4 Künstliche neuronale Netze	72
	4.1 Aufbau und Funktionalität neuronaler Netze	74
	4.2 Netzmodelle	77
	4.3 Klassifikation mittels neuronaler Netze	83
	5 Datenaggregation und Datenunvollständigkeit	86
	6 Unternehmensanalyse und Mustererkennung	87
D	**Modellkonzeption zur Diagnose von Industrieunternehmen**	**91**
	1 Modellkonzeption und -analyse	91
	2 Konzeptioneller Bezugsrahmen und Modell zur Unternehmensdiagnose	94
	3 Allgemeine Unternehmensdaten	99
	4 Strukturmuster	102
	4.1 Produktstrukur	102
	4.2 Kostenstruktur	105
	4.3 Wertschöpfungskette	108
	4.4 Aufbauorganisation	112
	4.5 Kunden- und Marktstruktur	115
	5 Leistungsmuster	117
	5.1 Finanzielles Ergebnis	117
	5.2 Logistikleistung	119
	5.3 Kunden- und Serviceorientierung	122
	5.4 Innovationsleistung	125

	6 Leistungsindexsystem	127
	7 Reorganisationsschwerpunkte	129
	7.1 Beschaffung	130
	7.2 Fertigung	132
	7.3 Produktionsplanung und -steuerung	134
	7.4 Organisation	136
	7.5 Qualitätssicherung	137
	7.6 Informationssysteme	138
	7.7 Produktgestaltung	140
E	**Prototyp zur Implementierung eines wissensbasierten Diagnosesystems**	**143**
	1 Datenbankdesign	144
	2 Merkmale des neuronalen Netzes	146
	2.1 Struktur des implementierten neuronalen Netzes	146
	2.2 Rahmendaten der Wissensbasis	149
	2.3 Eigenschaften der Simulationssoftware	153
	2.4 Realisierung des Klassifikators	154
	2.5 Validität und Leistungspotential	157
	3 Benutzerschnittstelle des Diagnosesystems	160
	3.1 Wissensbasierte Diagnose	162
	3.2 Diagnosespezifische Vergleiche	163
	3.3 Verwaltungsfunktionen	167
	3.4 Exkurs: Weitere Analysemethoden	168
	4 Beispielszenario einer wissensbasierten Diagnose	170
	5 Grenzen und Perspektiven des Prototyps	173
F	**Zusammenfassung: Diagnose mittels Mustererkennung**	**177**
	Literaturverzeichnis	**181**

Abbildungsverzeichnis

Abb. A-1a	Anwendungen der Mustererkennung bei betriebswirtschaftlichen Fragestellungen	13
Abb. A-1b	Anwendungen der Mustererkennung bei betriebswirtschaftlichen Fragestellungen	14
Abb. A-2	Vorgehensweise der Problemlösung	17
Abb. B-1	Grobablauf der Unternehmensanalyse	22
Abb. B-2	DuPont System of Financial Control	28
Abb. B-3	Schematischer Aufbau der ZVEI-Kennzahlenpyramide	29
Abb. B-4	Charakterisierung der Methoden zur Ermittlung von Soll-Ausprägungen	35
Abb. B-5	Eigenschaften der Vorgehensweisen zur Erhöhung des Vergleichbarkeitsgrades	45
Abb. B-6	Charakterisierung der Diagnosemethoden	46
Abb. C-1	Beispiele für Muster	53
Abb. C-2	System zur Klassifikation von Mustern	55
Abb. C-3	Neuronales Netzwerk	74
Abb. C-4	Modell eines künstlichen Neurons	75
Abb. C-5	Transferfunktionen	76
Abb. C-6	Multi-Layer-Perceptron mit L Schichten	81
Abb. C-7	Abbildungsvorschrift der Mustererkennung	88
Abb. C-8	Positionierung der Arbeit	90
Abb. D-1	Konzeption und Analyse	93
Abb. D-2	Ebenen des Wertschöpfungsprozesses	97
Abb. D-3	Unternehmensmerkmale	100
Abb. D-4	Dimensionen des Leistungsindexsystems	128
Abb. D-5	Maßnahmenfelder der Beschaffung	131
Abb. D-6	Maßnahmenfelder der Fertigung	133
Abb. D-7	Maßnahmenfelder der Produktionsplanung und -steuerung	135
Abb. D-8	Maßnahmenfelder der Organisation	136

Abb. D-9	Maßnahmenfelder der Qualitätssicherung	138
Abb. D-10	Maßnahmenfelder innerhalb der Informationssysteme	139
Abb. D-11	Maßnahmenfelder der Produktgestaltung	140
Abb. E-1	Komponenten des Diagnosesystems	143
Abb. E-2	Datenstruktur des Prototyps	145
Abb. E-3	Struktur des realisierten Multi-Layer-Perceptrons	148
Abb. E-4a	Charakterisierung der Wissensbasis	150
Abb. E-4b	Charakterisierung der Wissensbasis	151
Abb. E-5	Verteilung der Reorganisationsfelder	152
Abb. E-6	Aufbau des Diagnosesystems	160
Abb. E-7	Wissensbasierte Diagnosen	162
Abb. E-8	Reorganisationsfelder	163
Abb. E-9	Unternehmensklassenbildung	164
Abb. E-10	Eingangsmaske zum Leistungsmustervergleich	165
Abb. E-11	Muster der Logistikleistung (Auszug)	166
Abb. E-12	Unternehmensverwaltung	167
Abb. E-13	Ursache-Wirkungs-Analyse im DuPont Schema	169
Abb. E-14a	Prozeß der Unternehmensdiagnose (Beispiel)	171
Abb. E-14b	Prozeß der Unternehmensdiagnose (Beispiel)	172

Abkürzungsverzeichnis

Abb.	Abbildung
Abs.	Absatz
Art.	Artikel
Bd.	Band
BDE	Betriebsdatenerfassung
BME	Bundesverband Materialwirtschaft, Einkauf und Logistik
BFuP	Betriebswirtschaftliche Forschung und Praxis
CAD	Computer Aided Design
CAM	Computer Aided Manufacturing
CAP	Computer Aided Planning
CAQ	Computer Aided Quality
CIM	Computer Integrated Manufacturing
DB	Der Betrieb
DBW	Die Betriebswirtschaft
Diss.	Dissertation
EAN	Europäische Artikelnummer
EDI	Elektronic Data Interchange
FB/IE	Fortschrittliche Betriebsführung und Industrial Engineering
ff.	fortfolgende
FMEA	Failure Mode and Effects Analysis
HMD	Handbuch der modernen Datenverarbeitung
Hrsg.	Herausgeber
HWB	Handwörterbuch der Betriebswirtschaft
HWFü	Handwörterbuch der Führung
HWO	Handwörterbuch der Organisation
HWPlan	Handwörterbuch der Planung
i.d.R	in der Regel

IM	Informations Management
Nr.	Nummer
o.V.	ohne Verfasser
PIMS	Profit Impact of Market Strategies
PPS	Produktionsplanung und -steuerung
QFD	Quality Function Deployment
QZ	Qualität und Zuverlässigkeit
S.	Seite
Sp.	Spalte
TQC	Total Quality Control
TQM	Total Quality Management
u.a.	unter anderem
VDI-Z	Zeitung des Vereins Deutscher Ingenieure
VDMA	Verein Deutscher Maschinen- und Anlagenbau
vgl.	vergleiche
Vol.	Volume
WIDIS	Wissensbasiertes Diagnose-System
WiSt	Wirtschaftswissenschaftliches Studium
WISU	Das Wirtschaftsstudium
ZfB	Zeitung für Betriebswirtschaft
ZfbF	Zeitschrift für betriebswirtschaftliche Forschung
ZfO	Zeitschrift für Organisation
ZVEI	Zentralverband der Elektronischen Industrie

A Einführung

1 Ausgangssituation und Problemstellung

Unternehmen sehen sich ständig neuen Herausforderungen gegenüber. Der Erfolg von Industrieunternehmen wird im wesentlichen von ihren Fähigkeiten bestimmt, sich an veränderte Wettbewerbsbedingungen schnell anzupassen[1]. Andere Anforderungen resultieren aus immer kürzer werdenden Produktlebenszyklen und individuellen Produkt- oder Dienstleistungswünschen. Gerade diese Problematik führt zu mehr Varianten auf allen Fertigungsstufen verschärft durch eine gleichzeitige Reduktion der Stückzahlen je Produkttyp[2]. Darüber hinaus ist der Wettbewerb heute nicht auf einzelne Regionalmärkte beschränkt[3]. Aufgrund der fortschreitenden Internationalisierung fallen weitere Markteintrittsbarrieren. Dadurch wird neuen Wettbewerbern die Teilnahme am Markt erleichtert. Diese Situation kann zu Marktanteilsverlusten oder Marktveränderungen mit anders gewichteten Erfolgsfaktoren führen[4]. Um diesen neuen Wettbewerbsbedingungen zu entsprechen, müssen Unternehmen in der Lage sein, ihre Produkte qualitativ besser, innovativer, service- und kundenorientierter und preisgünstiger anzubieten als die internationale Konkurrenz. Dies führt zu einem auf Leistungspotentialen basierenden Wettbewerb[5]. Kostendruck und die Forderung nach einer erhöhten Flexibilität und Schnelligkeit, insbesondere der logistischen Leistungen[6], zwingen Industrieunternehmen ihre Leistungsfähigkeit zu messen, neue Leistungsziele zu ermitteln und eine zielkonforme Strategie in Abhängigkeit aller möglichen Verbesserungspotentiale zu

---

1 Vgl. Wildemann H. (1994b), S. 3
2 Vgl. Rommel G. / Brück F. / Diederichs R. et. al. (1993), S. IX
3 Vgl. Sommerlatte T. (1992), S. 11
4 Vgl. Hammer M. / Champy J. (1994), S. 35
5 Vgl. Stalk G. / Evans Ph. / Shulman L.E. (1993), S. 59
6 Vgl. Magee J.F. / Copacino W.F. / Rosenfield D.B. (1985), S. 8ff.

formulieren[7]. Die Diagnose aus den Bestandteilen der Leistungsanalyse und der Identifikation von Kostensenkungs- oder Leistungssteigerungsmaßnahmen gilt es für eine zielgerichtete Unternehmensführung regelmäßig durchzuführen. Wegen der steigenden Komplexität der Aufbau- und Ablauforganisation in Verbindung mit einer abnehmenden Gültigkeitsdauer von Informationen wird es für die Unternehmensleitung immer schwieriger, die Leistung von Unternehmensbereichen oder des Gesamtunternehmens zu erfassen und zu bewerten[8]. Das Resultat ist in vielen Fällen eine fehlende Positionierung des eigenen Verantwortungsbereichs und Probleme bei der Selektion von Reorganisationsschwerpunkten. Dabei ist unternehmerisches Handeln heute mehr denn je mit Fragen nach einer objektiven Leistungsskala, einer nachvollziehbaren Selbstpositionierung und der Identifikation leistungssteigernder Maßnahmen und von Verbesserungspotentialen verbunden[9]. Die Qualität des Managements hängt auch von der Güte der Lösung dieser unternehmerischen Aufgabe ab. Zur Sicherung der langfristigen Wettbewerbsfähigkeit muß die Unternehmensleistung schnell und effizient den kunden- und marktseitigen Veränderungen angepaßt und im Rahmen eines kontinuierlichen organisatorischen Lernprozesses optimiert werden[10]. Aus diesem Grund versuchen Entscheidungsträger neben kurzfristigen Sofortmaßnahmen mittel- und langfristig wirksame Konzepte wie Just-in-Time, Lean Management oder Lean Production, CIM, Kaizen oder Reengineering zu implementieren[11]. Während des Einführungsprozesses ist zu ermitteln, inwieweit reorganisationsbedingte Investitionen zu tätigen sind und zu welchen Wirkungen neue Organisationsformen in den Dimensionen Leistung, Kosten, Bestände, Mitarbeiterorientierung sowie Wettbewerbsposition und Rentabilität

---

[7] Vgl. Womack J.P. / Jones D.T. / Roos D. (1991), S. 97
[8] Vgl. Brockhoff K. (1987), S. 242
[9] Vgl. Schaffer R.H. (1992), S. 68ff.
[10] Vgl. Wildemann H. (1994b), S. 605ff.
[11] Vgl. Doppler K. / Lauterburg Chr. (1994), S. 44ff.; Hammer M. / Champy (1994); Servatius H.-G. (1994); Reiss M. (1992), S. 57ff.; Womack J.P. / Jones D.T. / Roos D. (1991); Wildemann H. (1995d); Wildemann H. (1994b)

führen können[12]. Die Initialisierung einer Vielzahl von Einzelmaßnahmen erfordert genaue Kenntnisse über den Inhalt, Wirkungen und Erfolgsvoraussetzungen der Reorganisationskonzepte und Detailkenntnisse über unternehmensinterne Abläufe und Strukturen[13]. Basis für Diagnosen über die Leistungsfähigkeit oder von Verbesserungsschwerpunkten und deren Potential sind Informationen über das Untersuchungsobjekt Industrieunternehmen[14]. Für die Beschaffung von Informationen zur Entscheidungsunterstützung ist die interne und externe Unternehmensanalyse geeignet[15]. Kennzeichnend für Unternehmensanalysen ist eine systematische Vorgehensweise auf der Basis ausgewählter Eigenschaftsmerkmale von Unternehmenssystemen[16]. Grundsätzlich können hierfür die informationsbasierten Instrumente des Controlling, die Prozeßkostenrechnung und Ansätze des Performance Measurements herangezogen werden. Kostenrechnungs-, Kennzahlen- oder Berichtssysteme sind dabei dem traditionellen Controlling zuzurechnen. Die Kostenrechnung verfolgt die Ziele der Gewinnung von Kalkulationsgrundlagen, der Kontrolle der Wirtschaftlichkeit des Leistungsvollzugs und der effizienten Bereitstellung von Kosteninformationen[17]. Fokus der Kostenrechnung sind ausschließlich quantitative Daten[18]. Die Analyse mit Kennzahlensystemen bedient sich ebenfalls quantitativer Merkmale, unterscheidet jedoch finanzielle und nicht finanzielle Größen, um die zu betrachtenden Sachverhalte darzustellen. In der Literatur und in der Praxis existieren für verschiedene Untersuchungsbereiche eine Vielzahl von Kennzahlen und Kennzahlensystemen, die üblicherweise in Rechen- und Ordnungssysteme untergliedert werden[19].

---

12 Vgl. Hadamitzky M.C. (1995), S. 100
13 Vgl. Knopf R.H. / Börsig Cl. et. al. (1976); Thom N. (1976); Knopf R.H. (1975), S. 138ff.
14 Vgl. Heinen E. (1991), S. 9
15 Vgl. Hahn D. (1989), Sp. 2074
16 Vgl. Hartmann B. (1985), S. 18
17 Vgl. Serfling K. (1992), S. 133
18 Zur Systematisierung der Kostenrechnung vgl. z.B. Coenenberg A.G. (1992), S. 29
19 Vgl. Kern W. (1989), Sp. 809ff.; Reichmann Th. (1991), Sp. 2159ff.

Berichtssysteme orientieren sich am innerbetrieblichen Informationsbedarf und können nach dem Entscheidungsbezug klassifiziert werden[20]. Berichtssysteme sollen Begründungen für den Erfolg oder Mißerfolg von Organisationseinheiten geben und zur Ursachenanalyse bzw. zur Einleitung von Gegenmaßnahmen führen[21]. Bei den traditionellen Controllinginstrumenten kristallisieren sich unterschiedliche Defizite für die Unternehmensanalyse heraus. Erstens werden vorwiegend finanzielle Kennzahlen zur Unternehmenssteuerung verwendet. Diese stehen jedoch in einem unzureichenden Wirkungszusammenhang zur Effizienzmessung von Leistungserstellungsprozessen, da sie die Mehrdimensionalität von Ursache-Wirkungszusammenhängen nicht oder nicht ausreichend berücksichtigen[22]. Eine Erweiterung um nichtmonetäre Größen erscheint deshalb unverzichtbar[23]. Darüber hinaus wird die Forderung nach der Erfassung qualitativer Unternehmensmerkmale immer stärker[24]. Gerade diese können eine Dynamisierung von Unternehmensanalysen und ein erweitertes Gestaltungsfeld für das Controlling und demzufolge eine verbesserte Unternehmensführung sicherstellen. Durch die simultane Betrachtung finanzieller und nichtfinanzieller Merkmale wird die Durchführung von Unternehmensanalysen jedoch umfangreicher und in der Handhabung schwieriger. Desweiteren orientieren sich traditionelle Systeme zu stark an den betrieblichen Funktionen, was zu einer Vernachlässigung der Abläufe und Geschäftsprozesse führt. Die rein funktionale Ausrichtung von Unternehmensbereichen kann zu einer Suboptimierung führen, da Schnittstellen nicht untersucht und unabhängig von internen und externen Kundenanforderungen verbessert werden. Gerade diese Schwächen soll die Prozeßkostenrechnung überwinden. Grundgedanke ist nicht einzelne Kostenstellen isoliert zu betrachten, sondern die

---

20 Vgl. Mertens P. / Griese J. (1988), S. 1ff.
21 Vgl. Preißler P. (1991), S. 95
22 Vgl. Wildemann H. (1995a), S. 39
23 Vgl. Kaplan R.S. / Norton D.P. (1992), S. 37
24 Vgl. Wildemann H. (1992b), S. 17ff.

gesamte Prozeßkette in den Mittelpunkt zu stellen[25]. Nach der Bestimmung der Prozesse gilt es, diese mit Größen, Mengen und Kosten zu hinterlegen[26]. Hauptanwendungsgebiet der Prozeßkostenrechnung sind vor allem Gemeinkostenbereiche. Um die traditionellen Controllinginstrumente und die Prozeßkostenrechnung zu ergänzen, entwickelten sich Lösungsvorschläge, die unter dem Konzept des Performance Measurements subsumiert werden[27]. Kernpunkte aller Ansätze ist die Einbeziehung nichtfinanzieller Größen, die sich aus funktionsübergreifenden betriebsinternen und externen Leistungsdimensionen zusammensetzen. Performance Measurement soll das Management unter Einbeziehung nichtfinanzieller Daten bei der Entscheidungsfindung unterstützen. Neben den inhaltlichen Schwächen bisheriger Informationsbasen treten bei der Unternehmensanalyse oft eine ungenügende Zukunfts- und Handlungsorientierung als Mängel auf[28]. Die statische und vergangenheitsbezogene Bewertung von Unternehmensmerkmalen vernachlässigt positive und negative Veränderungen im Unternehmen, wodurch kein Lernen in der Organisation möglich wird. Außerdem findet die Bewertung ausschließlich zu erreichen und nicht zu erreichbaren Merkmalsausprägungen statt. Die ungenügende Zukunftsorientierung kann durch Ermittlung von Soll-Ausprägungen abgeschwächt werden. Die mangelnde Handlungsorientierung kommt durch die Vernachlässigung von Wirkungszusammenhängen und die mangelnde Berücksichtigung von Folgerungen oder Gestaltungsalternativen zum Ausdruck. Derartige Abhängigkeiten sind innerhalb ordnungsbasierter Kennzahlensysteme oftmals nicht transparent und nachvollziehbar[29]. Aus diesem Grund ist es schwer möglich, belegbare Kausalzusammenhänge zu erkennen und direkt in Maßnahmen zu überführen. Neben der Einbeziehung von mehrdimensionalen Wirkungszusammenhängen ist

---

25 Vgl. Horváth P. / Mayer R. (1989), S. 214
26 Vgl. Fischer Th.M. (1993), S. 194ff.
27 Vgl. Kaplan R.S. / Norton D.P. (1992); Beischel M.E. / Smith K.R. (1991); Maskell B.H. (1991); Eccles R.G. (1991)
28 Vgl. Nagel K. / Ley D. (1994), S. 217ff.; Hartmann B. (1985), S. 32
29 Vgl. März Th. (1983), S. 3

das zu verarbeitende Datenvolumen für die Unternehmensdiagnose von zentraler Bedeutung. Da das menschliche Gehirn große Datenmengen nicht verarbeiten kann, wird dies ohne EDV-Unterstützung zu einer Optimierung einzelner Kennzahlen und Merkmale führen[30]. Die Unternehmensanalyse sollte sich deshalb dem aktuellen Umfeld anpassen, um den geänderten Anforderungen der Unternehmensleitung gerecht zu werden. Aufgrund des größeren Datenvolumens, unterschiedlicher Datentypen und der stetigen Veränderung betriebsinterner Aufbau- und Ablauforganisationen ist die Unternehmensanalyse ohne die Unterstützung der Informatik nicht effizient durchführbar[31]. Die Forderung besteht in flexiblen Analyse- und Diagnosesystemen, die den Defiziten der traditionellen Unternehmensanalyse entgegenwirken. Die eingeschränkte Betrachtung von finanziellen Kennzahlen ist um nichtfinanzielle Kennzahlen und qualitative Merkmale zu erweitern, um weitere wettbewerbskritische und kundenorientierte Leistungsdimensionen des Unternehmens bewerten zu können. Ferner ist die einseitig funktionsorientierte Sichtweise durch die Ausrichtung an Geschäftsprozessen abzulösen[32]. Als Bezugsrahmen für die Unternehmensanalyse kann die Wertkette von Porter dienen, die mit betrieblichen Eckdaten hinterlegt werden kann[33]. Die Bewertung von Leistungserstellungsprozessen sollte jedoch nicht ausschließlich die Größen Kosten, Qualität und Zeit fokussieren, sondern um finanzielle Ergebnisse und erfolgskritische interne und externe Dimensionen wie die Logistik- und Innovationsleistung oder der Kunden- und Serviceorientierung erweitert werden[34].
Die aufgezeigten Probleme verdeutlichen, daß Datenbanksysteme mit konventioneller Funktionalität in Form von internen und

---

30 Vgl. Kirsch W. / Michael M. / Weber J. (1973), S. 40
31 Vgl. Mertens P. / Bodendorf F. et. al. (1995), S. 52ff.; zur Einordnung der Informatik in Wirtschaft und Wissenschaft vgl. Broy M. (1989), S. 232; Brauer W. / Brauer U. (1992)
32 Zur Definition für Geschäftsprozesse vgl. Scheer A.-W. (1994), S. 90ff.; Haist F. / Fromm H. (1989), S. 93; Striening H.-D. (1989), S. 150; Gaitanides M. (1983), S. 20
33 Vgl. Porter M.E. (1992), S. 62
34 Vgl. Kaplan R.S. / Norton D.P. (1992), S. 38

unternehmensübergreifenden Merkmalsvergleichen den Prozeß der Unternehmensanalyse nicht genügend unterstützen[35]. Eine Erweiterung bisheriger Daten- oder Erklärungsmodelle um Entscheidungs- und Prognosekomponenten können zukunftsorientierte Handlungsalternativen in den Vordergrund stellen. Darüber hinaus sollte die Bewertung der Unternehmensorganisation nicht mehr durch einzelne Merkmale erfolgen. Diese eindimensionale Sichtweise ist um die Betrachtung von Mustern, die sich aus mehreren Kennzahlen und qualitativen Merkmalen zusammensetzen und die für Struktur- und Leistungsebenen gebildet werden können, zu erweitern[36]. Unter einem Muster wird die modellierende Darstellung der Eigenschaften von Zuständen oder Prozessen verstanden[37]. Die Betrachtung von Mustern soll im Rahmen der Unternehmensanalyse sicherstellen, daß Entscheidungen auf der Basis mehrerer Merkmale getroffen werden und daß nur die Merkmale optimiert werden, die das Muster und die damit verbundene Unternehmensposition verbessern. Optimierungen von Merkmalen, die keine Leistungssteigerungen oder kannibalistische Effekte zu anderen Merkmalen aufweisen, können so vermieden werden. Das Untersuchungsobjekt wird durch mehrere Muster charakterisiert und deren Zuordnungen an bestimmte Klassen mit Hilfe eines Mustererkennungssystems vorgenommen. Mit jeder Klasse sind Folgerungen und Handlungsoptionen verknüpft. Ziel ist es, die Konstellation eines Zielmusters oder die Merkmalsstruktur erfolgreicher Unternehmen zu verwirklichen und nicht das Erreichen der Ausprägung eines einzelnen Kriteriums[38]. Durch die Übernahme spezifischer Unternehmensprofile als Zielausprägungen wird es möglich, von erfolgreicheren Unternehmen zu lernen und diese Erfahrungen auf den zu optimierenden Betrieb zu übertragen. Das Expertenwissen sowie die Erfahrungen des eigenen Verantwortungsbereiches und das weiterer Unternehmen sollen in ein

---

35 Zum Vergleich zwischen konventionellen Entscheidungsmethoden und Verfahren der künstlichen Intelligenz vgl. Mertens P. (1994), S. 4
36 Vgl. Wildemann H. (1995c), S. 96ff.
37 Vgl. Niemann H. (1983), S. 4
38 Vgl. Walleck St.A. / O`Halloran D.J. / Leader C.A. (1991), S. 12

handlungsorientiertes Diagnosesystem einfließen. Die Leistungsfähigkeit dieses Instruments gilt es, im Kontext einer kontinuierlichen Verbesserung durch das permanente Hinzunehmen weiterer Unternehmensdaten schrittweise zu steigern. Der Einsatz eines solchen Beratungssystems muß im Dialog erfolgen und bleibt dadurch vom Anwender individuell gestaltbar[39]. Für die Implementierung des Informationssystems müssen in Anschluß an die Konzeption eines den Anforderungen entsprechenden Datenmodells Funktionen bereitgestellt werden, die es ermöglichen, die Leistungsfähigkeit des Unternehmens zu bewerten, Verbesserungsmaßnahmen zu selektieren und diese mit Erfolgswahrscheinlichkeiten zu hinterlegen. Neben dem Einsatz konventioneller Komponenten sollen im Rahmen dieser Ausarbeitung wissensbasierte Systeme, insbesondere der Konnektionismus einen Beitrag zur Urteilsfindung leisten[40]. Wissensbasierte Systeme sind für die Bearbeitung großer Datenmengen und zur Lösung unstrukturierter Problemstellungen geeignet[41]. Die Anwendung konnektionistischer Verfahren verspricht eine methodische Unterstützung bei Fragestellungen der Mustererkennung. Die Stärken der Mustererkennung liegen in solchen Aufgaben, bei denen aufgrund einer gegeben Datenkonstellation bestimmte Entscheidungen oder Folgerungen zu treffen sind[42]. Dies entspricht in der Medizin der Diagnose eines Arztes, der im Kontext der festgestellten Symptome auf die Krankheit des Patienten schließt und eine Therapie zur Gesundung attestiert. Die auf der Mustererkennung basierende Diagnose soll auf die Leistungsmessung und der Identifikation von Reorganisationsschwerpunkten übertragen werden. Die Anwendung der Mustererkennung bildet die Grundlage für die wissensbasierte Diagnose von Industrieunternehmen. Damit soll es Entscheidungsträgern ermöglicht werden, schnell und unter geringen Aufwendungen eine fundierte Entscheidungsgrundlage für die Lösung unternehmerischer Aufgaben zu erhalten.

---

39 Zur Schnittstelle zwischen Mensch und Computer vgl. grundlegend Mertens P. (1993), S. 36
40 Vgl. Kemke C. (1988), S. 143ff.
41 Zu unstrukturierten Problemstellungen vgl. Heinen E. (1991), S. 24
42 Vgl. Schalkoff R. (1992), S. 4ff.; Niemann H. (1983), S. 5ff.

2 Behandlung des Themas in der Literatur

Unter Unternehmensanalysen werden Verfahren zur Bereitstellung von Informationen betriebswirtschaftlich wichtiger Daten sowie ihrer Beurteilung zur dauerhaften Sicherung der Rentabilität verstanden[43]. Zur Erfüllung dieser Aufgaben bedient sich die Unternehmensanalyse einer Vielzahl an Instrumenten, die durch elektronische Datenverarbeitungssysteme unterstützt werden können. Die Behandlung des Themas in der Literatur soll in direktem Zusammenhang mit betriebswirtschaftlichen Anwendungsgebieten der Mustererkennung, insbesondere des Konnektionismus erfolgen, da diese Methodik auf die Unternehmensanalyse übertragen werden soll. Hierzu ist es erforderlich, ausgewählte Anwendungsgebiete in Unternehmen zu beschreiben, die durch den Einsatz des Konnektionismus unterstützt wurden. Da der Konnektionismus eine Entwicklungsstufe mathematischer Verfahren der Unternehmensanalyse darstellt, wird dieser in bisherige Instrumente eingeordnet.

Die Systematisierung praxisnaher Instrumente zur Lösung betriebswirtschaftlicher Fragestellungen kann im Kontext der Unternehmensanalyse durch eine Trennung in unterschiedliche Unternehmensvergleiche erfolgen. Die Aussagekraft einer einzigen Merkmalsausprägung, welches durch die Leistungsskala definiert wird, ist oftmals sehr gering. Deshalb wird diese zu einer weiteren in Relation gesetzt, um hieraus auf eine Folgerung oder Handlung zu schließen[44]. Die Abweichung kann durch unterschiedlich aufwendige Vergleiche, wie den innerbetrieblichen Zeitvergleich oder den Soll/Ist-Vergleich ermittelt werden[45]. Demgegenüber steht die über- oder zwischenbetriebliche Positionierung zu einem Konkurrenten oder zum Wettbewerb[46]. Darüber hinaus gewinnt in der jüngeren Literatur das

---

[43] Vgl. Henseler E. (1979), S. 13
[44] Vgl. Hartmann B. (1985), S. 32; Viel J. (1958), S. 7
[45] Vgl. Siegwart H. (1992), S. 26ff.; Antoine H. (1956), S. 27ff.
[46] Vgl. Endres W. (1980), S. 13ff.; Henseler E. (1979), S. 54ff.; Meyer Cl. (1976), S. 56ff.; Schnettler A. (1960), S. 46ff.

Benchmarking immer mehr an Gewicht, das den generellen branchenunabhängigen Unternehmensvergleich zur Ermittlung der eigenen Position sowie leistungssteigernder Maßnahmen in den Vordergrund stellt[47]. Da Vergleiche im Rahmen der Unternehmensanalyse stets einzelne Merkmale über Prozesse, Funktionen, Methoden oder Produkte gegenüberstellen, können datenbankbasierte Abfragesysteme[48] den Anforderungen der genannten Vergleichstypen einzelner Merkmale unter hohem Initialaufwand gerecht werden[49].
Bei der Unternehmensanalyse finden eine Vielzahl unterschiedlicher Richtungen der Mathematik und Informatik ihre Anwendung. Eine erste Trennung kann in statistische Methoden, den Verfahren des Operations Research sowie weiteren heuristischen Verfahren vorgenommen werden. Bei der Statistik stehen vor allem Korrelations- und Regressionsanalysen im Vordergrund[50]. Daneben können auch Wertschöpfungs- und Kapitalflußrechnungen eingesetzt werden[51]. Das Gebiet des Operations Research stellt eine Vielzahl an Algorithmen zur Verfügung, die sich in iterativen Schritten einer »optimalen Lösung« nähern[52]. Schwerpunkte bilden hier die lineare und nichtlineare Optimierung, Netzwerke, stochastische Modelle für die Lagerhaltung oder Simulation sowie die Spiel-, Modell- und Systemtheorie[53]. Die

---

[47] Vgl. Bichler Kl. / Gerster W. / Reuter R. (1994), S. 32ff.; Fischer Th.M. (1993), S. 282ff.; Camp R.C. (1989), S. 10ff.; Herter R.N. (1992), S. 254ff.; Horváth P. / Herter R.N. (1992), S. 4ff.; Walleck St.A. / O`Halloran D.J. / Leader C.A. (1991), S. 9ff.; Jennings K. / Westfall F. (1992), S. 22ff.; Tucker F.G. / Zivian S.M. / Camp R.C. (1978), S. 16ff.; Bemowski K. (1991), S. 19ff.; Marking A. (1992), S. 14ff.

[48] Auf dem Markt gibt es mehrere Datenbankanbieter, die Unternehmensdaten zur Verfügung stellen. Zu nennen sind hier Hoppenstedt oder GBI mit mehreren problembezogenen Teilsystemen. Innerhalb dieser Ausarbeitung konnte auf keine bekannte Quelle zugegriffen werden, da die relevanten Merkmale in keiner dem Verfasser bekannten Datenbank hinterlegt sind.

[49] Darüber hinaus können auch andere Informationsquellen wie die Verbände VDEI, BDE oder VDMA sowie Fachzeitschriften oder Befragungen bei Kunden oder Lieferanten Datenmaterial liefern.

[50] Vgl. Henseler E. (1979), S. 50ff.

[51] Vgl. Henseler E. (1979), S. 48

[52] Vgl. Papadimitriou Chr.H. / Steiglitz K. (1982)

[53] Zum Überblick der Methoden des Operations Research und der lösbaren Problemstellungen in der Betriebswirtschaftslehre vgl. z.B. Gal T. (1989), Bd. I bis III

dritte Entwicklungsstufe stellen Expertensysteme dar. Dorffner unterscheidet zwischen symbolischen und subsymbolischen Ansätzen[54]. Bekannteste Vertreter des symbolischen Ansatzes sind Expertensysteme, die ihr Wissen problembezogen auf der Basis von Wenn-Dann-Regeln aufbauen und innerhalb einer regelorientierten Wissensbasis überprüfen, ob eine Aussage in bezug auf einem bisher noch nicht dagewesenen Sachverhalt Gültigkeit hat oder nicht[55]. Neben einer Vielzahl von Anwendungsbereichen in der Betriebswirtschaftslehre[56] werden regelbasierte Ansätze auch für Unternehmensanalysen und zur Unternehmensbewertung eingesetzt[57]. Im Gegensatz zu Expertensystemen ist der Konnektionismus auf der Basis künstlicher neuronaler Netze[58] dem subsymbolischen Ansatz zuzuordnen. Neuronale Netze eignen sich ihr Wissen selbst an, indem sie darauf ausgerichtet sind, aus Beispieldaten Merkmale und Gesetzmäßigkeiten zu erkennen. Sie sind insofern prädestiniert für Mustererkennungsaufgaben, als sie zum einen auf der Basis von Erfahrungswissen Folgerungen vornehmen können und zum anderen in ihrer Dimensionalität von Ein- und Ausgangsmustern kaum eingeschränkt sind. In dieser Ausarbeitung wird der Konnektionismus als eine besondere Entwicklungsstufe von Unternehmensanalysen angesehen. Die aufgezeigten Defizite der Unternehmensanalyse, insbesondere die isolierte oder eindimensionale Betrachtung von Kennzahlen oder qualitativen Größen, die mangelnde Handlungsorientierung, eine ungenügende Fokussierung relevanter Geschäftsprozesse und die Vernachlässigung des Lernens von erfolgreichen Unternehmen werden durch den Einsatz bisheriger Methoden nicht überwunden oder stark abgeschwächt. Aus diesem Grund erscheint die Unternehmensanalyse als ein vielversprechendes Anwendungsgebiet der künstlichen

---

54 Vgl. Dorffner G. (1991)
55 Vgl. Steiner M. / Wittkemper H.-G. (1993), S. 449
56 Vgl. Bullinger H.-J. / Kornwachs Kl. (1990); Wildemann H. (1987), S. 1ff.
57 Vgl. Krebs M. (1991); Hausknecht J. / Zündorf H. (1990)
58 Vgl. Kinnebrock W. (1992), S. 19; Stanley J. / Bak E. (1991), S. 19; Kratzer K.P. (1990), S. 22; Ritter H. / Martinez Th. / Schulten K. (1990), S. 25; Pao Y.-H. (1989), S. 111

Intelligenz, insbesondere des Konnektionismus, zur Unterstützung und Bewertung betriebswirtschaftlicher Entscheidungen[59]. Im folgenden sollen Anwendungsgebiete (Abbildungen A-1a und A-1b) identifiziert werden, bei denen der Einsatz der Mustererkennung einen wesentlichen Beitrag zur Problemlösung und Urteilsfindung innerhalb der Betriebswirtschaftslehre liefert. Eine Systematisierung der Anwendungsgebiete kann nach der Art des Problems erfolgen. Dementsprechend lassen sich für den Konnektionismus in erster Linie

• Prognose-,

• Klassifikations-

• und Assoziationsaufgaben

unterscheiden. Bei Prognoseproblemen soll ein neuronales Netz aus einer Zeitreihe vorhandener Größen eine oder mehrere folgende Ausprägungen prognostizieren. Die Aktienkursprognose ist ein Beispiel, welches des öfteren behandelt wurde[60]. Unter der Klassifikation wird das Zuordnen einer Menge von Objekten an eine begrenzte Zahl von Ergebnisklassen verstanden. Analog zu den Prognoseproblemen befinden sich Anwendungsgebiete vorwiegend im finanzwirtschaftlichen Sektor. Zu nennen sind die Bonitäts- und die Kreditwürdigkeitsanalyse oder die Prüfung bezüglich der Insolvenzgefahr von Unternehmen[61]. Die Zuordnung potentieller Käufer an vorgegebene Marktsegmente ist eine weitere Klassifikationsaufgabe, dessen Lösungsfindung durch den Konnektionismus unterstützt werden kann[62]. Die Generierung optimaler Beziehungen zwischen Ein- und Ausgabedaten ist das Ziel bei Assoziationsproblemen. Im Vordergrund steht die korrekte Zuordnung von unvollständigen Eingangsdaten.

---

[59] Vgl. Karayiannis N.B. / Venetsanopoulus A.N. (1994), S. 364; siehe auch Brauer W. (1993)
[60] Vgl. Poddig Th. (1992), S. 353ff.; Schöneburg E. (1991)
[61] Vgl. Baetge J. / Schmedt U. / Hüls D. et. al. (1994); Krause Cl. (1993); Erxleben K. / Baetge J. / Feidicker M. et. al. (1992); Wilbert R. (1991); Bischoff R. / Bleile C. / Graalfs J. (1991)
[62] Vgl. Hruschka H. / Natter M. (1993)

Autor / Jahr	Inhalt / Zielsetzung	Empirie	Methode
Scholz 1985	Strategische Branchenanalyse	9 Merkmale	
Bischoff, Bleile, Graalfs 1991	Analyse betriebswirtschaftlicher Kennzahlensysteme und der Jahresabschlußanalyse Klassifikation von Unternehmen in bezug auf die Kreditwürdigkeit	19 Merkmale 81 Datensätze	Neuronale Netze: • Perceptron • Adaline • Medaline
Wilbert 1991	Kreditwürdigkeitsanalyse im Konsumentenkreditgeschäft Entscheidungsunterstützung zur Kreditzu- oder absage im Kontext konsumentenspezifischer Merkmale		Neuronales Netz
Poddig 1992 Schöneburg 1991	Aktienkursprognosen Prognose künftiger Aktienkurse auf Basis vergangener Dotierungen (chaotische Zeitreihen)		Neuronale Netze
Erxleben, Baetge, Feidicker, et.al. 1992	Klassifikation von Unternehmen Entscheidung über den Gesundheitszustand von Unternehmen in bezug auf die Insolvenzgefahr	4 Merkmale 672 Datensätze zum Training	Neuronales Netz Diskriminanzanalyse

Abb. A-1a: Anwendungen der Mustererkennung bei betriebswirtschaftlichen Fragestellungen

Autor / Jahr	Inhalt / Zielsetzung	Empirie	Methode
Faißt 1993	Personalplanung Test der Anwendbarkeit und Unterstützungsmöglichkeit neuronaler Netze im Kontext des flexiblen Personalmanagements	6 Merkmale Fallstudien	Neuronales Netz
Krause 1993	Kreditwürdigkeitsprüfung von Unternehmen Prüfung der Eignung von neuronalen Netzen zur Entscheidung über die Kreditwürdigkeit	73 Merkmale 672 Datensätze zur Analyse	Neuronale Netze: • Backpropagation • Counterpropagation
Hruschka, Natter 1993	Analyse von Marktsegmenten Zuordnung von potentiellen Abnehmern an bestimmte Marktsegmente aufgrund von Deskriptoren	11 Merkmale 435 Datensätze	Neuronales Netz
Osyk, Hung, Madey 1994	Fehlerdiagnose Identifikation von Fehlern bei Maschinen mit zeitkritischen Fertigungsprozessen	11 Merkmale Fallstudien	Neuronales Netz
Baetge, Schmedt, Hüls, et. al. 1994	Bonitätsbeurteilung von Jahresabschlüssen	58 Merkmale 672 Datensätze	Neuronales Netz

Abb. A-1b: Anwendungen der Mustererkennung bei betriebswirtschaftlichen Fragestellungen

Die Assoziation ist mit der Klassifikation eng verwandt. Beispiele für die Assoziation sind die Fehlerdiagnose und die Personalplanung[63]. Die Problemstellung der vorliegenden Untersuchung ist den Klassifikationsaufgaben zuzuordnen.

Neben den hier genannten und realisierten Anwendungsgebieten existieren weitere betriebs- und finanzwirtschaftliche Bereiche, bei deren Lösungsprozesse die Theorie des Konnektionismus hilfreich sein kann[64].

3 Charakterisierung des Lösungsansatzes und Gang der Untersuchung

Die Mustererkennung ist auf vielen Gebieten der Medizin, Biologie, des Maschinenbaus, der Betriebswirtschaftslehre und anderen Wissenschaftsbereichen eine erprobte Methode zur wissensorientierten Problemlösung. Sie verfolgt in dieser Untersuchung die Zielsetzung, die Entscheidungsträger zu unterstützen, indem sie die interne und externe Komplexität handhabbar macht. Vorteile ergeben sich aus der parallelen Verarbeitung einer Vielzahl unternehmensspezifischer und umweltbedingter Merkmale und der daraus ableitbaren Handlungsalternativen, auch bei unvollkommenen oder verfälschten Informationen. Der Konnektionismus soll die Schwachstellen der traditionellen Unternehmensanalyse überwinden, indem neben der generellen Positionierung des Unternehmens und der Identifikation mehrerer Zielmuster auch eine Selektion von Reorganisationsschwerpunkten erfolgt.

---

63 Vgl. Osyk B. / Hung M.S. / Madey G.R. (1994); Faißt J. (1993)
64 Vgl. Wild K.-D. (1993), S. 275ff.; Strom A. / Baum S. (1992), S. 534ff.; Schumann M. (1991), S. 543ff.; Ritter H. (1991), S. 3ff.; Kurbel K. / Pietsch W. (1991), S. 355ff.; Pawellek G. / Mihajlovic G. (1995)

Zur Bearbeitung der Problemstellung wurde in dieser Ausarbeitung eine mehrstufige Vorgehensweise gewählt (vgl. Abbildung A-2).

In einem ersten Schritt erfolgt die Deskription der Unternehmensanalyse als Anwendungsgebiet der Mustererkennung. Die Begriffsabgrenzung ist aufgrund der unterschiedlichen Definitionen in der Literatur und zur Charakterisierung des Untersuchungsraums erforderlich. Die Untersuchungsschwerpunkte stellen im Anschluß an die Beschreibung der operativen Informationsbasis und einer Darstellung des Diagnoseproblems die Anforderungen an die Mustererkennung und Voraussetzungen für den Einsatz dieser Methode dar.

Das Kapitel C befaßt sich mit der Mustererkennung im Rahmen wissensbasierter Systeme. Für die Anwendung der Mustererkennung ist es unter Verwendung eines neuronalen Netzes erforderlich, die theoretischen Grundlagen und den Prozeß der Klassifikation von Mustern zu beschreiben. Neben der Klassifikation mittels neuronaler Netze sollen ebenso mathematische Methoden erläutert und mit dem Konnektionismus verglichen werden. Die Vorteile neuronaler Netze werden unter anderem am Beispiel des Netzmodelles eines Multi-Layer-Perceptrons dargestellt. Die Verknüpfung der Unternehmensanalyse mit der Mustererkennung soll anhand deskriptiver Merkmale in den Diagnoseprozeß eingeordnet werden.

Die Konzeption eines Unternehmensdatenmodells für die Diagnose in Kapitel D ist eine Voraussetzung zur Implementierung des Prototyps. Die Modellkonzeption orientiert sich am Leistungserstellungsprozeß von Industrieunternehmen und muß die Anforderungen der Mustererkennung durch die Formulierung konkreter Ein- und Ausgangsmuster erfüllen. Für den Unternehmensprozeß werden zehn Segmente definiert und mit einem Eingangsmuster abgebildet. Die Diagnoseergebnisse werden in einem Leistungsindexsystem und in einem Katalog von Reorganisationsschwerpunkten zusammengefaßt.

A Einführung

| Ausgangssituation und Problemstellung | Behandlung in der Literatur | Lösungsansatz und Gang der Untersuchung |

B Unternehmensanalyse als Anwendungsgebiet

- Definition und Vorgehensweise der Unternehmensanalyse
- Informationsbasis
- Diagnosemethoden
- Defizite
- Anforderungen

- Grundlagen der Mustererkennung
- Prozeß der Klassifikation
- Mathematische Methoden

- Konnektionistische Methoden (Neuronale Netze)
- Unternehmensanalyse und Mustererkennung

C Wissensbasierte Problemlösung mittels Mustererkennung

D Modellkonzeption zur Diagnose

- Modelltheorie und Einführung in die Problematik
- Bestimmung der Eingangs- und Ausgangsmuster (Leistungsindexsystem und Reorganisationsschwerpunkte)

E Prototypische Implementierung des Diagnosemodells

- Implementierung eines Prototyps
- Beurteilung der Reklassifikations- und Prognoseleistung
- Beispielszenario

F Schlußbemerkung und Ausblick

Abb. A-2: Vorgehensweise der Problemlösung

Die Falsifizierung des Modells und die Anwendung der Methoden werden empirisch durch die Implementierung eines dialogbasierten Informationssystems belegt. Darüber hinaus wird ein Datenbanksystem aufgebaut, bei dem das neuronale Netz als Back-End integriert wird. Neben der wissensbasierten Diagnose mit einem Multi-Layer-Perceptron sollen Unternehmensvergleiche auf Basis der Eingangs- und Ausgangsmuster sowie von Einzelmerkmalen innerhalb definierbarer Unternehmensklassen vorgenommen werden[65]. Ein abschließendes Beispielszenario soll die unterschiedlichen Diagnoseebenen des Systems verdeutlichen. Das Kapitel endet mit einer Diskussion der Perspektiven und Grenzen des implementierten Prototyps.

Die Modellkonzeption und deren empirische Fundierung mit Hilfe realer Unternehmensdaten sollen einen Beitrag zur zeit- und kosteneffizienten Problemlösung bei der Unternehmenspositionierung, der Ermittlung von Zielen und der Erkennung von Kostensenkungs-, Leistungssteigerungs- und Flexibilitätspotentialen leisten. Darüber hinaus soll gezeigt werden, daß die Anwendung künstlicher neuronaler Netze zur Entscheidungsunterstützung für das Gebiet der Unternehmensanalyse geeignet ist und eine Hilfe für die Entscheidungsträger darstellen kann.

---

65 Neben der Integration des neuronalen Netzes sollen zu den datenbankspezifischen Funktionen eine Vielzahl von Vergleichsprozeduren implementiert werden.

B Unternehmensanalyse als Anwendungsgebiet der wissensbasierten Diagnose

Der Inhalt dieses Kapitels ist mit zwei Zielsetzungen verbunden. Erstens soll das Umfeld der Unternehmensanalyse durch die Beschreibung der Vorgehensweise, der operationellen Informationsträger und einzelner praxisnaher Vergleichsmethoden zur Diagnose unternehmensbezogener Leistungen diskutiert werden. Die Diagnosemethoden gilt es in bezug auf deren Beitrag zur Unterstützung der Unternehmensanalyse zu bewerten. Das zweite Ziel hat die Charakterisierung der Voraussetzungen und die Darstellung der Anforderungen an wissensbasierte Diagnosesysteme zum Inhalt. Dabei soll die Anwendung des Konnektionismus die Defizite der konventionellen Informationsverarbeitung bei der Unternehmensanalyse überwinden helfen.

1 Begriffsabgrenzungen

In der Literatur wird der Begriff des Unternehmensanalyse unterschiedlich verwendet. Henseler charakterisiert in Abhängigkeit von Unternehmen unter der Analyse spezielle Verfahren der Informationsgewinnung betriebswirtschaftlich relevanter Größen, ihrer qualitativen und quantitativen Zusammensetzung sowie deren Beurteilung[66]. Hartmann bezeichnet die Analyse als Untersuchungsmethode mit einer anschließenden bewertenden Kommentierung von Informationen[67]. Wird die Kommentierung als Werturteil unter Erforschung ihrer Verursachungen und Bedingtheiten verstanden, gleicht sie der Definition von Viel[68]. Lachnit unterscheidet sich von diesen Definitionsmerkmalen. Er charakterisiert die Analyse als fallweise, systematische und zielgerichtete Untersuchung komplexer betrieblicher

---
66 Vgl. Henseler E. (1979), S. 13
67 Vgl. Hartmann B. (1985), S. 17
68 Vgl. Viel J. (1958), S. 4

Sachverhalte[69]. Nach Lachnit handelt es sich dann um Unternehmensanalysen, wenn folgende vier Kriterien erfüllt sind[70]:

- Das Untersuchungsobjekt Industrieunternehmen ist ein produzierender und von einer Rechtsform unabhängiger, standortbezogener Fertigungsbereich mit Produkt-Markt-Kombinationen. Betrachtungsgegenstand können dabei auch Schwerpunktgebiete oder Teilbereiche, insbesondere Fertigungssegmente sein.

- Die Inhalte und Ergebnisse der Unternehmensanalyse beschreiben betriebswirtschaftlich relevante Sachverhalte.

- Der Informationsbedarf ist hoch. Die Daten liegen nicht unmittelbar vor und erfordern eine explizite Aufnahme von Informationen in Form von Aufzeichnungen und Unterlagen. Es erfolgt eine systematische Datenanalyse und Verarbeitung.

- Die Unternehmensanalyse verfolgt klar definierte Ziele, die einen Beitrag zur Sicherung der Wettbewerbsfähigkeit und Rentabilität leisten.

Innerhalb dieser Ausarbeitung steht die Beantwortung folgender drei Fragenkomplexe der Unternehmensanalyse im Vordergrund:

1. Welche Position nimmt das Unternehmen in bezug auf seine Leistungsfähigkeit ein?

2. Welche Leistungsziele können oder sollen vorgegeben werden?

---

[69] Vgl. Lachnit L. (1975), S. 39
[70] Die vorliegende Untersuchung lehnt sich an dieser Definition an.

3. Welche Reorganisationsschwerpunkte sollen behandelt werden?

Um die genannten Fragestellungen beantworten zu können, muß die Unternehmensanalyse über die hierzu erforderlichen Lösungsmethoden verfügen[71].

2 Vorgehensweise der Unternehmensanalyse

Die Anwendung wissensbasierter Problemlösungsmethoden ist nur dann vertretbar, wenn der bisherige Ablauf oder Methodeneinsatz Defizite aufweist oder durch neue Methoden Leistungsvorteile ausgewiesen werden können. Dazu ist es notwendig, die Vorgehensweise und Zielsetzung der Unternehmensanalyse zu beschreiben. Die Unternehmensanalyse ist in der Betriebswirtschaftslehre ein häufig behandeltes Gebiet und kann in Abhängigkeit der Auftraggeber verschiedene Ziele verfolgen[72]. Je nachdem, ob die Untersuchung von Unternehmensmitgliedern oder externen Institutionen, wie Beratungen durchgeführt wird, kann zwischen internen und externen Unternehmensanalysen differenziert werden. Die Unternehmensanalyse kann in mehreren Schritten erfolgen. Henseler trennt die Informationsgewinnung und die Urteilsfindung, wobei er die Auswertung und Umformung von Daten der ersten Phase zuordnet[73]. Neuere Ansätze integrieren den Ablauf in ein Regelkreismodell[74]. Das Modell geht von Wirkungszusammenhängen zwischen Ein- und Ausgangsgrößen aus. Da das innere des Systems nicht betrachtet wird, erfolgt die Steuerung über Regler, die auf der Basis von Abweichungen angestrebter Ziele eingestellt werden[75]. Durch die Beschreibung von Aktivitäten oder Phasen, die zyklisch

---
71 Vgl. Kapitel B.4
72 Vgl. Coenenberg A.G. (1991), S. 522
73 Vgl. Henseler E. (1979), S. 7
74 Vgl. Coenenberg A.G. / Baum H.-G. (1987), S. 10ff.
75 Vgl. Ulrich H. / Proebst G.J.B. (1990), S. 79ff.

durchlaufen werden, wird das Regelkreismodell anschaulicher. Es sind im einzelnen: Ziele setzen und vereinbaren, die Ermittlung der Ist-Situation, die Analyse von Abweichungen, die Formulierung von Verbesserungsmaßnahmen, die Anpassung der Planwerte und die Ergebnisberichterstattung[76]. Bezüglich der vorliegenden Problemstellung werden die Phasen der Informationsbeschaffung, die Auswertung und Beurteilung sowie die Interpretation und Entscheidung definiert[77]. Dies führt zu dem in Abbildung B-1 dargestellten Entscheidungsprozeß für die Unternehmensanalyse:

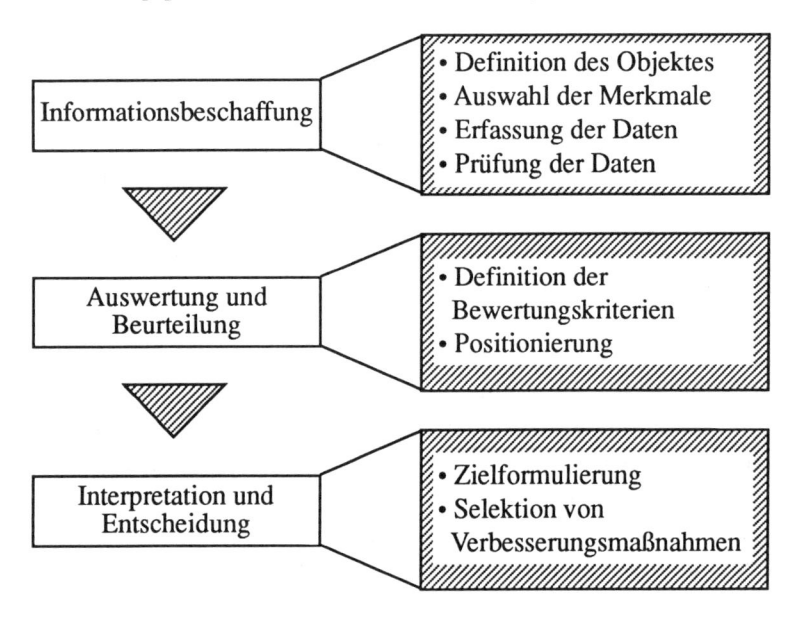

Informationsbeschaffung	• Definition des Objektes • Auswahl der Merkmale • Erfassung der Daten • Prüfung der Daten
Auswertung und Beurteilung	• Definition der Bewertungskriterien • Positionierung
Interpretation und Entscheidung	• Zielformulierung • Selektion von Verbesserungsmaßnahmen

B-1: Grobablauf der Unternehmensanalyse

Nach der Detaillierung des Untersuchungsobjektes und der Konkretisierung der Merkmalsgrößen gilt es, diese zu erheben und auf Korrektheit zu überprüfen. Die Beschaffung von Informationen kann die

---

[76] Vgl. z.B. Eidenmüller B. (1991), S. 202
[77] Zu den Phasen einer entscheidungs- und informationsbezogenen Controllingkonzeption vgl. Hahn D. (1991), S. 30ff.

Betrachtung externer und interner Determinanten umfassen. Externe Einflußgrößen korrelieren mit der Umwelt eines Unternehmens. Hierzu gehören gesetzliche, ökonomische, technologische, soziokulturelle und ökologische Rahmenbedingungen[78]. Instrumente zur Erfassung der aktuellen Umweltsituation sind Branchen-, Markt- oder Konkurrenzanalysen. Die Branchenanalyse betrachtet die Absatz- und Beschaffungsmärkte. In Abhängigkeit der Fragestellung erfolgt die Untersuchung im Kontext zu Produkten oder Produktgruppen[79]. Die Analyse des Marktes erweitert Branchenanalysen um den Kapital- und Personalmarkt und kann produktseitig eine Beziehung zum Marketing herstellen[80]. Bei der Marktanalyse gilt es, die Abnehmergruppen nach Größenklassen, Produktgruppen, Regionen oder Vertriebswegen zu systematisieren[81]. Im Rahmen der Konkurrenzanalyse sind Daten über gegenwärtige oder potentielle Wettbewerber zu erheben und dem eigenen Unternehmen gegenüberzustellen[82]. Die Ermittlung der internen Determinanten kann auf der Basis verschiedener Unternehmensmodelle erfolgen. Die Modelle unterscheiden sich in bezug auf bereichsbezogene, funktionale oder die prozeßorientierte Sichtweise. Quellen sind zumeist das Controlling, das Rechnungswesen, die Revision oder Funktionsbereiche. Zur Erhebung können ferner Betriebsabrechnungsbögen, Arbeitspläne, Stücklisten oder Materialflußpläne herangezogen werden. Der Aufnahme dienen primär Hilfsmittel wie Interviews, Checklisten und Fragebögen, Beobachtungen oder Konferenzen[83]. Im Anschluß an die Erhebung und Plausibilitätsprüfung folgt eine Auswertung der Informationen. Eine Interpretation der Daten kann über Unternehmensvergleiche oder durch die Anwendung mathematischer Verfahren erfolgen[84]. Die Formulierung von Zielen und die Identifikation der dazu erforderlichen Maßnahmen

---

[78] Vgl. Kreikebaum H. (1991), S. 34
[79] Vgl. Oppenländer K.H. / Pilgrim E. (1989), Sp. 169
[80] Vgl. Meffert H. (1989), Sp. 1023
[81] Vgl. Wildemann H. (1994c), S. 314
[82] Vgl. Hinterhuber H.-H. (1989), Sp. 864
[83] Vgl. Wedekind H. (1976), S. 46ff.
[84] Zu Controllinginstrumenten in Planungs- und Kontrollsystemen vgl. grundsätzlich Horváth P. (1992), S. 205

stellen den letzten Analyseschritt dar. Die anschließende Umsetzung und Ergebniskontrolle ausgewählter Reorganisationen sollte sich an den Projektphasen der Initialisierung, Analyse, Konzeption, Detaillierung, Realisierung, Konsolidierung und Diffusion orientieren[85]. Primäres Ziel der hier dargestellten Unternehmensanalyse ist die Unterstützung der Entscheidungsträger bei der unternehmerischen Aufgabe, die Rentabilität und die Wettbewerbsfähigkeit des Unternehmens durch eine kontinuierliche Leistungssteigerung langfristig zu sichern. Vor diesem Hintergrund ergibt sich die Forderung, Unternehmensdiagnosen in regelmäßigen Zeitabständen durchzuführen.

3 Informationsbasis

Die Unternehmensanalyse soll entscheidungsvorbereitende Grundlagen für die Formulierung von Aussagen und der Ermittlung von Handlungsalternativen schaffen[86]. Dazu ist es notwendig, ein Modell zu entwickeln, das die Strukturen und Leistungen mittels konkreter Merkmale abbildet[87]. Deskriptive Merkmale repräsentieren die Informationsträger eines Unternehmensmodells. Sie können in qualitative und quantitative unterschieden werden. Quantitative Merkmale lassen sich durch numerische Daten darstellen. In jedem Zahlensystem unterliegen numerische Größen einer Ordnung, die bei qualitativen Beschreibungen erst geschaffen werden muß, um Bewertungen vornehmen zu können. Deshalb gilt es nichtnumerischen Merkmalen Attribute zuzuweisen, denen eine Ordnung inhärent ist[88]. Bei der Auswahl von Unternehmensmerkmalen ist darauf zu achten, daß diese für eine große Teilmenge der zu betrachtenden Industrieunternehmen Gültigkeit haben, da die Bewertung der Leistungsfähigkeit und die

---

[85] Vgl. Wildemann H. (1995d), S. 226
[86] Vgl. Hartmann B. (1985), S. 32ff.
[87] Vgl. Bussiek J. / Fraling R. / Hesse K. (1993), S. 1
[88] Vgl. Steinmüller P.H. / Riedel G. (1993), S. 26ff.

Ermittlung von Ansatzpunkten zur Leistungssteigerung vorwiegend über verschiedenartige Unternehmensvergleiche erfolgt.

3.1 Kennzahlen

Über den Begriff der Kennzahl herrscht in der heutigen betriebswirtschaftlichen Literatur weitgehend Einigkeit[89]. Meyer versteht unter Kennzahlen die Zahlen, die entscheidungsrelevante Informationen über betriebliche Tatbestände enthalten[90]. Diese Definition kann um quantitative Aspekte erweitert werden. Eine Kennzahl ist dann als jene Zahl zu betrachten, die quantitativ erfaßbare Sachverhalte in konzentrierter Form erfaßt[91]. Eine weitere Eingrenzung des Begriffs ist bezüglich des zeitlichen Horizontes möglich, indem die Gültigkeit der Ausprägung einer Kennzahl für eine bestimmte Dauer oder einen Zeitpunkt festgeschrieben wird. In Anlehnung an diese Begriffsdefinitionen soll im folgenden eine Zahl, die einen betriebswirtschaftlichen Sachverhalt in quantitativer und konzentrierter Form zu einem bestimmten Zeitpunkt beschreibt, als Kennzahl bezeichnet werden. Eine erste Systematisierung von Kennzahlen kann unter mathematischen Gesichtspunkten vorgenommen werden. Die Trennung in absolute Zahlen und Verhältniszahlen kann verfeinert werden, indem absolute Zahlen in Einzelzahlen, Summen oder Differenzen und Verhältniszahlen in Gliederungs-, Beziehungs- und Indexzahlen aufgeteilt werden[92]. Wird eine statistische Teilmenge zu einer Gesamtmenge in Beziehung gesetzt, so ist diese als Gliederungszahl zu verstehen. Eine Beziehungszahl wird durch Verknüpfung von mindestens zwei Kennzahlen gebildet. Indexzahlen beschreiben Veränderungen im zeitlichen Verlauf, indem die Ausprägung einer Kennzahl unterschiedlicher Zeitpunkte oder Zeiträume zueinander in Beziehung gesetzt werden[93]. Der Einsatz von Kennzahlen hat in der

---
89 Vgl. Reichmann Th. (1994), S. 14
90 Vgl. Meyer Cl. (1979), S. 9
91 Vgl. Reichmann Th. / Lachnit L. (1976), S. 706
92 Vgl. Schott G. (1988), S. 20

Betriebswirtschaftslehre zur Analyse und Steuerung des Unternehmens eine große Verbreitung erfahren und ist in allen betrieblichen Bereichen, Funktionen oder Prozessen ein anerkanntes Controllinginstrument[94].

3.2 Kennzahlensysteme

Einzelne Kennzahlen reichen zur Bewertung eines komplexen und dynamischen Untersuchungsobjektes in der Regel nicht aus. Deshalb ist es erforderlich, mehrere Merkmale, die verschiedenartige Interdependenzen aufweisen, in die Unternehmensanalyse einzubinden. Eine solche Datenmenge wird als Kennzahlensystem bezeichnet. Nach Lachnit ist ein Kennzahlensystem eine geordnete Gesamtheit von Kennzahlen, die in sachlich sinnvoller Beziehung zueinander stehen, sich gegenseitig ergänzen und als System das Untersuchungsobjekt erfassen[95]. Der Aufbau von Kennzahlensystemen kann unterschiedliche Hierarchieebenen und Aggregationsstufen besitzen. Die Verknüpfung von Kennzahlen kann in Rechensysteme und Ordnungssysteme differenziert werden. Rechensysteme zeichnen sich dadurch aus, daß die Kennzahlen in einem mathematisch logischen Zusammenhang zueinander stehen. Der Aufbau von Rechensystemen nimmt aufgrund der funktionalen Abhängigkeit der Kennzahlen eine Pyramidenform an. An der Spitze findet eine Verdichtung der Informationen statt. Der Vorteil von Rechensystemen liegt in der Abbildung von kausalen Ursache-Wirkungs-Zusammenhängen. Auf der Suche nach den Ursachen eines veränderten Kennzahlenwerts ist darauf zu achten, daß Kennzahlen durch mehrere Einflußfaktoren und deren Art der Verknüpfungen bestimmt werden. Dies kann in der Praxis schnell zu einer hohen Komplexität führen. Im folgenden werden zwei etablierte

---

[93] Vgl. Merkle E. (1982), S. 326; Meyer nennt dreizehn Merkmale bezüglich derer eine Kennzahlenklassifizierung vorgenommen werden kann. Da diese detaillierte Darstellung für die Modellkonzeption der hier vorliegenden Problemstellung als nicht relevant erscheint, soll an dieser Stelle ausschließlich auf die Möglichkeit dieser Feincharakterisierung hingewiesen werden vgl. Meyer Cl. (1976), S. 13
[94] Vgl. Meyer Cl. (1976), S. 23
[95] Vgl. Lachnit L. (1976), S. 216

Kennzahlensysteme näher dargestellt. Außerdem existieren Vorschläge zu weiteren Kennzahlensystemen für Unternehmensanalysen von:

- Berthel[96]
- Bölzing[97]
- Chmielewicz[98]
- Groll[99]
- Reichmann und Lachnit[100]
- Schott[101]
- Tucker[102]

Das DoPont System of Financial Control von I. E. DuPont de Nemours & Co gehört zu den bekanntesten Rechensystemen[103]. Es setzt die Kapitalrentabilität, die sich aus der Multiplikation von Kapitalumschlag und Umsatzrentabilität zusammensetzt, an die oberste Stelle des Zielsystems (vgl. Abbildung B-2). Die Betrachtung ausschließlich finanzieller Größen schränkt die Anwendbarkeit des DuPont Systems für die Analyse und Führung von Industrieunternehmen stark ein. Neuere Untersuchungen verfolgen deshalb das Ziel, Auswirkungen nichtfinanzieller Merkmale auf das DuPont System zu quantifizieren[104]. Dieser Ansatz entspricht dem Konzept des Performance Measurement und soll sowohl der betrieblichen Steuerung als auch zur Leistungsbeurteilung dienen[105].

---

[96] Vgl. Berthel J. (1973)
[97] Vgl. Bölzing D. (1990), S. 62
[98] Vgl. Chmielewicz K. (1972)
[99] Vgl. Groll K.-H. (1990)
[100] Vgl. Reichmann Th. (1993), S. 51ff.; Reichmann Th. / Lachnit L. (1976), S. 712ff.
[101] Vgl. Schott G. (1988)
[102] Vgl. Tucker S.A. (1961)
[103] Vgl. Staehle W.H. (1969), S. 69
[104] Vgl. Fischer Th.M. (1993), S. 276
[105] Vgl. Kaplan R.S. / Norton D.P. (1992), S. 38

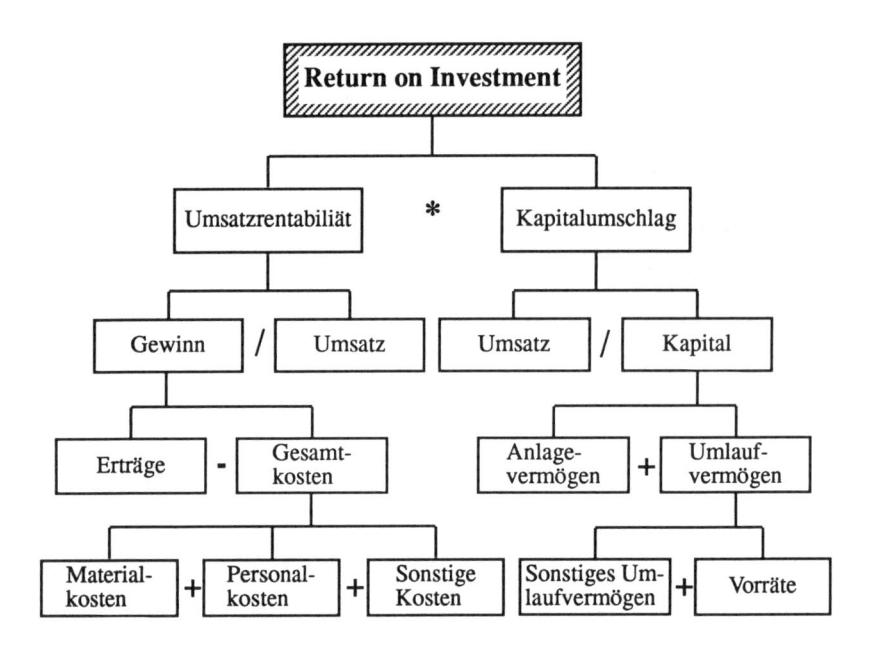

```
                    ┌─────────────────────┐
                    │ Return on Investment│
                    └─────────────────────┘
                    ┌────────┴────────┐
        ┌───────────────────┐    *    ┌───────────────┐
        │ Umsatzrentabiliät │         │ Kapitalumschlag│
        └───────────────────┘         └───────────────┘
         ┌──────┴──────┐               ┌──────┴──────┐
     ┌────────┐  /  ┌────────┐     ┌────────┐  /  ┌────────┐
     │ Gewinn │     │ Umsatz │     │ Umsatz │     │ Kapital│
     └────────┘     └────────┘     └────────┘     └────────┘
```

Abb. B-2: DuPont System of Financial Control

Das ZVEI-Kennzahlensystem ist im Gegensatz zum DuPont Schema umfangreicher und gliedert sich in die Bereiche Wachstumsanalyse und Strukturanalyse[106]. Die Rentabilität, die Kapitalstruktur, die Ergebnis- und die Kapitalbildung bestimmen die Struktur. Das ZVEI-Kennzahlensystem umfaßt neben finanziellen Werten auch nichtmonetäre Größen. Das System zeichnet sich ferner durch die Verbindung von Rechen- und Ordnungssystemen aus[107]. Bei Ordnungssystemen wird ein sachlogischer Zusammenhang zwischen den Merkmalen hergestellt[108]. Es werden einzelne Elemente an betriebswirtschaftlich zusammenhängende Gruppen zugewiesen ohne näher auf die mathematische Art der Verknüpfungen einzugehen.

---

[106] Vgl. ZVEI-Kennzahlensystem (1976), S. 118
[107] Vgl. Küting K. (1983b), S. 292
[108] Vgl. Küting K. (1983a), S. 237

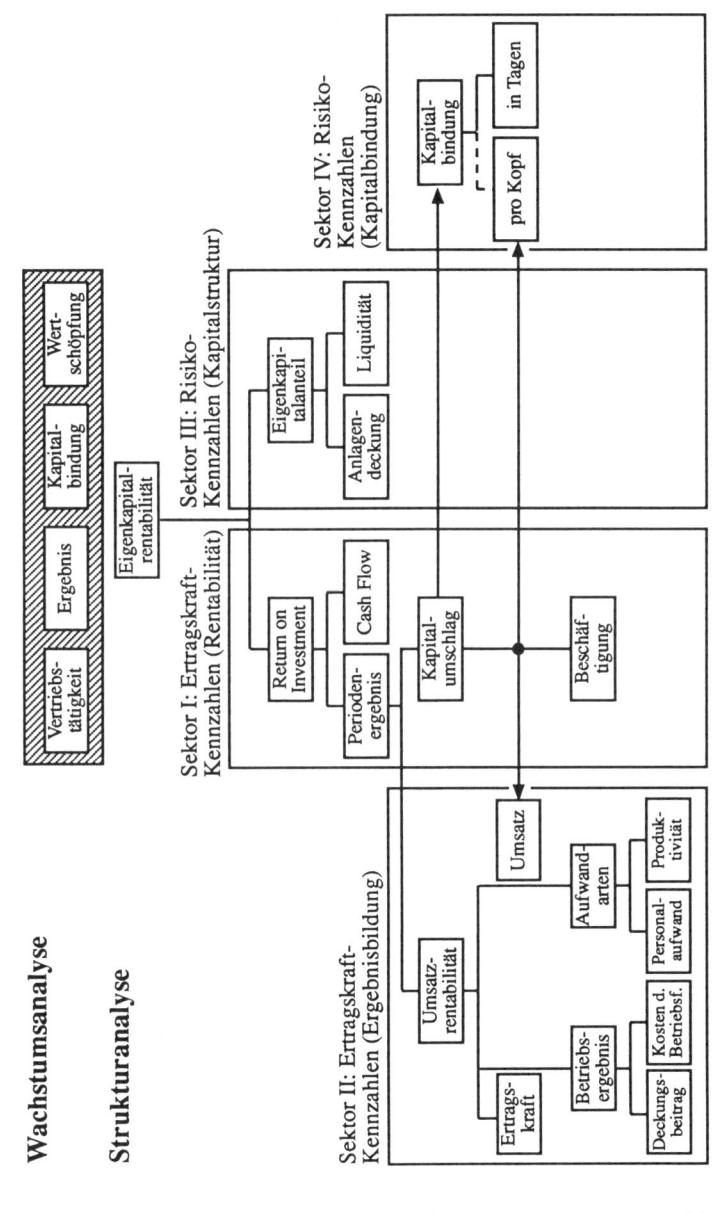

Abb. B-3: Schematischer Aufbau der ZVEI-Kennzahlenpyramide

In der Praxis werden Ordnungssysteme einer mehrdimensionalen Analyse besser gerecht als Rechensysteme. Die mangelnde mathematische Strukturiertheit der Ordnungssysteme wird durch die ganzheitliche Betrachtung aller Kennzahlen einschließlich ihrer Relationen kompensiert.

4 Vergleichsmethoden zur Diagnose

Die Beurteilung der Leistungsfähigkeit und die Selektion von Reorganisationsschwerpunkten zur Effizienz- und Effektivitätssteigerung stellen ein Diagnoseproblem dar. Diagnosen beinhalten mehrere Elemente[109]. Im einzelnen sind dies die informationstragenden Symptome, die Folgerungen und Therapien sowie Regeln oder Vorschriften, die den Zusammenhang zwischen den beiden erst genannten Elementen herstellen. Diagnostizieren bezeichnet das gezielte Erkennen einer Situation und die daraus resultierende Ableitung von Handlungsvorschriften oder einer Therapie[110]. Es kann von einem einfachen Diagnoseproblem gesprochen werden, wenn für jeden Systemzustand genau eine einzige Therapie existiert und folglich die Auswahl der Handlung eindeutig ist. In der Praxis zeigt sich allerdings, daß in den Unternehmen stets unterschiedlichste Kombinationen mehrerer Einzelreorganisationen durchgeführt wurden und somit hier nicht von einem einfachen Diagnoseproblem gesprochen werden kann.

4.1 Innerbetriebliche Vergleiche

Wenn keine Vergleichsunternehmen zur Urteilsfindung herangezogen werden, handelt sich um rein innerbetriebliche Vergleiche[111]. Diese Art der Bewertung und Interpretation kann durch Zeit- und Soll/Ist-Vergleiche durchgeführt werden.

---

[109] Vgl. Puppe F. (1988), S. 293
[110] Vgl. Poddig Th. (1992), S. 1; Puppe F. (1990), S. 42ff.
[111] Vgl. Endres W. (1980), S. 31ff.

- **Zeitvergleich**

Beim Zeitvergleich werden die Ausprägungen eines Merkmales der Vergangenheit denen der aktuellen oder der prognostizierten Ausprägung gegenübergestellt[112]. Die Vergleichsmerkmale beschreiben entweder Zeitpunkte oder Zeiträume desselben Untersuchungsobjektes[113]. Während Zeitintervallvergleiche eine zeitlich kontinuierliche Datenerhebung erfordern, wird beim Zeitpunktverfahren nach einer zuvor definierten Periode die Ausprägung ermittelt. Die Variabilität des Zeitvergleichs wird darüber hinaus durch die Länge der Zeitintervalle oder den Zeitabständen der Erhebung erhöht. Zur Darstellung des Zeitvergleichs eignen sich Indexmethoden, welche den Merkmalen unterschiedlicher Erfassungszeiten einen Index in Abhängigkeit der Zeit zuordnet und so die Einhaltung der Reihenfolge der Stichproben gewährleistet[114]. Mit der Anwendung des Zeitvergleichs über zwei oder mehrere Perioden besteht die Möglichkeit, nicht nur die momentane Leistungsfähigkeit sondern auch die Entwicklung eines Merkmals zu verfolgen. Dadurch können negative oder positive Entwicklungen erkannt werden[115]. Wendet man Trendextrapolationen oder das Half-Life-Konzept an, dient der Zeitvergleich als Grundlage für die Prognose künftiger Merkmalsausprägungen[116]. Nach der Diagnose können Korrekturmaßnahmen ergriffen werden, die nicht die prognostizierte, sondern das Erreichen von Ziel-Ausprägungen ermöglichen.

- **Soll/Ist-Vergleich**

Der Soll/Ist-Vergleich stellt Ist-Daten Sollgrößen gegenüber. Die Soll-Ausprägung kann zeitlich vor der Ermittlung des Ist-Wertes oder im

---

112 Im amerikanischen wird der Begriff "trend analysis" verwendet, der den Charakter dieser Methode besser beschreibt.
113 Vgl. Küting K. (1983a), S. 239
114 Vgl. Staehle W.H. (1969), S. 63
115 Vgl. Siegwart H. (1992), S. 27
116 Vgl. Wildemann H. (1995a), S. 291ff.; Stata R. (1991), S. 1ff.

Anschluß an diese generiert werden. Durch die Vorgabe von Soll-Werten und deren Vergleich dient der Soll/Ist-Vergleich der Kontrolle von Abweichungen definierter Merkmale[117]. Im Gegensatz zum Zeitvergleich, wo die Ausprägungen eines Merkmales durch Messungen ermittelt werden, gilt es, Soll-Werte ex ante vorzugeben. Die Ermittlung von Soll-Werten kann mit Hilfe von Unternehmensvergleichen, Prognosemodellen, Schätzungen oder dem Ableiten aus gestellten Wettbewerbsanforderungen erfolgen[118]. Für die Definition von Sollgrößen können folgende vier Methoden Anwendung finden:

1. Wertanalyse:
Die Wertanalyse ist definiert als "eine bestimmte planbare Vorgehensweise zur Lösung nicht mathematisierbarer und im allgemeinen fachübergreifender innovativer Entscheidungsprobleme unter besonderer Berücksichtigung menschlicher Besonderheiten"[119]. Die Wertanalyse verfolgt das Ziel einer systematischen Kostenreduzierung. Wertanalytische Verfahren können Produkte, Prozesse oder Funktionen zum Inhalt haben. Die Trennung und Bewertung einzelner Aktivitäten nach wertschöpfenden und nicht wertschöpfenden Tätigkeiten innerhalb von Prozeßketten ermöglicht die Identifizierung und den Abbau von Verschwendung oder nicht kundenrelevanter Leistungen[120]. Bei der Optimierung indirekter Funktionen kommt die Gemeinkostenwertanalyse[121] zur Anwendung. Sie zerlegt die Abläufe innerhalb der Gemeinkostenbereiche in Teilaktivitäten, um diese nach Kosten-Nutzen-Kriterien zu optimieren[122]. Ziel ist es, die vom Kunden nicht honorierten Leistungen abzubauen. Die durch die Wertanalyse ermittelten Kosten eignen sich als Maßstäbe für den Soll/Ist-Vergleich[123].

---
[117] Vgl. Siegwart H. (1992), S. 27
[118] Zu den Instrumenten innerhalb Planungs- und Kontrollsystemen vgl. Horváth P. (1992), S. 203ff.
[119] DIN 69910
[120] Vgl. Wildemann H. (1995d), S. 614
[121] Vgl. Heinen E. / Dietel B. (1991), S. 1297
[122] Zur weiteren Vertiefung vgl. Busch U. (1991)
[123] Vgl. Händel S. (1989), Sp. 2214

2. Zero-Base-Budgeting:
Eine Methode, die auf eine individuelle Neugestaltung aller Wertschöpfungsaktivitäten abzielt, ist das Zero-Base-Budgeting[124]. Im Vordergrund steht ebenfalls die Senkung der Gemeinkosten und der wirtschaftlichere Einsatz von Ressourcen[125]. Die Idee besteht in der fiktiven Neugestaltung des Unternehmens, unbelastet von Kosten oder Restriktionen vorheriger Perioden. Haupteinsatzgebiet des Zero-Base-Budgeting ist der Gemeinkostenbereich[126]. Die Ermittlung von Zielwerten durch die Anwendung der Wertanalyse oder des Zero-Base-Budgeting haben keinen direkten Marktbezug. Um die Anforderungen des Kunden und des Marktes aufzunehmen, eignen sich diese Verfahren demnach nur bedingt.

3. Reverse Engineering:
Das Reverse Engineering wird in Anlehnung an Wildemann als ein marktseitiger Ansatz verstanden, der auf eine Reorganisation der Wertschöpfungskette sowie der Anpassung von Produkten und Dienstleistungen an Markt- und Wettbewerbsanforderungen abzielt[127]. Im Gegensatz zu konventionellen Kostenanalysen, bei denen Kosten gemäß dem Verursacherprinzip aufaddiert werden und mit einem Gewinnzuschlag versehen werden, geht das Reverse Engineering von einem vom Markt bestimmten Preis aus, subtrahiert den angestrebten Gewinn oder Deckungsbeitrag und legt die Zielherstellkosten fest[128]. Die Optimierung der Wertschöpfungskette erfolgt nicht funktions-, sondern prozeßbezogen. Dadurch werden alle Aktivitäten entlang der Wertschöpfungskette am Kundennutzen ausgerichtet. Reverse Engineering definiert Zielwerte in Form von Zielkosten, Zielqualitäten und Zielgeschwindigkeiten[129]. Die aus der Kundenperspektive

---

[124] Vgl. Wildemann H. (1994b), S. 83; Phyrr P.A. (1970), S. 111
[125] Vgl. Meyer-Piening A. (1980)
[126] Vgl. Meyer-Piening A. (1989), Sp. 2278
[127] Vgl. Wildemann H. (1993a), Sp. 3390
[128] Vgl. Wildemann H. (1994b), S. 61
[129] Vgl. Wildemann H. (1994b), S. 64

abgeleiteten Zielwerte können direkt als Soll- und Vergleichsgrößen für die Analyse der Leistungsfähigkeit herangezogen werden.

4. Target Costing:
Target Costing ist eine weitere Methode zur kundenorientierten Ableitung von Zielvorgaben [130]. Im Gegensatz zum Reverse Engineering werden ausschließlich finanzielle Daten untersucht. Im einfachsten Fall geht Target Costing von einem erzielbaren Preis aus, welcher durch Marktbeobachtungen und Kundenbefragungen ermittelbar wurde, subtrahiert die Gewinnmarge und erhält die zulässigen Kosten[131]. In der Literatur sind unterschiedliche Vorgehensweisen zur Ermittlung von Zielkosten zu finden[132]. Sie unterscheiden sich hauptsächlich darin, ob das Absatzmarktverhalten mit einbezogen wird oder nicht. Der Einsatz des Target Costing sollte so marktnah wie möglich erfolgen[133]. Die Zielkosten werden auf die einzelnen Komponenten und Module heruntergebrochen, da sich globale Zielkosten nicht zur operativen Steuerung eignen[134]. Das Target Costing eignet sich in erster Linie zur Soll-Größen-Ermittlung von Produkt- und Baugruppenkosten.

Die unterschiedlichen Verfahren zur Ableitung von Soll-Werten sind in Abbildung B-4 zusammenfassend dargestellt. Aus dieser gehen darüber hinaus Aufwand, Anwendungsschwerpunkte und Betrachtungsebenen hervor.

---

[130] Vgl. Tanaka T. (1993), S. 4
[131] Vgl. Franz K.-P. 1993, S. 125
[132] Weitere Methoden zur Ermittlung von Zielkosten vgl. Niemand St. (1992); Horváth P. / Seidenschwarz W. (1992)
[133] Vgl. Horváth P. / Seidenschwarz W. (1992), S. 144
[134] Zur exakten Vorgehensweise vgl. Horváth P. / Seidenschwarz W. (1992), S. 145ff.

Methode Kriterium	Wertanalyse	Zero Base Budgeting	Reverse Engineering	Target Costing
Objekt	Produkt	Gemein-kostenbereiche	Wertschöpfungskette	Produkt
Zielgröße	Kosten	Kosten	Kosten Qualität Zeit	Kosten
Betrachtungsebene	intern	intern	vom Markt	vom Markt, intern
Komplexität Aufwand	mittel	hoch	hoch	mittel
Zeitpunkt	Produktion	Produktion	Entwicklung Produktion	Entwicklung

*Abb. B-4: Charakterisierung der Methoden zur
Ermittlung von Soll-Ausprägungen*

Die Ermittlung leistungssteigernder Maßnahmen erscheint aufgrund des eingegrenzten innerbetrieblichen Fokus schwierig, da nur diejenigen Maßnahmen übernommen werden, die im eigenen Unternehmen durchgeführt werden. Gerade dieses Defizit sollen Unternehmensvergleiche abbauen helfen.

4.2 Unternehmensvergleiche

Unternehmensvergleiche können innerhalb der gleichen Branche, zu einem Konkurrenten oder zum Durchschnitt mehrerer Wettbewerber erfolgen[135]. Eine weitere Variante wird unter dem Begriff des Benchmarking subsumiert[136]. Bei dieser Art des Vergleichs wird die Branchenzugehörigkeit in den Hintergrund gestellt. Neben der direkten

---
[135] Vgl. Endres W. (1980); Schnettler A. (1961); Viel J. (1958)
[136] Vgl. Kapitel B.4.3

Datenerhebung beim Vergleichspartner besteht die Möglichkeit, Daten über Fachzeitschriften, Unternehmensdatenbanken oder die Beauftragung von Beratern zu allokieren. Zur Unternehmensdiagnose können Konkurrenz- und Wettbewerbsvergleiche herangezogen werden.

- **Konkurrenzvergleiche**

Als Vergleichspartner werden bei diesem Verfahren Mitwettbewerber herangezogen. Durch den Branchenbezug kann davon ausgegangen werden, daß die Vergleichbarkeit weitestgehend gewährleistet ist. Der Konkurrenzvergleich bietet über eine reine Gegenüberstellung von Merkmalen die Möglichkeit, das Unternehmen bezüglich der Konkurrenzposition zu bewerten. Vor diesem Hintergrund können zentrale Ansatzpunkte für die relative Wettbewerbsposition abgeschätzt und Veränderungen über die Zeit aufgezeigt werden[137]. Durch die Bedienung derselben Geschäftsfelder, Märkte und Kunden können die Leistungen auf niedrige Abstraktionsebenen transferiert und die Bewertung kann von unterschiedlichen Sichtweisen vorgenommen werden. In der Literatur wird eine Trennung in die erfolgsfaktorenbasierte Kundensicht und die interne Sicht, die den Ressourceneinsatz bewerten soll, vorgenommen[138]. Empirische Studien belegen, daß eine Vielzahl von Unternehmen ihre kritischen Erfolgsfaktoren kennen, diese jedoch nur teilweise quantifizierbar gestalten, was zu stark pauschalisierten Zielsetzungen wie eine Erhöhung der Qualität oder Steigerung der Kundenzufriedenheit, führen kann[139]. Soll die Steuerung der Unternehmensaktivitäten zielorientiert erfolgen, ist es notwendig, die globalen Erfolgsfaktoren in Subfaktoren, die interne und externe Leistungsebenen zu zerlegen[140]. So kann der Erfolgsfaktor Zeit mit Lieferzeiten, Antwortzeiten bei Kundenanfragen oder mit Servicezeiten operationalisiert werden. In Abhängigkeit des Zeithorizontes können bei Erfolgsfaktorenanalysen Ist- und Soll-

---

[137] Vgl. Wildemann H. (1994b), S. 65
[138] Vgl. Wildemann H. (1994b), S. 65
[139] Vgl. Kupczik T. (1990), S. 24
[140] Vgl. Wildemann H. (1994b), S. 73

Positionen gegenüber dem Konkurrenten bestimmt werden. Da eine simultane Optimierung aller Erfolgsfaktoren nur selten möglich ist, können diese in eine Prioritätsreihenfolge gebracht werden. Die Reihenfolge kann aus Kundensicht oder aus der betriebsinternen Sicht abgeleitet werden.

Aufgabe der Ressourcenanalyse ist der Vergleich der eingesetzten Mittel zur Zielerfüllung der Unternehmensaufgabe[141]. Zur Operationalisierung ist es erforderlich, den Konkurrenzvergleich auf Unternehmensfunktionen wie Forschung und Entwicklung, die Produktion, das Marketing oder den Einkauf herunterzubrechen, um dann den Ressourceneinsatz exakt ermitteln zu können[142]. Je nach Anforderung oder Zielsetzung der Ressourcenanalyse können die Funktionen rekursiv in Teilfunktionen aufgespalten und die Ressourcen zugeteilt werden. Im Vorfeld der Konkurrenzanalyse müssen Fragen beantwortet werden, die sich mit der Auswahl des Konkurrenten und den Determinanten des Wettbewerbs in einem Geschäftsfeld beschäftigen. Für die Konkurrenzanalyse sind solche Konkurrenten zu ermitteln, die für den Vergleich des Objekts als geeignet erscheinen[143]. Als Vergleichspartner können aktuelle aber auch potentielle Konkurrenten herangezogen werden. Eine Schwierigkeit liegt in der Geheimhaltung relevanter Informationen, die zur Durchführung der Erfolgsfaktoren- und Ressourcenanalyse erhoben werden müssen. Zur Beurteilung der Leistungsfähigkeit von Industrieunternehmen ist der Konkurrenzvergleich ein geeignetes Instrument. Konkurrenzvergleiche beschränken jedoch den Handlungsspielraum auf rein reaktive Erkenntnisse und Maßnahmen, da diese es bestenfalls erlauben, mit einem bestimmten Wettbewerber gleichzuziehen. Das Erreichen von relativen Wettbewerbsvorteilen wird nicht möglich.

---

[141] Vgl. Peters T.J. / Waterman R.H. (1993), S. 33
[142] Vgl. Wildemann H. (1994b), S. 75
[143] Porter definiert für die Auswahl eines guten Konkurrenten mehrere Merkmale vgl. Porter M.E. (1992), S. 278

• **Wettbewerbsvergleiche**

Der Konkurrenzvergleich basiert auf der direkten Gegenüberstellung eines Unternehmens zu einem Konkurrenten. Demgegenüber erweitern Wettbewerbsvergleiche diese bilaterale Betrachtung um den Durchschnitt einer zu betrachteten Menge von branchenverwandten Unternehmen. Durch den Vergleich mit Mittelwerten, Minima und Maxima mehrerer Unternehmen ist es möglich, eine Positionierung vorzunehmen und einen strategischen Handlungsrahmen abzuleiten. Verbände wie der VDMA oder BDE stellen branchenbezogene Kennzahlenkataloge zur Verfügung, wodurch ein neutraler Vergleich durchgeführt werden kann[144]. Durch die Anonymität erklären sich Unternehmen bereit, Kennzahlen zu erheben und offenzulegen. Fraglich ist jedoch, ob der Wettbewerbsvergleich für die Leistungsanalyse von Industrieunternehmen als geeignet eingeschätzt werden kann, da die Aussagekraft der Ergebnisse durch den Vergleich zu Branchendurchschnittswerten als Vergleichsbasis für Zielprofile als relativ gering eingeschätzt werden kann.

4.3 Benchmarking

Bei der Konkurrenz- oder Wettbewerbsanalyse wird die Leistungsfähigkeit von Unternehmen aus anderen Branchen oder Industriezweigen außer acht gelassen. Gemessen wird der Zielerreichungsgrad zu einem brancheninternen Vergleichsunternehmen. Das Zielpotential, das erreichbar ist, wird nicht ermittelt[145]. Gerade dieses Defizit soll durch die Anwendung des Benchmarking-Konzepts vermieden werden. Benchmarking ist ein Instrument zur Leistungs- und Potentialanalyse von Unternehmen[146]. Es ist im Rahmen des "Leadership Through Quality"-Programms bei Xerox entwickelt und von einer Vielzahl von

---

144 Vgl. Kennzahlenkompaß (1992); VDMA (1991); BME (1989)
145 Vgl. Wildemann H. (1994b), S. 75
146 Der Begriff Benchmarking wird beispielsweise in der Vermessungstechnik zur Landvermessung und Höhenermittlung sowie in der EDV zur Leistungsermittlung von Computern und anderer Hardware benutzt.

Unternehmen übernommen worden[147]. Benchmarking ist ein Prozeß, der die generelle und branchenübergreifende Gegenüberstellung von Dienstleistungen, Produkten, Prozessen und Methoden[148] aber auch von Managementaktivitäten zum Inhalt hat[149]. Vergleichspartner sollen Unternehmen sein, die Prozesse oder Methoden als "Best Practice", "Industry Leader" oder "Best Performer" einsetzen und beherrschen[150]. Die Urteilsfindung über die Leistungsfähigkeit und Identifikation von Verbesserungsbereichen durch den Vergleich zu "Best in Class"- Unternehmen dient der Bestimmung von erreichbaren Höchstleistungen. Benchmarking verfolgt demnach die Ziele der Positionsbewertung gegenüber dem Benchmarkingpartner und der Identifikation des leistungssteigernden Methodeneinsatzes[151]. Mit der Umsetzung der im Benchmarking gewonnenen Erkenntnisse in den Zielbildungs- oder Strategiebildungsprozeß schlägt das Unternehmen einen Weg ein, der es ermöglichen soll, seine Wettbewerbsfähigkeit zu verbessern. Eine erste Systematisierung des Benchmarking kann bezüglich der Vergleichspartner und der Art des Untersuchungsobjekts erfolgen. Camp unterscheidet bei der Partnerentscheidung zwischen dem

- internen Benchmarking,
- dem Benchmarking zum Wettbewerber,
- dem funktionalen Benchmarking und
- dem allgemeinen oder generellen Benchmarking[152].

Das interne Benchmarking konzentriert sich auf den Vergleich der Leistungen zwischen betriebsinternen Abteilungen und Bereichen. Die Institutionalisierung bietet sich vorrangig in divisional organisierten Unternehmen an, die gleiche oder ähnliche Funktionen in den getrennten

---

147 Vgl. Tucker F.G. / Zivian S.M. / Camp R.C. (1987), S. 16
148 Vgl. Horváth P. / Herter R.N. (1992), S. 7
149 Vgl. Walleck St.A. / O'Halloran D.J. / Leader C.A. (1991), S. 9
150 Vgl. Camp R.C. (1989), S. 13
151 Vgl. Millard Ch. (1992), S. 3
152 Vgl. Camp R.C. (1989), S. 60ff.

Geschäftsbereichen vorhalten[153]. Die Anwendung des Benchmarking mit einem Konkurrenten bietet sich bei einer Vergleichbarkeit der Benchmark-Objekte an. Durch eine branchen- oder produktbezogene Ausrichtung ist die Beurteilungsfähigkeit der Leistungen besser einzuschätzen. Dabei werden ausgehend von der Messung der besten Leistungsmerkmale des Konkurrenten Anhaltspunkte ermittelt, um dessen Fähigkeiten zu übertreffen. Benchmarking mit Wettbewerbern unterscheidet sich von der Konkurrenzanalyse vor allem in der Vorgehensweise und in den Bezugsobjekten. Die grundsätzlichen Probleme des Austauschens vertraulicher Informationen bleiben jedoch erhalten. Das funktionale Benchmarking erweitert den Auswahl- oder Suchraum der Vergleichspartner um branchenfremde Industrieunternehmen. Betrachtet werden insbesondere Funktionen wie die Logistik, die Produktion oder das Marketing. Vergleichspartner ist der Klassenbeste bezüglich dieser Funktionserfüllung, wobei für die Gegenüberstellung ähnliche Rahmenbedingungen sicherzustellen sind. Sollen die besten Gestaltungsmöglichkeiten gefunden werden, findet das allgemeine Benchmarking seine Anwendung. Der Fokus möglicher Vergleichspartner richtet sich hierbei generell auf alle Unternehmen in und außerhalb einer Branche. Nach Camp ist diese Benchmarkingvariante diejenige, welche die größten Erfolge bei einer Übertragung leistungssteigernder Methoden erzielt[154]. Dies kann durch die marginale Abweichung von Merkmalsausprägungen innerhalb von Branchenanalysen unterstrichen werden. Es wird deutlich, daß Unternehmen der gleichen Branche aufgrund gleicher Strukturen ähnliche Leistungsdefizite in ihren Geschäftsprozessen aufweisen und nur durch einen branchenübergreifenden Vergleich diejenigen Unternehmen ermittelt werden können, die diese Prozesse exzellent beherrschen. Bei dieser Benchmarkingvariante nimmt die Anzahl der Vergleichspartner zu. Demzufolge stehen weitaus mehr Methoden für die Zielerfüllung zur Disposition. Untersuchungsobjekte des Benchmarking sind -in

---

[153] Vgl. Bichler Kl. / Gerster W. / Reuter R. (1994), S.45; Holling L. (1992), S. 150; Krogh H. (1992)
[154] Vgl. Camp R.C. (1989), S. 65

Abhängigkeit der operativen oder strategischen Ausrichtung- Produkte, Methoden und Geschäftsprozesse, die mit den Leistungsdimensionen Kosten, Qualität und Zeit beschrieben werden[155]. Die Betrachtung von Geschäftsprozessen kann auf unterschiedlichen Detaillierungsstufen gemäß der Prozeßdekomposition erfolgen. Wichtig ist die Beschreibung der Prozeßressourcen und der Prozeßergebnisse sowie die Transformation und die Interdependenzen zu weiteren Geschäftsprozessen. Mögliche Ressourcen der Unternehmens- oder Wertschöpfungsprozesse können Personal, Maschinen und Anlagen, EDV-Systeme, Material oder Finanzen sein[156]. Prozeßspezifische Merkmale lassen sich auf der Basis einer logistischen Kette mit Hilfe von Durchlaufzeiten, Bestandshöhen, Lager- und Fertigungsstufen darstellen. Wird der Wertschöpfungsprozeß verfeinert und in Subprozesse wie den Beschaffungs-, den Produktions-, den Distributions- und den Auftragsabwicklungsprozeß aufgeteilt, können zeitlich abhängige Prozeßinterdependenzen bezüglich Informations- oder Materialübergaben ermittelt werden.

Unabhängig vom spezifizierten Problembereich und den Benchmarkingpartnern läßt sich der Ablauf des Benchmarking in getrennte Phasen aufteilen. Die folgenden Aufgaben müssen im Rahmen eines bilateralen Benchmarkingprozesses durchgeführt werden[157]:

- Definition des Untersuchungsobjektes
- Bildung eines Teams
- Bestimmung der beschreibenden Merkmale und Fragen
- Identifikation eines Vergleichspartners
- Erhebung der Merkmalsausprägungen beider Unternehmen
- Bestimmung der Leistungslücke
- Ermittlung der Ursachen für Leistungsdefizite
- Ableiten von Leistungszielen und Strategien

---

155 Vgl. Horváth P. / Herter R.N. (1992), S. 7
156 Vgl. Wildemann H. (1994b), S. 80
157 Vgl. Herter R.N. (1992), S. 256ff.

- Definition von Einzelmaßnahmen
- Implementierung eines Fortschrittscontrolling
- Kontinuierliche Verbesserung und Diffusion

Es existieren verschiedene Zuordnungen für die Einzelaktivitäten an definierte Phasen wie die Vorbereitung, die Analyse, die Konzeption oder die Umsetzung[158]. Benchmarking beinhaltet jedoch nicht nur den branchenübergreifenden Unternehmensvergleich zur Positionierung und zur Identifikation von effizienzverbessernden Methoden, sondern soll ebenso Grundlagen für kontinuierliche Verbesserungen und die Umsetzung einer ständig lernenden Organisation durch die Inanspruchnahme aller Informationsquellen und der Umsetzung von Wissensvorteilen schaffen[159].

4.4 Vergleichbarkeit von Unternehmen

Die Aussagekraft genereller Unternehmensvergleiche hängt stark von der Güte der Vergleichszulässigkeit ab. Diese kann als eine Funktion des zu untersuchenden Prozesses, der deskriptiven Merkmale, der Genauigkeit der Informationen und der Auswahl des Vergleichsunternehmens betrachtet werden. Geht man davon aus, daß die ersten Parameter der Qualitätsfunktion erfüllt sind, gilt es Methoden bereitzustellen, welche Argumente für die Validität bieten, um Aussagen über die Zulässigkeit des Unternehmensvergleiches treffen zu können. Eine Entscheidung über die Zulässigkeit des Unternehmensvergleichs und die damit verbundene Akzeptanz der ermittelten Zielwerte ist stets subjektiv. Die Vergleichbarkeit kann jedoch durch eine gezielte Auswahl von geeigneten Geschäftsprozessen und Indikatoren, durch die funktionale oder statische Verrechnung und durch die Bildung von Vergleichsklassen erhöht werden. Im folgenden werden die drei Vorgehensweisen beschrieben.

---

[158] Vgl. Camp R.C. (1989), S. 259; Horváth P. / Herter R.N. (1992), S. 8
[159] Vgl. Garwin D.A. (1994), S. 74ff.; Gödicke P. (1992), S. 67ff.; Stata R. (1989), S. 63ff.

1. Auswahl:
Auch wenn Unternehmen aufgrund ihrer Umweltbedingungen, Produkte oder internen Strukturen grundsätzlich nicht vergleichbar sind, können Subprozesse oder Teilbereiche gefunden werden, bei denen eine direkte Vergleichbarkeit gewährleistet ist[160]. Die Auswahl unmittelbar vergleichbarer Objekte findet in der Regel auf einem detaillierten Niveau statt. Sie erfordert eine exakte Abgrenzung. Der Abfertigungsprozeß des Wareneingangs zweier Unternehmen kann gleichartig gestaltet sein, obwohl die Unternehmen unterschiedliche Produktstrukturen aufweisen oder andere Marktsegmente bedienen. In diesem Fall erscheint es für die Vergleichbarkeit ausreichend, wenn der Subprozeß gleiche Rahmenbedingungen hat oder dieselben Ziele verfolgt. Die Auswahl einzelner Merkmale erfolgt analog zur Auswahl der Teilprozesse.

2. Verrechnung:
Der Vergleichbarkeitsgrad kann mit der Verrechnungsmethode gesteigert werden. Diese Methode gliedert sich in eine funktionale und eine statistische Variante[161]. Die funktionale Verrechnungsmethode geht von der Annahme aus, daß zwischen den beiden Variablen ein mathematischer Zusammenhang besteht und durch das Herausfiltern von Störgrößen die Vergleichbarkeit gewährleistet wird. In Abhängigkeit der Kardinalität der Störgrößen kann zwischen monovariablen und multivariablen Zusammenhängen unterschieden werden. Eine Entstörfunktion wird entweder auf eine oder auf mehrere Variablen angewendet. Der einfachste Fall der funktionalen Verrechnung ist die Bildung von Verhältniszahlen durch die Division einer Bezugsbasis. Die funktionale Verrechnungsmethode ist nur dann anwendbar, wenn die Merkmale quantitativer Art und die Relationen zu Störgrößen oder Vergleichsbasen bekannt sind. Die statistischen Verrechnungsmethoden gehen hingegen von der Annahme aus, daß die Merkmale Interdependenzen aufweisen, die mit Hilfe von Korrelations-

---

[160] Vgl. Camp R.C. (1992), S. 5
[161] Vgl. Lippe P. (1993), S. 292ff.

oder Faktorenanalysen auf der Basis einer repräsentativen Stichprobe identifiziert werden können.

3. Unternehmensklassenbildung:
Die Vergleichbarkeit zweier Prozesse wird durch Störgrößen aus der Umwelt und durch interne Unternehmensstrukturen beeinträchtigt. Durch die Bildung von Unternehmensklassen, die im Kontext der Menge von Merkmalen und in der Ausprägung definiert werden, sind die Unternehmen mindestens einer Klasse zuzuordnen[162]. Im einfachsten Fall spiegelt die Klasse eine Branche wieder. Darüber hinaus können Unternehmen branchenübergreifend vergleichbar sein, die die gleiche Fertigungstiefe, die gleiche Mitarbeiteranzahl oder denselben Standort aufweisen. Durch eine Selektion von Vergleichspartnern aus der eigenen oder ähnlichen Klassenmenge wird die Vergleichbarkeit erhöht. In Abhängigkeit von der Anzahl der Merkmale und der Intervallbreite der Skalierung einer Unternehmensklasse nimmt die Zulässigkeit des Unternehmensvergleichs zu. Schwierigkeiten können bei dieser Methode bei der Festlegung der Klassengrenzen und in Abhängigkeit der Komplexität der betrachteten Merkmale auftreten.

Die Ansätze zur Verbesserung der Vergleichbarkeit können hinsichtlich ihrer Eigenschaften und Anwendbarkeit unterschieden werden. Nicht jede Methode eignet sich gleichermaßen zur Begrenzung von Störgrößen. In Abhängigkeit von der Komplexität, der Objektivität und der Zulässigkeit der Ergebnisse bieten sich die Abbildung B-5 dargestellten Verfahren an. Unter Komplexität wird der Aufwand und Schwierigkeitsgrad verstanden, den es bei der Anwendung der Methoden zu beherrschen gilt.

---

[162] Vgl. Herter R.N. (1992), S. 257

Kriterium \ Methode	Auswahl-methode	Verrechnungs-methode	Vergleichs-klassenbildung
Komplexität / Aufwand	gering	hoch	mittel
Objektivität	gering	hoch	mittel
Validität der Ergebnisse	mittel	hoch	mittel
Einflußgrößen, die den Vergleich beeinträchtigen		Betriebsgröße Fertigungstiefe Varianten ...	Auftragstyp Fertigungstyp Branche ...

Abb. B-5: *Eigenschaften der Vorgehensweisen zur Erhöhung des Vergleichbarkeitsgrades*

Die Objektivität bringt zum Ausdruck, inwieweit die Ergebnisse mathematisch nachvollziehbar sind. Die Zulässigkeit stellt das Maß für die Vergleichbarkeit dar, der durch den Methodeneinsatz erreicht werden kann. Abschließend ist eine Auswahl von Einflußgrößen genannt, die mit der jeweiligen Methode neutralisiert werden können. Für die Zulässigkeit branchenübergreifender Unternehmensvergleiche kommen in der vorliegenden Ausarbeitung alle drei Methoden zur Anwendung. Da sich die Methoden nicht gegenseitig ausschließen lassen, kann der Einsatz parallel erfolgen, indem zuerst die Verrechnungsmethode eingesetzt wird und anschließend der Vergleich in bestimmten Unternehmensklassen erfolgt.

4.5 Bewertung der Diagnosemethoden

Die Bewertung der innerbetrieblichen und unternehmensübergreifenden Diagnosemethoden soll Aufschluß über deren Mächtigkeit im Rahmen der Unternehmensanalyse und der vorliegenden Problemstellung geben (vgl. Abbildung D-6).

Methode / Kriterium	Zeit-vergleich	Soll/Ist-Vergleich	Konkurrenz-vergleich	Wettbewerbs-vergleich	Benchmarking
Quelle der Informationen	Unternehmens-interne Quellen	Unternehmens-interne Quellen	Konkurrent	Branchen-auswertungen	Alle Industrie-unternehmen
Schwierigkeit der Informations-beschaffung	gering	gering	hoch	mittel	mittel
Vergleichbarkeit der Informationen	gegeben	gegeben	teilweise gegeben	teilweise gegeben	teilweise gegeben
Art der Positions-bestimmung	relativ / intern	relativ / intern	relativ / extern	relativ / extern	absolut
Zeitbezug der Positions-bestimmung	Vergangenheit	Gegenwart / Zukunft	Gegenwart	Gegenwart	Gegenwart
Eignung zur Bestimmung künf-tiger Leistungsziele	sehr gering	mittel	mittel	gering	mittel
Möglichkeit zur Identifikation von Reorganisationen	nur intern gegeben	nur intern gegeben	gegeben	teilweise gegeben	gegeben

Abb. B-6: Charakterisierung der Diagnosemethoden

Dementsprechend müssen die Verfahrensweisen in Abhängigkeit der übergeordneten Fragestellungen und dem Prozeß der Unternehmensanalyse charakterisiert werden[163]. Die ersten beiden Kriterien sind der Informationsbeschaffung, die Art und der Zeitbezug der Positionierung der Auswertungs- und Beurteilungsphase, und die letzten zwei der Interpretation und Entscheidungsphase zugeordnet. Bei der Beantwortung der ersten Fragestellung nach der Leistungsposition eines Industrieunternehmens unterscheiden sich die Verfahren in der internen und externen Sichtweise. Da eine Bewertung zum Konkurrenten und dem Best-in-Class-Unternehmen die wettbewerbsrelevante Position zum Kunden besser widerspiegelt, erscheint eine absolute Bewertung vorteilhafter. Auch zur Bestimmung zukünftiger Ziele oder zur Identifikation von Verbesserungsmaßnahmen weisen der Konkurrenzvergleich und das Benchmarking konzeptionelle und methodische Vorteile auf. Im Gegensatz zum Konkurrenz- oder zum Wettbewerbsvergleich, wo die Vergleichbarkeit der erhobenen Informationen aufgrund ähnlicher Strukturen eher gewährleistet ist, muß diese beim Benchmarking erst explizit durch die Anwendung zulässigkeitssteigernder Methoden erreicht werden. Insofern kann das Benchmarking als wirksamstes Diagnoseinstrument zur Leistungsbeurteilung und zur Identifikation von Reorganisationsmaßnahmen verstanden werden.

---

[163] Vgl. Kapitel B.1

5 Defizite der konventionellen Informationsverarbeitung bei der Unternehmensanalyse

Konventionelle Analyseinstrumente der Informationsverarbeitung sind Softwareprogramme, die den klassischen Bereichen der Informationstechnik zugeordnet werden können[164]. Diese Systeme sind bei der Unterstützung des Unternehmensanalyseprozesses in der Lage, quantitative Informationen aufzubereiten und darzustellen. Konventionelle EDV-Systeme automatisieren vor allem Auswertungsprozesse. Dadurch können große Datenmengen effizient und schnell bearbeitet werden[165]. Der Vorteil der Anwendung liegt demnach in der Entlastung der Mitarbeiter bei arbeits- und zeitintensiven Rechenoperationen und bei Schreibarbeiten. Die Folge ist trotz des oft umfangreichen Datenmaterials ein geringerer Aufwand an Übertragungsarbeiten. Gleichzeitig werden Rechenfehler minimiert[166]. Vor dem Hintergrund dieser Eigenschaften ist die konventionelle Informationsverarbeitung fähig, die Auswertungsphase effizient zu unterstützen. Das Ergebnis ist eine Menge von strukturiert aufbereiteten Unternehmensdaten und Kennzahlen. Aufgrund der algorithmischen Verarbeitung sind auch problemspezifische Auswertungen möglich. In der Interpretations- und Entscheidungsphase leisten konventionelle Systeme jedoch einen geringen Beitrag zur Unterstützung der Unternehmensanalyse[167]. Dies ist vor allem in der ungenügenden Entscheidungsunterstützung begründet, das auf Experten- oder Erfahrungswissen basiert. Demnach besteht der Kern wissensbasierter Unternehmensanalysen im Beherrschen und Gestalten komplexer Sachverhalte auf der Grundlage einer strukturierten Wissensbasis. Konventionelle Systeme verfügen im Gegensatz zu wissensbasierten Systemen nur über eine Problemlösungsvorschrift und eine Datenbasis. Eine Wissensbasis, in der das

---

164 Vgl. Merten P. (1994), S. 4ff.
165 Zum Einsatz von Informations- und Kommunikationstechniken in Abhängigkeit des Aufgabeninhalts vgl. Reichwald R. / Nippa M. (1988), S. 20ff.
166 Vgl. Balzert K. (1981), S. 14
167 Vgl. Wildemann H. (1995c), S. 96

Wissen des eigenen und anderer Unternehmen gespeichert ist, existiert nicht[168]. Wissensbasierte Systeme können bei der Unternehmensanalyse erfahrungsbedingte Empfehlungen treffen[169]. Durch die Wissenszusammenhänge existiert bei diesen Systemen eine Komponente, durch die Entscheidungen im Untersuchungsfeld abgestützt werden können[170]. Vor diesem Hintergrund verspricht die Anwendung wissensbasierter Systeme in Verbindung mit prozeßorientierten Unternehmensmodellen, das durch quantitative und qualitative Merkmale charakterisiert wird, eine Verbesserung computerunterstützter Unternehmensanalysen. Im folgenden Kapitel werden wichtige Anforderungen an eine wissensbasierte Diagnose dargestellt.

6 Anforderungsprofil an wissensbasierte Diagnosen

Wissensbasierte Diagnosen können bei der Unternehmensanalyse den Lösungsfindungsprozeß komplexer betriebswirtschaftlicher Probleme beschleunigen. Sie überwinden auf diese Weise begründete Defizite der konventionellen Informationsverarbeitung[171]. Der Einsatz wissensbasierter Diagnosesysteme ist jedoch an folgende Anforderungen gebunden[172]:

- Vorhandensein einer Wissensbasis (Expertenwissen),
- Strukturierbarkeit der Basis im Kontext der Fragestellungen,
- Entscheidungsfindung auf der Grundlage mehrerer Merkmale,
- Systematischer und formaler Analyseprozeß,
- Effiziente EDV-Systemstruktur sowie

---

168 Zum Vergleich zwischen konventionellen und wissensbasierten EDV-Systemen vgl. Schmitz P. / Lenz A. (1986)
169 In Anlehnung an die Eigenschaften wissensbasierter Systeme vgl. Steiner M. / Wittkemper H.-G. (1993), S. 449
170 Vgl. Broy M. (1990), S. 61
171 Vgl. Hausknecht J. / Zündorf H. (1990), S. 85
172 Vgl. Krebs M. (1991), S. 42ff.

- Objektivität, Neutralität, Korrektheit und Effizienz des Systems.

Das im Rahmen von Fallstudien aus der Unternehmenspraxis generierte Wissen sowie Erfahrungen aus der Vergangenheit stellen die zentralen Voraussetzungen für eine wissensbasierte Diagnose dar. Wird davon ausgegangen, daß Wissen in Projektdokumentationen und Studien hinterlegt ist, gilt es, dieses systematisch aufzubereiten und in ein Unternehmens- und Entscheidungsmodell zu integrieren. Das Modell muß es ermöglichen, Fragestellungen der Diagnose auf der Basis des vorhandenen Erfahrungswissens zu lösen. Die Entscheidungen des Diagnosesystems sollen in Abhängigkeit mehrerer Merkmale getroffen werden. Sie können quantitativer oder qualitativer Natur sein und Veränderungen der Unternehmensleistung und der Unternehmensumwelt widerspiegeln. Durch die simultane Betrachtung mehrerer abhängiger und unabhängiger Einflußfaktoren können objektive Entscheidungen getroffen werden, die in Abhängigkeit unterschiedlicher Unternehmenssituationen erfolgen. Neben dem Modell und dem Methodeneinsatz gilt es, aufgrund des Umfangs und der Komplexität eine systematische und formale Vorgehensweise zu erarbeiten. Danach kann der EDV-basierte Analyseprozeß effizient durchlaufen werden. Da wissensbasierte Diagnosen vorwiegend Interpretations- und Entscheidungsfindungsprozesse unterstützen und mit konventionellen Methoden der Auswertungsphase harmonieren sollen gilt es, ein EDV-System zu konzipieren, indem eindeutig definierte Schnittstellen zur Datenübergabe vorhanden sind. Das Anforderungsprofil hat dem Anspruch nach Objektivität, Neutralität und Korrektheit getroffener Entscheidungen Rechnung zu tragen[173]. Demzufolge besteht die Hauptanforderung an eine wissensbasierte Diagnose in der schnellen und effiziente Absicherung von Entscheidungen auf der Grundlage von Erfahrungswissen.

---

[173] In Anlehung an Spezifikation von Softwaresystemen vgl. Broy M. (1991), S. 7ff.

C Wissensbasierte Problemlösung mittels Mustererkennung

Die Mustererkennung ist ein Instrument zur mehrdimensionalen Entscheidungsfindung. Sie basiert auf Erfahrungswissen oder definierten Regeln durch die Zuordnung einer Situation oder eines Zustands an bestimmte Klassen. Das folgende Kapitel befaßt sich mit der automatischen Mustererkennung und der Beschreibung ihrer gebräuchlichsten Klassifikationsverfahren. Im Anschluß an die Diskussion konventioneller mathematischer Verfahren soll die Anwendung künstlicher neuronaler Netze behandelt werden. Das Forschungsgebiet des Konnektionismus eröffnet neue Perspektiven und Anwendungsmöglichkeiten innerhalb der nichtlinearen Mathematik[174]. Darüber hinaus sollen die Problemkreise der Datenaggregation und der Datenunvollständigkeit im Rahmen der Unternehmensdiagnose behandelt werden. Im letzten Abschnitt wird die wissensbasierte Diagnose von Industrieunternehmen bezüglich mehrerer deskriptiver Merkmale in das Gebiet der Unternehmensanalyse eingeordnet.

1 Grundlagen der Mustererkennung

Die theoretische Basis der Mustererkennung liegt in der biologischen Perzeption von Lebewesen. Perzeption bezeichnet den Prozeß der sinnlichen Wahrnehmung, Interpretation und Bewertung von Umwelteindrücken jeglicher Art. Dabei handelt es sich in erster Linie um Zuordnungsaufgaben, bei denen eine bestimmte Situation der Umwelt einer bekannten Interpretation zugewiesen wird. Die automatische Mustererkennung bedient sich hierfür technischer Systeme,

---

[174] Der Konnektionismus gilt als eine Forschungsrichtung der künstlichen Intelligenz vgl. Dorffner G. (1991), ferner werden in der Literatur des öfteren neuronale Netze als konnektionistische Modelle bezeichnet.

um innerhalb begrenzter Ausschnitte der Umwelt perzeptive Leistungen zu simulieren[175]. Leistungen dieser Art sind etwa

- die Wahrnehmung von Schriftzeichen in beliebiger Lage und Form oder
- das Verstehen gesprochener Worte von unterschiedlichen Personen.

Die Verfahren der Mustererkennung kommen in Bereichen zur Anwendung, wo es darum geht, aktuelle Situationen zu analysieren, um anschließend aus der erkannten Konstellation Handlungs- oder Gestaltungsempfehlungen abzuleiten. Insbesondere bei ökonomischen Fragestellungen bietet das Verfahren der Mustererkennung eine Möglichkeit, auf der Basis von Erfahrungswissen Entscheidungshilfen zu generieren. Die Sammlung von Wissen über bestimmte Fragestellungen und deren Lösung kann im eigenen Umfeld aus Erfahrungen gewonnen oder von fremden brancheninternen oder -übergreifenden Unternehmen bezogen werden[176]. Mustererkennungsmethoden haben die automatische Verarbeitung und Auswertung von Mustern unter mathematischen und technischen Aspekten zum Inhalt[177]. Charakteristische Merkmale der Mustererkennung sind die Informationsreduzierung, das Vorhandensein von Informationsinterdependenzen zwischen einer Umweltsituation und deren Interpretation sowie eine Informationsbewertung durch die Beschreibung und Klassifikation der Muster[178]. Ein Muster ist demnach eine modellierende Beschreibung von Eigenschaften eines Objektes oder Prozesses unter Verwendung von Kennzahlen und Merkmalen.

---

175 Vgl. Niranjan J.A.G. / Fallside F. (1990); Bilbro G.L. / White M. / Snyder W. (1989)
176 Vgl. Camp R.C. (1989), S. 60ff.
177 Vgl. Niemann H. (1983), S. 4; Mertens P. (1977), S. 779
178 Vgl. Schalkoff R. (1992), S. 4

Eine Systematisierung der Mustererkennung kann in Abhängigkeit des Musteraufbaus, bei einfachen in die Klassifikation und bei komplexen in die Analyse von Mustern vorgenommen werden[179]. Bei der Klassifikation wird jedes Muster unabhängig von anderen Mustern genau einer von einer bestimmten Anzahl möglicher Klassen zugeordnet. Ein Muster wird als einfach bezeichnet, wenn es sich als Ganzes klassifizieren läßt und exakt einer Klasse zugeteilt werden kann[180]. Dies trifft bei dem Verlauf einer physikalischen Größe oder bei betriebswirtschaftlichen Zeitreihenvergleichen zu (vgl. Abbildung C-1). Bei komplexen Mustern wird versucht, die Zusammenhänge eines Zustandes oder einer Situation in mehrere, einfachere Beschreibungsmuster unter Angabe deren Relationen und Beziehungen untereinander, zu zerlegen[181].

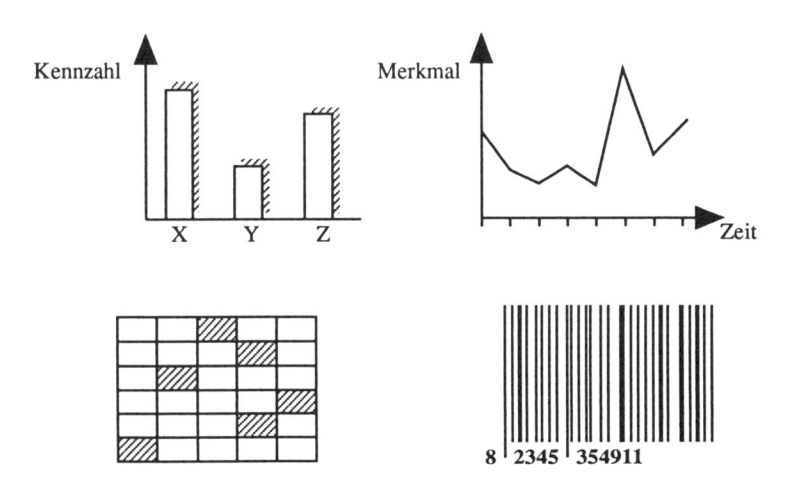

Abb. C-1: Beispiele für Muster

---

179 Vgl. Mertens P. (1977), S. 780
180 Vgl. Niemann H. (1983), S. 6; ein elektrischer Schaltkreis entspricht bspw. einem komplexen Muster
181 Vgl. Niemann H. (1984), S. 5

Die vorliegende Untersuchung fußt auf der Klassifizierung einfacher Muster über die Zuordnung von Industrieunternehmen, die mit einer Vielzahl von quantitativen und qualitativen Merkmalen beschrieben werden, an Leistungs- und Reorganisationklassen.

2 Prozeß der Klassifikation von Mustern

Der Prozeß der Perzeption findet bei Lebewesen unbewußt statt. Demgegenüber muß ein technisches Mustererkennungssystem diese Schritte explizit ausführen. Für die Klassifikation von Mustern, also den Übergang von einer gegebenen Datenkonstellation zu Handlungsempfehlungen, gilt es, unabhängig unterschiedlicher Ansätze und Algorithmen, einige grundsätzliche Voraussetzungen für den Einsatz der automatischen Mustererkennung zu erfüllen[182]. Erstens muß für die Sammlung von Informationen und die Generierung von Erfahrungswissen eine repräsentative Stichprobe zur Verfügung stehen. Weiterhin ist sicherzustellen, daß jedes Muster bestimmte Merkmale besitzt, die für eine Klassenzugehörigkeit charakteristisch sein können. Als dritte Voraussetzung ist die Forderung nach der Kompaktheit des Merkmalsraumes, der durch die Merkmale der Muster einer Klasse gebildet wird, zu nennen. Ob diese Voraussetzungen für die jeweilige Klassifikationsaufgabe erfüllt werden können, hängt davon ab, wie aus der Lernstichprobe des Untersuchungsbereichs geeignete Muster und die für die unterschiedliche Klassenzugehörigkeit charakteristischen Merkmale extrahiert werden können. Der Klassenbildung folgen drei Aktivitäten[183]. Im Anschluß an die Ableitung von Klassencharakteristika je Klasse müssen im zweiten Schritt Merkmale gefunden werden, die eine Situation beschreiben und außerdem zur Unterscheidung von Mustern anderer Klassen beitragen. Im dritten Schritt ist mit Hilfe der mit einem neuen Muster ermittelten Merkmalsausprägungen unter Verwendung der

---

[182] Vgl. Niemann H. (1984), S. 5
[183] Vgl. Niemann H. (1974), S. 13ff.

Klassencharakteristika die Klassenzugehörigkeit zu ermitteln. Der Prozeß der Klassifikation von Mustern ist in Abbildung C-2 zusammenfassend dargestellt:

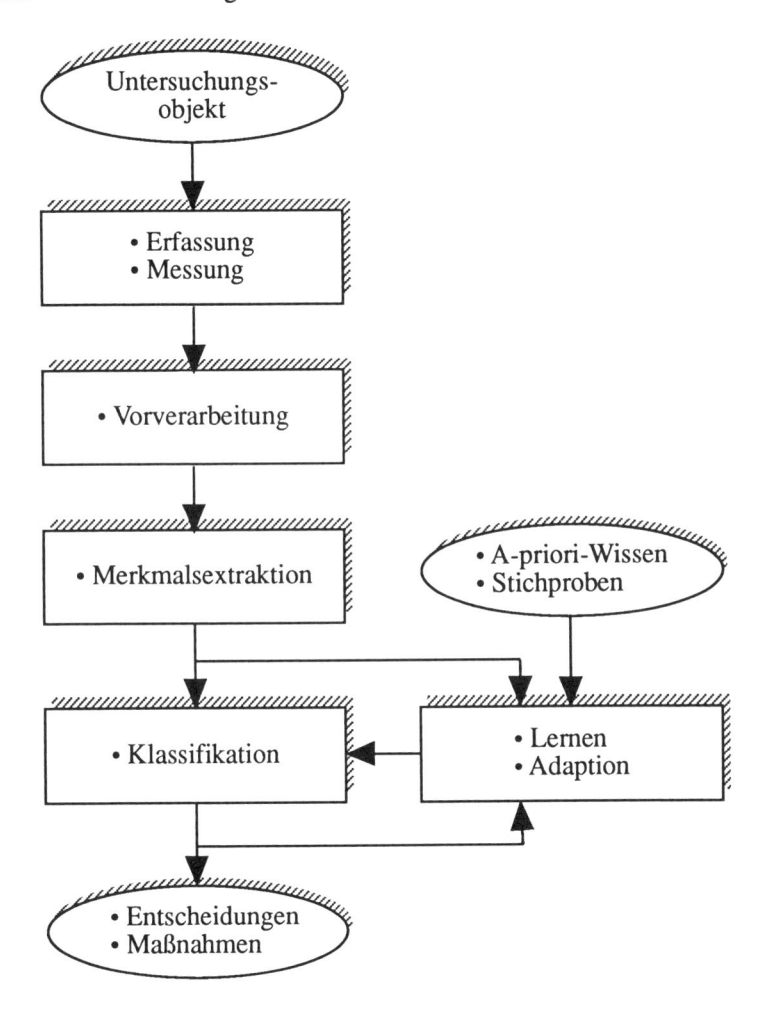

```
        ┌─────────────────┐
        │ Untersuchungs-  │
        │    objekt       │
        └────────┬────────┘
                 ▼
        ┌─────────────────┐
        │ • Erfassung     │
        │ • Messung       │
        └────────┬────────┘
                 ▼
        ┌─────────────────┐
        │ • Vorverarbeitung│
        └────────┬────────┘
                 ▼
        ┌──────────────────┐     ┌──────────────────┐
        │• Merkmalsextraktion│   │ • A-priori-Wissen│
        │                  │     │ • Stichproben    │
        └────────┬─────────┘     └────────┬─────────┘
                 ▼                        ▼
        ┌─────────────────┐     ┌─────────────────┐
        │ • Klassifikation│◄────│ • Lernen        │
        │                 │     │ • Adaption      │
        └────────┬────────┘     └────────▲────────┘
                 │                       │
                 ▼                       │
        ┌─────────────────┐              │
        │ • Entscheidungen├──────────────┘
        │ • Maßnahmen     │
        └─────────────────┘
```

Abb. C-2: System zur Klassifikation von Mustern[184]

---

184 In Anlehnung an Mertens P. (1977), S. 780

Die einzelnen Phasen des gezeigten Ablaufs der Klassifikation müssen für eine automatische Mustererkennung formal beschrieben werden. Für die mathematische Darstellung bieten sich folgende Definitionen an:

Ω	=	Untersuchungsbereich
$\vec{x}$	=	Merkmalsvektor des Untersuchungsbereichs
$\vec{f}'(\vec{x})$	=	Rohmuster
$\vec{f}''(\vec{x})$	=	Muster
$\vec{K}$	=	Merkmalsvektor der Klassifikation
Ω_x	=	Klassen

In einem ersten Schritt erfolgt die Erfassung aus dem Umweltbereich Ω des Untersuchungsobjektes durch die Messung von qualitativen und quantitativen Einflußgrößen. Im Anschluß werden aus dem Datenmaterial Rohmuster $\vec{f}'(\vec{x})$ aufbereitet. Diese Stufe übernimmt die Funktion, Störeinflüsse herauszufiltern, Informationen zu kodieren und den Meßbereich über Normierungen einer Klassifikation zugänglich zu machen. Aus den generierten Rohmustern $\vec{f}'(\vec{x})$ erfolgt auf der Grundlage einer Merkmalsextraktion die Berechnung der für die Klassifikation geeigneten Merkmale $\vec{K}$. Diese werdem dem Klassifikator zugeführt, der die eigentliche Zuordnungsaufgabe löst und damit die Eingangsmuster einer bestimmten Klasse Ω_x zuordnet. Durch die Implementierung des Lernalgorithmus wird der Klassifikator mittels einer repräsentativen Lernstichprobe geschult. Darüber hinaus kann dieser auch während des Klassifikationsablaufs im Sinne einer kontinuierlichen Optimierung angepaßt und verbessert werden. Die Phasen des Klassifikationsprozesses sind die Aufnahme von Mustern, die Vorverarbeitung, die Merkmalsextraktion und die Klassifikation. Eine letzte Phase beinhaltet die Auswahl und Durchführung einer Lernstrategie.

Phase 1: Aufnahme von Mustern

Die Aufnahme von Mustern beinhaltet die Übertragung des zu analysierenden Teils aus der Umwelt Ω auf das Muster $\vec{f}'(\vec{x})$. Die Auswahl der Daten $\vec{x}$, welche gemessen und erfaßt werden, ist im Kontext der Zielsetzung der Leistungsdiagnose zu treffen. Die selektierte Menge beeinflußt das Klassifikationsergebnis maßgeblich. Falls noch keine Stichprobe vorliegt und die Datenmenge $\vec{x}$ noch bestimmt werden kann, ist es sinnvoll, eine möglichst große Menge zu erfassen. Das Datenvolumen ist durch die Veredelungsstufen der Vorverarbeitung und Merkmalsextraktion aufzubereiten.

Phase 2: Vorverarbeitung

Die Vorverarbeitung transferiert die Muster $\vec{f}'(\vec{x})$ in für die Klassifikation besser geeignete Muster $\vec{f}''(\vec{x})$. Die Zielsetzung der Vorverarbeitungsphase besteht in der Leistungssteigerung der Zuordnungsaufgabe, die durch die Vereinfachung und Komplexitätsreduktion der erst gemessenen Muster unterstützt werden kann. Die Vorverarbeitung kann Kodierungs-, Filterungs- und Normierungsaufgaben oder auch Schwellenwertoperationen zum Inhalt haben[185]. Durch die Kodierung werden die Daten in eine EDV-technische Form für die Speicherung, Übertragung und Verarbeitung gebracht. Mit Schwellenwertoperationen werden kontinuierliche Meßwerte in diskrete Werte umgewandelt. Dies kann in Abhängigkeit der zugelassenen Werte zu einer Komplexitätsreduktion führen. Zufällige Störungen, die die Meßwerte überlagern oder verfälschen, sind mit der Filterung zu reduzieren oder zu eliminieren. Eine wichtige Funktion im Rahmen der Vorverarbeitung ist die Normierung der Meßgrößen. Durch sie soll die Vergleichbarkeit von Mustern und Musterkomponenten hergestellt werden. Desweiteren wird durch die Normierung die Variabilität der Eingangsdaten stark eingeschränkt. Anzustreben ist bei künstlichen neuronalen Netzen die Abbildung aller

---

[185] Vgl. Niemann H. (1983), S. 20

Eingangsdaten auf einen Wert innerhalb eines Normintervalls zwischen 0.0 und 1.0[186].

Phase 3: Merkmalsextraktion

In der Stufe der Merkmalsextraktion geht es um die Problemlösung, aus den vorverarbeiteten Mustern $\vec{f}''(\vec{x})$ einen Merkmalsvektor $\vec{K}$ zu generieren, der die Klassifikationsaufgabe am besten unterstützt und somit den Voraussetzungen einer Zuordnungsaufgabe gerecht wird[187]. Die Forderungen nach einer geringen Dimensionalität und einer hohen Trennbarkeit der Muster unterstützt die Suche nach einer Methode, welche die optimalen Merkmale für eine einfache und zuverlässige Klassifikation selektiert[188]. Niemann schlägt zur Gewinnung der relevanten Merkmale $\vec{K}$ die heuristische und die analytische Vorgehensweise vor[189]. Das heuristische Verfahren wählt die Merkmale unter Berücksichtigung von Sachkenntnissen nach intuitiven Gesichtspunkten aus. Bei analytischen Verfahren wird hingegen ein Gütekriterium vorgegeben, welches von den Merkmalen optimiert wird. Hierfür können unter anderem Korrelations- oder Faktorenanalysen angewendet werden. In der Praxis wird vielfach eine Kombination des heuristischen und analytischen Ansatzes gewählt[190]. Es lassen sich zwei Möglichkeiten zur Repräsentation von Merkmalen unterscheiden. Die Darstellung der Merkmale erfolgt entweder über reelle Zahlen oder über Symbole[191]. $\vec{K}$ besteht folglich aus einem Vektor, der reelle Zahlen, eine Symbolkette oder deren Kombination enthält. Die Merkmalsextraktion von symbolischen Kriterien findet vorwiegend in Zusammenhang mit heuristischen Verfahren statt[192].

---

[186] Vgl. Schalkoff R. (1992), S. 13
[187] Vgl. Voraussetzungen der Klassifikation unter C.2
[188] Vgl. Heno D.O. (1983), S. 172
[189] Vgl. Niemann H. (1984), S. 8
[190] Vgl. Niemann H. (1983), S. 82
[191] Vgl. Minsky M.L. / Papert S.A. (1988), S. 4ff.
[192] Vgl. Niemann H. (1984), S. 9

Phase 4: Klassifikation

Die Klassifikation ist der letzte Schritt innerhalb des Prozesses der Zuordnung von Mustern. Der Klassifikator soll ein Eingangsmuster $\bar{K}$ aufgrund der extrahierten Merkmale einer bestimmten Klasse Ω_x zuordnen[193]. Diese Zuordnung ist eine abgegrenzte Aufgabe, bei der vektorisierte Eingangsdaten auf einen diskreten Ausgangswert abgebildet werden. Die Ausgangswerte sind mit einer zuvor definierten Klasse verbunden. Zur Lösung des Zuordnungsproblems existieren mehrere Verfahren. Schalkoff differenziert zwischen statistischen, syntaktischen Verfahren und der Klassifikation mittels neuronaler Netze[194]. Statistische Klassifikatoren können in festdimensionierte statistische, nicht-parametrische und geometrische Verfahren eingeteilt werden[195]. Eine detaillierte Beschreibung mathematischer und konnektionistischer Verfahren erfolgt in den Abschnitten C.3 und C.4.

Phase 5: Lernstrategien des Klassifikationssystems

Die Festlegung von Klassencharakteristika eines Klassifikators zur Ermittlung von Trennflächen der einzelnen Klassen aus den Daten einer repräsentativen Stichprobe oder aus Klassifikationsdaten wird als Lernen oder Lernphase bezeichnet[196]. Bei einem überwachten Lernen setzen sich die Schulungsdaten aus den Eingangsmustern und den zugehörigen Klassenbezeichnungen, die auch vom Anwender problemspezifisch bestimmt werden können, zusammen. Demgegenüber geht das unüberwachte Lernen einen anderen Weg. Hier sind dem System die Klassenzugehörigkeit der Muster innerhalb der Stichprobe nicht bekannt. Das System muß die Klassencharakteristika selbst ermitteln[197]. In der Regel finden zur Ermittlung und Analyse von

---

[193] Vgl. Schalkoff R. (1992), S. 14
[194] Vgl. Schalkoff R. (1992), S. 21
[195] Vgl. Niemann H. (1974), S. 165
[196] Vgl. Schuhmann M. (1991), S. 28
[197] Vgl. Mertens P. (1977), S. 781

Klassenbereichen Verfahren wie die Clusteranalyse ihre Anwendung[198]. Bei den Lernverfahren können vier Strategien für das Lernen des Klassifikationssystems unterschieden werden, wobei die ersten beiden dem überwachten, die dritte und vierte Vorgehensweise dem unüberwachten Lernen zuzuordnen sind[199].

1. Lernstrategie:
Bei der ersten Strategie werden aus einer Stichprobe in einer vorangehenden Lernphase die Klassencharakteristika bestimmt. Dazu stehen die Eingangsmuster und deren Zuordnung an eine aus einer gegebenen Anzahl an Klassen zur Verfügung. Nach der Schulung bleibt der Klassifikator unverändert.

2. Lernstrategie:
Hier werden die Klassencharakteristika mit den klassifizierten Mustern laufend verändert und angepaßt, so daß der Klassifikator an auftretende Systemveränderungen dynamisch angepaßt werden kann, ohne das komplette System der Klassifikation von Mustern neu berechnen zu müssen. Das System wechselt folglich zwischen Lern- und Klassifikationsphase.

3. Lernstrategie:
Der Klassifikator wird mit unklassifizierten Mustern dimensioniert. Nach einer einmaligen Ermittlung von Klasseneigenschaften wird dieser nicht mehr verändert.

4. Lernstrategie:
Die letzte Lernstrategie ähnelt dem zweiten Fall. Hier steht dem System zu keiner Zeit die Klassenzugehörigkeit der Muster zur Verfügung. Eine Lernphase existiert demzufolge nicht, da das System

---

[198] Vgl. Niemann H. (1984), S. 11
[199] Vgl. Niemann H. (1983), S. 223

ausschließlich Klassifikationsaufgaben löst und aus diesen den Klassifikator stets neu dimensioniert.

In der Anwendung von Mustererkennungsverfahren sind bereits alle vier Verfahren genügend untersucht und realisiert worden. Für die meisten Problemstellungen in der Praxis bietet sich jedoch das erste Lernverfahren an. Lernen bezeichnet Heno als den Vorgang der Verwertung von Erfahrungen für das künftige Verhalten[200]. Da bei den meisten mathematischen Verfahren der Klassifikator zu Beginn auf der Basis des Erfahrungswissens dimensioniert wird, liegt hier eine Berechnung des Klassifikators vor. Bei der Anwendung von künstlichen neuronalen Netzen kann eher von einem Lernverfahren gesprochen werden, da hier in der Lernphase Muster für Muster an das Netz gegeben wird. Bei neuronalen Netzen können alle vier genannten Lernstrategien implementiert werden.

Eine Trennung des Mustererkennungsprozesses in Merkmalsextraktion und Klassifikation ist nicht immer vollständig möglich. Die Ursachen liegen zum einen in der Problematik begründet, daß die Merkmalsextraktion und die Klassifikation als eine zu starke Dimensionsreduktion interpretiert wird. Zum anderen handelt es sich bei der Extraktion bereits um eine Vorklassifikation, da gut trennbare Merkmale selektiert werden[201]. Darüber hinaus ist zu berücksichtigen, daß die Abgrenzung zwischen Vorverarbeitung und Merkmalsextraktion nicht eindeutig zu definieren ist. Beide Phasen versuchen, aus den gemessenen Daten einer Stichprobe für die Klassifikationsaufgabe, geeignete Merkmale zu erzeugen. Eine Trennung der drei Stufen erscheint dann sinnvoll, wenn die Teilaufgaben separat bearbeitet und gelöst werden können. Die Klassifikationsphase kann dadurch unabhängig von den ersten drei Phasen als ein lernendes System gestaltet und optimiert werden. Eine Verbesserung der Teilsysteme sollte allerdings immer unter dem

---

[200] Vgl. Heno D.O. (1983), S. 137
[201] Vgl. Andrews H.C. (1972), S. 49ff.

Aspekt der Gesamtoptimierung des Mustererkennungsprozesses erfolgen[202].

3 Mathematische Klassifikationsverfahren

Mathematische Klassifikationsverfahren können in statistische und geometrische Methoden eingeteilt werden. Bei statistischen Verfahren wird der Merkmalsvektor $\vec{K}$ von jedem Muster einer von x Klassen Ω_x zugeordnet und als Wert einer Zufallsvariable interpretiert[203]. Mit Hilfe der klassifizierten Muster einer Stichprobe wird ein statistisches Modell generiert, das in Abhängigkeit eines Gütekriteriums die Berechnung eines optimalen Klassifikators ermöglichen soll. Bei verteilungsfreien oder geometrischen Verfahren wird der Merkmalsvektor $\vec{K}$ als Position im n-dimensionalen Raum verstanden[204]. Die Klassifikation besteht in diesem Fall aus der Berechnung einer Trennfunktion, die den Merkmalsraum in unterschiedliche Klassenbereiche trennt. Im Gegensatz zu den statistischen Verfahren, wo alle x Klassen bekannt sind, wird beim geometrischen Ansatz die Trennung in zwei Klassen Ω_1 und Ω_2 vorgenommen[205]. Eine Mischform dieser beiden Ansätze stellen die nicht-parametrischen Klassifikationsverfahren dar, bei denen nicht die Parameter einer statistischen Wahrscheinlichkeitsdichte für den Aufbau einer Entscheidungsregel, sondern die Gesamtstichprobe als Repräsentant für die Klassenzuteilung verwendet wird. In diesem Zusammenhang findet insbesondere die Nächste-Nachbar-Regel ihre Anwendung[206]. In den nächsten Kapiteln werden die statistischen, die nicht-parametrischen sowie die geometrischen Verfahren in ihrer Struktur beschrieben und bezüglich ihrer Anwendbarkeit bewertet. Im

---

[202] Vgl. Mertens P. (1977), S. 80ff.
[203] Vgl. Niemann H. (1974), S. 165
[204] Vgl. Niemann H. (1974), S. 249
[205] Vgl. Niemann H. (1974), S. 249
[206] Vgl. Niemann H. (1983), S. 195

Anschluß sollen einige Verfahren der multivariaten Statistik dargestellt und eine Eingliederung in die hier zu behandelnde Thematik erfolgen.

3.1 Statistische Verfahren

Statistische Verfahren gehen von der Annahme aus, daß die Muster jeder Klasse als Zufallsgrößen eines stochastischen Prozesses aufgefaßt werden können und somit bestimmte Wahrscheinlichkeitsverteilungen aufweisen. Für die Zuordnung werden alle Wahrscheinlichkeiten $p(\vec{K}, \Omega_x)$ benötigt, die angeben, ob ein vorliegendes Muster $\vec{K}$ einer bestimmten Klasse Ω_x angehört. Das Muster wird dann der Klasse mit der höchsten Wahrscheinlichkeit zugewiesen[207]. Die Höhe der einzelnen Wahrscheinlichkeiten sind direkt aus der Verbunddichte erhaltbar:

$$p(\vec{K}, \Omega_x) = p_x * p(\vec{K}|\Omega_x) \qquad F.\text{-}1$$

Voraussetzung ist, daß die a priori-Wahrscheinlichkeiten p_x aller x Klassen bekannt sind. Diese lassen sich aus der Wahrscheinlichkeit, daß ein Muster der Klasse Ω_x auftritt und der klassenbedingten Verteilungsdichte $p(\vec{K}|\Omega_x)$, die sich aus den klassifizierten Mustern der Lernstichprobe ergibt, bestimmen. Im Anschluß an die Bestimmung der Wahrscheinlichkeitsparameter kann ein statistischer Klassifikator berechnet werden, der ein vorgegebenes Gütekriterium optimiert. Hierzu ist es notwendig, eine Kostenfunktion vorzugeben, bei der eine falsche Zuordnung mehr Kosten erzeugt als bei einer richtigen Klassifikation[208]. Diese Art von Klassifikator wird als optimaler Bayes-Klassifikator bezeichnet[209]. Die Kritik an statistischen Verfahren liegt darin, daß in der Praxis die bedingten

---

[207] Vgl. Niemann H. (1983), S. 160
[208] Vgl. Niemann H. (1983), S. 171
[209] Vgl. Bissantz N. / Hagedorn J. (1993), S. 484

Verteilungsdichten $p(\vec{K}|\Omega_x)$ im allgemeinen nicht bekannt sind und somit approximiert werden müssen[210]. Da in der Realität selten Annahmen über die Art der Verteilung möglich sind, müssen mehrere Verteilungen angenommen werden, deren Parameter aus der Stichprobe zu schätzen sind und deren Zulässigkeit mittels statistischer Tests geprüft werden muß. Problematisch ist die Komplexität des numerischen Aufwandes aufgrund der n-Dimensionalität der Verteilungsdichten. Zur Vereinfachung werden deshalb oft Annahmen getroffen, die von einer klassenweise statistischen Unabhängigkeit der Merkmale des Musters ausgehen. Dadurch wird es allerdings notwendig, die eindimensionalen Verteilungsdichten $p(k_i|\Omega_x)$ zu ermitteln und miteinander zu multiplizieren, wobei k_i, $i=1...n$ Merkmale von $\vec{K}$ sind:

$$p(\vec{K}|\Omega_x) = \prod_{i=1}^{n} p(k_i|\Omega_x) \qquad F.\text{-}2$$

Bei der Lösung betriebswirtschaftlicher Problemstellungen mittels Methoden der Mustererkennung ist die Annahme der statistischen Unabhängigkeit der Merkmale eines Musters in vielen Fällen nicht haltbar. Bisher sind auch noch keine geeigneten Methoden bekannt, die statistisch unabhängige Merkmale erzeugen oder selektieren können[211]. Eine restriktivere Annahme wäre, von einer n-dimensionalen Normalverteilung auszugehen und deren Parameter, den Mittelwertsvektor $\vec{\mu}_x$ und die Kovarianzmatrix $\underline{K}_x$ unter Anwendung der Maximum-Likelihood-Methode zu schätzen[212]. Bei der Auswahl anderer Verteilungen wie der t-Verteilung, der Dirichlet-Verteilung oder der multinominalen Verteilung gilt es, die speziellen Wahrscheinlichkeits-Parameter der Verteilungsdichte zu schätzen. Die Wahrscheinlichkeiten p_x der Klassen können über Musterhäufigkeiten

---

210 Vgl. Bortz J. (1993), S. 56
211 Vgl. Niemann H. (1974), S. 173
212 Vgl. Schalkoff R. (1992), S. 65ff.

je Klasse errechnet werden. Die Ermittlung der Verbunddichte aus der Multiplikation der Wahrscheinlichkeiten p_x und der Verteilungsdichte $p(\vec{K}|\Omega_x)$ bestimmt den optimalen Klassifikator und somit die Leistung des Zuordnungsystems maßgeblich. Hierfür ist jedoch eine Entscheidungsregel anzugeben, die die Wahrscheinlichkeit bestimmt, daß beim Auftreten eines Merkmalsvektor $\vec{K}$ eine Zuordnung in die Klasse Ω_x erfolgt. Um eine Bewertung zu erhalten, kann als Gütekriterium eine Kostenfunktion definiert werden, welche die Kosten angibt, falls ein Muster der Klasse Ω_z zugeordnet wird, obwohl es zu der Klasse Ω_y gehört[213]. Die Kosten sollen für die richtige Zuordnung niedriger sein als für eine Fehlentscheidung. Für die Klassifikation durch statistische Verfahren ist es erforderlich, eine möglichst genaue Schätzung der Verteilungsdichten zu erzielen, um eine zuverlässige Klassifikation zu erhalten.

3.2 Nicht-parametrische Verfahren

Nicht-parametrische Verfahren treffen die Zuordnung von Mustern mit der bekannten Stichprobe. Diese muß dem System permanent zur Verfügung stehen und kann gegebenenfalls erweitert werden[214]. Unter den nicht-parametrischen Verfahren sind die Nächste-Nachbar-Regel, die nicht-parametrische Schätzung von Verteilungsdichten sowie die Anwendung von Toleranzgebieten bekannt. Die Nächste-Nachbar-Regel weist ein Muster jeweils der Klasse zu, zu der auch der nächste Nachbar im Merkmalsraum oder die Mehrzahl seiner nächsten Nachbarn gehören[215]. Dafür wird im Merkmalsraum ein definiertes Abstandsmaß $d(\vec{K}, {}^j\vec{K})$ eingeführt, welches den Abstand des Merkmalsvektors $\vec{K}$ von dem Merkmalsvektor ${}^j\vec{K}$ aus der vorhandenen Stichprobe angibt.

---

[213] Zur detaillierten Ermittlung einer Entscheidungsregel vgl. Niemann H. (1983), S. 165ff.
[214] Vgl. Schalkoff R. (1992), S. 66ff.
[215] Vgl. Nadler M. (1993), S. 372

Der Klassifikation liegt dann folgende Entscheidungsregel δ zugrunde[216]:

$$\delta(\Omega_x|\vec{K}) = 1 \quad \text{wenn} \quad \min_j \{d(\vec{K},{}^j\vec{K})\} = d(\vec{K},{}^i\vec{K}) \quad \text{und} \quad {}^i\vec{K} \in \Omega_x$$

$$\delta(\Omega_y|\vec{K}) = 0 \quad \text{für} \quad x \neq y \qquad \text{F.-3}$$

Durch die Anwendung wird der Abstand des Merkmalsvektors $\vec{K}$ zu allen Merkmalsvektoren ${}^j\vec{K}$ ermittelt und an die Klasse Ω_x zugewiesen, in der sich auch das Merkmalsmuster ${}^i\vec{K}$ befindet[217]. Für die Durchführung der Zuordnung durch die Nächste-Nachbar-Klassifikation können unterschiedliche Formeln zur Berechnung der Abstandsmaße $d(\vec{K},{}^j\vec{K})$ herangezogen werden. Ein Beispiel für die Ermittlung der Entfernungen zeigt die folgende Berechnungsformel in Abhängigkeit einer beliebigen Metrik[218], die hier mit r bezeichnet wird:

$$d^{(r)}(\vec{K},{}^j\vec{K}) = \sqrt[r]{\left(\sum_{m=1}^{n}|K_m - {}^jK_m|^r\right)}, \quad m = 1 \ldots n \qquad \text{F.-4}$$

Ein zentraler Vorteil der Nächste-Nachbar-Klassifikation ist, daß im Gegensatz zu den statistischen Verfahren auch komplizierte Trennflächen der Klassen realisierbar sind. Das nicht-parametrische Verfahren der Schätzung der Verteilungsdichte basiert auf der Entscheidungsregel der Nächste-Nachbar-Klassifikation, indem der Merkmalsvektor $\vec{K}$ durch einen Schätzwert ersetzt wird[219]. Die Konstruktion von Toleranzgebieten, innerhalb denen ein Anteil der

---

[216] Vgl. Niemann H. (1974), S. 226
[217] Vgl. Niemann H. (1983), S. 197
[218] Vgl. zur Definiton einer Metrik, Backhaus Kl. / Erichson B. et. al. (1994), S. 445ff.
[219] Vgl. Niemann H. (1974), S. 230

Lernstichprobe mit einer bestimmten Wahrscheinlichkeit enthalten ist, reduziert die notwendige Datenmenge für die Entscheidungsfindung[220].

3.3 Geometrische Klassifikationsverfahren

Das Wissen über eine Verteilungsdichte ist für das geometrische Verfahren, das den verteilungsfreien Verfahren zuzuordnen ist, nicht relevant. Ziel des geometrischen Ansatzes ist es, Muster als Punkte in einem mehrdimensionalen Musterraum zu verstehen, wobei dieser durch Trennflächen in die unterschiedlichen Klassenbereiche getrennt wird[221]. Die Aufgabe besteht darin, aus der Stichprobe diejenigen Trennfunktionen zu ermitteln, welche die x Klassen Ω_x voneinander abgrenzen. Die Muster einer Klasse sollten für den erfolgreichen Einsatz dieses Verfahrens einen begrenzten Bereich im Musterraum einnehmen. Die Form der Trennfunktion ist aus theoretischer Sicht entsprechend den Verteilungsdichten bei den statistischen Verfahren beliebig wählbar. Der Aufwand steigt aber bei der Berechnung komplexer Trennfunktionen erheblich an. So können mit einer linearen Trennfunktion zwei kompakte Bereiche getrennt werden. Mit nichtlinearen ist es hingegen möglich, auch komplexere Musterbereiche zu definieren[222]. Zur Ermittlung der Trennfunktionen wird das Problem zunächst auf mehrere Zwei-Klassen-Probleme reduziert und anschließend wieder auf ein Mehr-Klassen-Problem übertragen[223]. Eine erste Möglichkeit der Zerlegung des Mehr-Klassen-Problems besteht darin, für jede Klasse eine Trennfunktion zu allen anderen zu berechnen. Dabei besteht jedoch die Gefahr, daß sich unterschiedliche Klassen überschneiden oder daß Bereiche des Merkmalsraumes keiner Klasse zuzuordnen sind. Eine weitere Möglichkeit ergibt sich durch das Ignorieren der redundanten Trennfunktionen. Bei der dritten Methode werden von einer Klasse ausgehend ausschließlich die Trennfunktionen

---

220 Vgl. Niemann H. (1974), S. 248
221 Vgl. Niemann H. (1974), S. 249
222 Vgl. graphische Darstellung bei Niemann H. (1974), S. 254
223 Vgl. Backhaus Kl. / Erichson B. et. al. (1994), S. 289ff.

zu den jeweils übrig gebliebenen Restklassen berechnet. In diesem Fall wird das Klassifikationsergebnis durch die Reihenfolge der Berechnungen stark beeinflußt[224].

3.4 Klassifikation und multivariate Statistik

Die Mustererkennung hält eine Reihe unterstützender Verfahren zur Klassifikation von Mustern bereit. Hierzu gehören die multiple Regression, die multiple Diskriminanzanalyse und die Clusteranalyse[225]:

- **Multiple Regressionsanalyse**

Ziel der multiplen Regressionsanalyse ist die Bestimmung von Abhängigkeiten zwischen einer Gruppe unabhängiger Variablen $\vec{x} = (x_1,...,x_n)$ zu einer oder mehreren abhängigen Variablen y[226]. Bei einer abhängigen Variablen y wird die Regressionsanalyse als univariat, bei mehreren als multivariat bezeichnet. Die Wirkung der unabhängigen Variablen auf y wird durch die Regressionsgleichung $y = f(\vec{x}) + \varepsilon$ beschrieben, wobei ε der zufällige Fehler ist, der durch die Verwendung von Zufallsgrößen für die Variablen x und y die Abhängigkeitsbeziehung überlagert. Nach der Untersuchung von einer Anzahl an Wertepaaren $(\vec{x}, y)$ kann die funktionale Abhängigkeit und der dabei auftretende Fehler $E(\varepsilon)$ geschätzt werden. Findet eine lineare Funktion Anwendung und stehen n Wertepaare zur Verfügung, sind die Regressionskoeffizienten β_i mit dem Ziel, den Fehler ε zu minimieren, zu schätzen:

$$\vec{y} = \underline{X} * \vec{\beta} + \vec{\varepsilon} \quad mit \quad E(\vec{\varepsilon}) = \vec{0} \qquad F.\text{-}5$$

---

[224] Vgl. Niemann H. (1974), S. 276ff.
[225] Vgl. Fahrmeir L. / Hamerle A. (1984), S. 11
[226] Vgl. Zöfel P. (1992), S. 236ff.

Hierbei gilt:

$$\vec{y} = \begin{pmatrix} y_1 \\ y_2 \\ \vdots \\ y_n \end{pmatrix}, \quad \underline{X} = \begin{pmatrix} x_{10} & x_{11} & \cdots & x_{1n} \\ x_{20} & x_{21} & \cdots & x_{2n} \\ \vdots & \vdots & & \vdots \\ x_{n0} & x_{n2} & \cdots & x_{nn} \end{pmatrix}, \quad \vec{\beta} = \begin{pmatrix} \beta_1 \\ \beta_2 \\ \vdots \\ \beta_n \end{pmatrix}, \quad \vec{\varepsilon} = \begin{pmatrix} \varepsilon_1 \\ \varepsilon_2 \\ \vdots \\ \varepsilon_n \end{pmatrix}$$

F.-6

Die Schätzung von $\vec{\beta}$ kann mit der Kleinst-Quadrat-Schätzung erfolgen, indem die Summe der Fehlquadrate minimiert und aus der zu Null gesetzten Ableitung die Schätzwerte berechnet werden[227]. Das Ergebnis ist der Einfluß der einzelnen Variablen $\vec{x} = (x_1,...,x_n)$ auf die abhängige Größe y. Dadurch wird es möglich, diejenigen x zu identifizieren, die für die Beschreibung von y notwendig sind. Die Regressionsanalyse eignet zur Selektion relevanter Merkmale je Muster und kann in der Vorverarbeitung des Klassifikationsprozesses zum Einsatz kommen. Darüber hinaus können Regressionsanalysen auch zur Ermittlung von Prognosedaten eingesetzt werden[228]. Zu den bekanntesten betriebswirtschaftlichen Anwendungsgebieten der Regressionsanalyse zählt das PIMS-Programm. Es versucht, Merkmale zu identifizieren, die den Unternehmenserfolg, ausgedrückt als Return on Investment und Return on Scale, positiv oder negativ beeinflussen[229].

- **Multiple Diskriminanzanalyse**

Mit Hilfe von multiplen Diskriminanzanalysen können Daten in Form von Mustern in Kategorien eingeordnet werden. Für das Zwei-Klassen-Problem eignet sich die lineare Diskriminanzanalyse, die in ihrer

---
[227] Vgl. zur genauen Berechnung Fahrmeir L. / Hamerle H. (1984), S. 83
[228] Vgl. Mertens P. (1977), S. 783
[229] Vgl. Buzzel R.D. / Gale B.T. (1989); Barzen D. / Wahle P. (1990), S. 100ff.; Hildebrandt L. / Strasser H. (1990), S. 127ff.

Grundkonzeption keine Wahrscheinlichkeitsverteilung annimmt und daher verteilungsfrei ist[230]. Die Konzeption des Verfahrens besteht in der Abbildung einer Linearkombination eines n-dimensionalen Merkmalsvektors $\vec{K}$ auf eine eindimensionale Größe y:

$$y = a_1 * k_1 + a_2 * k_2 + \ldots + a_n * k_n = \vec{a} * \vec{k} \qquad F.\text{-}7$$

Die Gewichte a sind so zu wählen, daß die durch die Klassen gegebene Zerlegung der x-Werte durch die eindimensionale Größe y möglichst gut wiedergegeben wird[231]. Die Linearkombination entspricht geometrisch gesehen einer Projektion der Merkmale auf einer Geraden mit der Richtung $\vec{a}$, die durch den Ursprung geht[232]. Für die Zuordnung eines Musters mit unbekannter Klasse wird im Anschluß an die Berechnung von y die Klasse zugeordnet, in der sich der nächste Wert einer bekannten Linearkombination befindet. Die multiple Diskriminanzanalyse ist ein Klassifikationsverfahren der Statistik und kann ebenfalls zur Mustererkennung eingesetzt werden.

- **Clusteranalyse**

Die Clusteranalyse ist ein Instrument, mit dem es möglich ist, eine gegebene Menge von Objekten aufgrund der inhärenten Eigenschaften in Gruppen aufzuteilen[233]. In einer Gruppe befinden sich die Objekte, die sich in ihren Eigenschaften ähnlich sind. Dazu stehen eine Vielzahl mathematischer Verfahren für die Ermittlung von Ähnlichkeits- oder Distanzmaßen zur Verfügung[234]. Ferner dient die Clusteranalyse der Identifizierung charakteristischer Merkmale. Hierzu wird ein Abstandsmaß vorgegeben, das die Merkmale der Cluster berechnet.

---

[230] Vgl. Wiesböck K. (1987), S. 4; Fahrmeir L. / Hamerle H. (1984), S. 321
[231] Vgl. Backhaus Kl. / Erichson B. et al. (1994), S. 96ff.
[232] Vgl. Fahrmeir L. / Hamerle H. (1984), S. 321ff.
[233] Vgl. Bissantz N. / Hagedorn J. (1993), S. 483
[234] Vgl. Nadler M. (1993), S. 297; Fahrmeir L. / Hamerle H. (1984), S. 371

Das Resultat sind diejenigen Merkmale, die sich für eine Clusterung eignen und für eine Klassifizierung signifikant sind[235]. Die Clusteranalyse ist kein Verfahren zur Klassifikation von Mustern, sondern ein Instrument, um eine Klasseneinteilung vorzunehmen, die zu Beginn noch nicht bekannt ist. Dies kann insbesondere für unüberwachte Lernvorgänge, bei denen keine klassifizierte Stichprobe zur Verfügung steht, relevant sein. Darüber hinaus kann die Clusteranalyse zur Gewinnung charakteristischer Merkmale in der Phase der Merkmalsextraktion eingesetzt werden.

Multivariate statistische Verfahren werden vorwiegend für einmalige Analysen verwendet. Bei handlungsorientierten Systemen zur Unterstützung und Vorbereitung von Entscheidungen sowie zur Ableitung von Gestaltungsansätzen besitzt die multivariate Statistik eher begleitende oder optimierende Eigenschaften[236].

---

[235] Vgl. Till T. (1993), S. 18
[236] Vgl. Mertens P. (1977), S. 783

4 Künstliche neuronale Netze

Dieses Kapitel befaßt sich mit der Anwendbarkeit künstlicher neuronaler Netze für die Mustererkennung[237]. Im Anschluß an die Beschreibung der Struktur und Funktionalität von neuronalen Netzen werden Netzmodelle, deren Lernalgorithmen sowie deren Leistung dargestellt. Abschließend werden die Perspektiven und Probleme neuronaler Netze zur Klassifikation von Mustern erörtert. Die Forschung und Entwicklung auf dem Gebiet der künstlichen neuronalen Netze geht auf McCulloch und Pitts zurück. Sie versuchten menschliche Nervenzellen zu modellieren, um die Arbeitsweise des Gehirns zu verstehen[238]. Eine natürliche Nervenzelle besteht aus einen Zellkörper mit Zellkern, dem Axon und den Dendriten. Das Neuron empfängt über die Dendriten Signale von vorgelagerten Neuronen, gewichtet diese und erzeugt Signale, die es über sein Axon zu den Dendriten und demzufolge zu weiteren Neuronen weiterleitet[239]. Das menschliche Gehirn besteht aus über 100 Billionen dieser Neuronen, deren Vernetzungsstruktur und Funktionsweise bis heute nicht vollständig erforscht sind. Eine Modellierung mittels künstlicher neuronaler Netze kann deshalb nur eine grobe Idealisierung sein. Eine grundlegende Erweiterung des Modells von McCulloch und Pitts um Lernaspekte erfolgte 1949 durch Hebb[240]. Durch die Entwicklung serieller Computer und aufgrund der Studien von Minsky und Papert verlor dieses Gebiet bis Mitte der Achtziger Jahre an Bedeutung[241]. Erst durch die Forschungsarbeiten von Hopfield, Rummelhart und McClelland, die einen Backpropagation Algorithmus vorstellten, mit dem auch komplexe Netzstrukturen und deren Verhalten untersucht werden konnte, rückten künstliche neuronale Netze wieder in den

---

237 Weitere potentielle Anwendungsgebiete sind die Prognose und Gebiete im Bereich des Operations Research vgl. Schumann M. (1991), S. 43ff.
238 Vgl. McCulloch W.S. / Pitts W. (1943)
239 Vgl. Kratzer K.P. (1990), S. 11; Stanley J. / Bak E. (1991), S. 20; Ritter H. / Martinez Th. / Schulten K. (1991), S. 19
240 Vgl. Hebb D.O. (1949)
241 Vgl. Minsky M.L. / Papert S.A. (1988)

Mittelpunkt[242]. Mittlerweile finden künstliche neuronale Netze immer häufiger technische und betriebswirtschaftliche Anwendungsgebiete[243]. Auch die Theorie der Mustererkennung bietet ein breites Aufgabengebiet für konnektionistische Konzepte[244]. Ausschlaggebend für die Entwicklung neuronaler Netze ist deren Fähigkeit, aus einzelnen Kombinationen einer Stichprobe zu lernen, um danach das generierte Wissen auf neue, unbekannte Muster anzuwenden. Gerade dadurch sind sie in der Lage, ungenaue oder unvollständige Informationen zu verarbeiten und können demzufolge Problemstellungen lösen, für die sonst keine expliziten Lösungsstrategien formulierbar oder bekannt sind[245]. Im Gegensatz zu seriellen Computern mit von-Neumann-Architekturen, die Programme sequentiell abarbeiten, verarbeiten neuronale Netze ihre Eingangsdaten hoch parallel[246]. Dies wird in erster Linie durch die Vielzahl von Neuronen, die variable und gewichtete Verbindungen haben, ermöglicht[247]. Zudem besitzen neuronale Netze die Fähigkeit, ihre Leistung im Verlauf des Trainings eigenständig zu verbessern. Dadurch sind sie in der Lage, komplizierteste Musterverteilungen im Merkmalsraum zu trainieren und anschließend exakt zu klassifizieren. Innerhalb des Forschungsbereiches der Künstlichen Intelligenz läßt sich die Theorie der neuronalen Netze in die Sparte der wissensbasierten Systeme einordnen, die von den regelbasierten Expertensystemen zu unterscheiden ist[248].

---

[242] Vgl. Hopfield J. (1982); Hopfield J. (1984); Rummelhart D. / McClelland J.L. (1986); Rummelhart D. / McClelland J.L. (1987)
[243] Vgl. Rehkugler H. / Poddig Th. (1992), S. 52; Bischoff R. / Bleile C. / Graalfs J. (1991); Krekel D. (1991); Steiner M. / Wittkemper H.-G. (1993)
[244] Vgl. Schürmann J. / Kreßel U. (1991); Schalkoff R. (1992); Sauerburger H. (1991)
[245] Vgl. Kratzer K.P. (1990), S. 17
[246] Vgl. Lippmann R.P. (1987), S. 4
[247] Da bis heute keine hochparallelen, in Hardware implementierten Computer zu Verfügung stehen, müssen künstliche neuronale Netze auf vorhandenen Architekturen simuliert werden.
[248] Vgl. Steiner M. / Wittkemper H.-G. (1993), S. 449

4.1 Aufbau und Funktionalität neuronaler Netze

Für den Aufbau künstlicher neuronaler Netzes ist die Struktur, die Neuronenanzahl und der verwendete Lernalgorithmus zur Einstellung der Gewichte von Bedeutung. Ein neuronales Netz kann als eine »Black Box« mit n Eingangssignalen und m Ausgangswerten betrachtet werden. In Abbildung C-3 ist diese Struktur anhand eines zweilagigen Netzmodelles dargestellt:

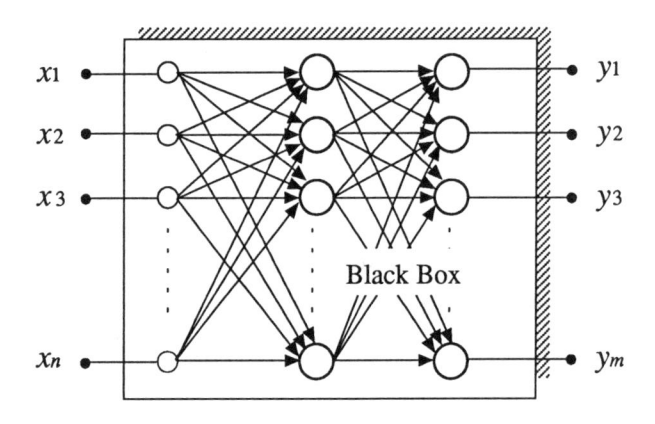

Abb. C-3: Neuronales Netzwerk

Das neuronale Netz berechnet aus dem Eingangsvektor $\bar{x} = (x_1,...,x_n)$ den Ausgangsvektor $\bar{y} = (y_1,...,y_m)$. Das Neuron, welches auch als Prozessor-Element bezeichnet und dessen Elemente und Funktionsweise in Abbildung C-4 wiedergegeben wird, stellt die Basis eines neuronalen Netzes dar[249]. Der innere Zustand des Netzwerks und seine Abbildungsvorschriften hängen stark von den Lernvorgängen und der Lernstrategie ab. In Abhängigkeit des Aufbaus wird der Lernvorgang entweder nach der Trainingsphase beendet oder in der Anwendungsphase weiterhin fortgeführt. Ziel des Lernens ist hierbei

---

[249] Vgl. Schalkoff R. (1992), S. 214

die Gewichtsbestimmung für die eingehenden Kanten[250]. Diese werden als Dendriten bezeichnet.

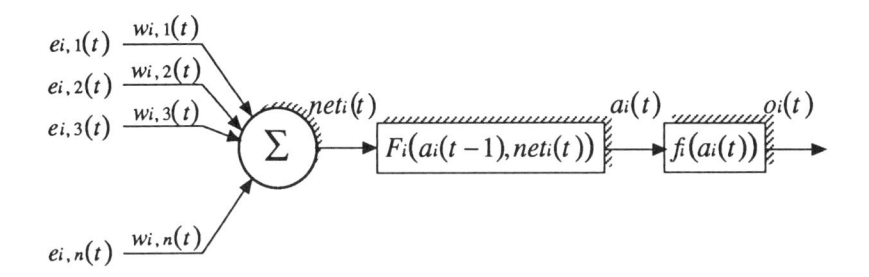

$$e_{i,1}(t) \xrightarrow{w_{i,1}(t)}$$
$$e_{i,2}(t) \xrightarrow{w_{i,2}(t)}$$
$$e_{i,3}(t) \xrightarrow{w_{i,3}(t)} \Sigma \xrightarrow{net_i(t)} \boxed{F_i(a_i(t-1), net_i(t))} \xrightarrow{a_i(t)} \boxed{f_i(a_i(t))} \xrightarrow{o_i(t)}$$
$$e_{i,n}(t) \xrightarrow{w_{i,n}(t)}$$

Abb. C-4: Modell eines künstlichen Neurons

Im folgendem soll die Funktionalität eines biologischen Neurons anhand des Modells eines künstlichen Neurons aufgezeigt werden. Die Aufgabe eines Neurons i ist, den Eingangsvektor $\bar{e}_i(t)$ unter Verwendung des Gewichtsvektors $\bar{w}_i(t)$ auf eine skalare Größe $o_i(t)$ abzubilden. Dabei indiziert t den Netzzustand zu einem bestimmten Zeitpunkt. Für das aus den Eingangssignalen mit den Gewichtsfaktoren errechnete Summensignal $net_i(t)$ gilt[251]:

$$net_i(t) = \sum_{j=1}^{n} w_{i,j}(t) * e_{i,j}(t) \qquad \text{F.-8}$$

Das Aktivitätssignal $a_i(t)$ berechnet die Aktivierungsfunktion aus dem momentan anliegenden Summensignal $net_i(t)$ und dem Aktivitätssignal $a_i(t-1)$ einer Zeitperiode $(t-1)$. Besondere Bedeutung kommt der Aktivierungsfunktion zu, weil sie die Nichtlinearität des künstlichen neuronalen Netzes festlegt. Wichtige Transferfunktionen sind die binäre Komparator- oder Schwellwertfunktion, die lineare

---
250 Vgl. Schürmann B. / Schütt D. (1989), S. 149
251 Vgl. Schalkoff R. (1992), S. 217

Komparatorfunktion und die Sigmoidfunktion, deren Kurvenverläufe in Abbildung C-5 verdeutlicht sind[252]:

(1) Binäre Komparatorfunktion:

$$F(x) = \begin{cases} 0 & x \leq \phi \\ 1 & x > \phi \end{cases}$$

(2) Lineare Komparatorfunktion:

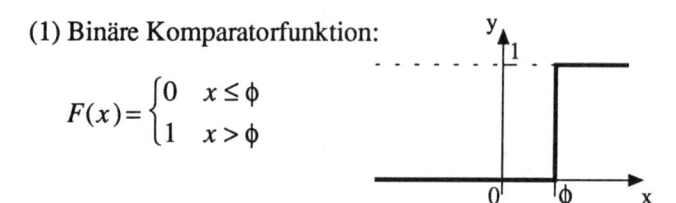

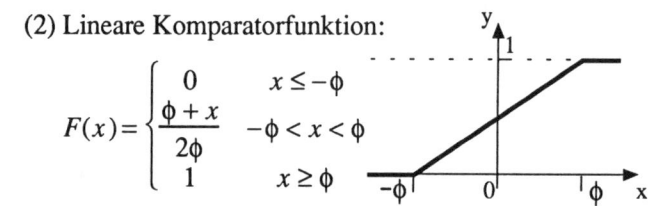

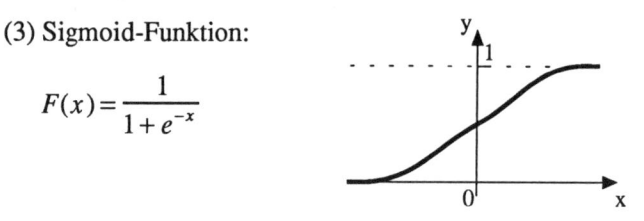

$$F(x) = \begin{cases} 0 & x \leq -\phi \\ \dfrac{\phi + x}{2\phi} & -\phi < x < \phi \\ 1 & x \geq \phi \end{cases}$$

(3) Sigmoid-Funktion:

$$F(x) = \frac{1}{1 + e^{-x}}$$

Abb. C-5: Transferfunktionen [253]

Im Anschluß an die Aktivierungsfunktion wird das Ausgangssignal $o_i(t)$ durch die Ausgangsfunktion aus dem Aktivitätssignal $a_i(t)$ erzeugt. In vielen Anwendungsfällen wird die identische Funktion verwendet.

Bei der Analyse von Aktivitäten innerhalb eines künstlichen neuronalen Netzes kann zwischen der Lern- und der Klassifikationsphase unterschieden werden. Bevor das Netz erstmals Zuordnungsaufgaben

---

[252] Vgl. Kratzer K.P. (1990), S. 24
[253] Vgl. Sauerburger H. (1991), S. 14

lösen kann, sind die Gewichte solange anzupassen, bis es in der Lage ist, die angestrebte Leistung zu erbringen. Dabei können alle Strategien des Lernens eingesetzt werden. Allerdings gilt es zu beachten, daß das überwachte Lernen immer mit einem Lehrer oder einem Bewerter erfolgen muß[254]. Beim Trainieren des Netzes mit einem Lehrer werden aus den Eingangsmustern der Stichprobe die zugehörigen Ausgangswerte berechnet und mit den vorgegeben Soll-Werten verglichen. Die Gewichte werden so berechnet, daß die Signalwerte identisch werden. Beim Einsatz eines Bewerters wird das Netz nicht mit der richtigen Lösung, sondern mit einem Gütekriterium des Ergebnisses versorgt. Das unüberwachte Lernen berechnet demgegenüber die Gewichte im Netz aus der Aktivität der einzelnen Knoten. Falls die Aktivität der Kante hoch ist, wird das jeweilige Gewicht und dadurch die Bedeutung des Knotens erhöht. Das Lernen künstlicher neuronaler Netze ist ein iterativer Prozeß, für den verschiedene Regeln existieren, die in Abhängigkeit des Netzmodelles anzupassen sind[255]. In der Trainingsphase, die bei Aufgaben der Musterklassifikation durch ein überwachtes Lernen mit Lehrer erfolgt, werden dem neuronalen Netz die Muster und die zugehörige Klassenzuordnung mitgeteilt. Nach der Initialisierung der Gewichte mit Zufallszahlen werden dem Netz Muster für Muster angeboten und nach jedem eine Änderung der Gewichte vorgenommen. Die Phase ist dann beendet, wenn sich die Gewichte nur noch geringfügig verändern. Im folgenden sollen die wichtigsten Netzmodelle dargestellt und im Hinblick auf ihre Übertragbarkeit auf Probleme der Leistungsdiagnose von Industrieunternehmen bewertet werden.

4.2 Netzmodelle

Netzmodelle können in rückkopplungsfreie und in rückgekoppelte Netzwerke getrennt werden. Bei den rückkopplungsfreien wird die Eingangsinformation in einer Richtung von der Eingangs- bis zur

---

[254] Vgl. Kapitel C.2, S. 60
[255] Explizit zu nennen sind hier die Hebbsche und die Widrow-Hoff-Regel.

Ausgangsschicht abgearbeitet. Es existieren ausschließlich Kanten zu nachgelagerten Schichten. Bei rückgekoppelten Netzmodellen werden außerdem Kanten zu vorgelagerten oder zu gleichen Schichten implementiert. Auf diese Weise finden in einem Netz solange Aktivitäten statt, bis am Ausgang des Netzes ein stabiler Zustand erreicht wird. Rückgekoppelte neuronale Netze können folglich als ein Ereignisflußprogrammgraph verstanden und auf diesen abgebildet werden. Es treten solange Aktivitäten innerhalb der Neuronen auf wie unterschiedliche Ereignisse in Form von Eingangsmustern vorhanden sind[256]. Es können folgende Typen künstlicher neuronaler Netze unterschieden werden:

- **Perceptron**

Das Perceptron ist den rückkopplungsfreien Netzwerken zuzuordnen und ist mit einer einzigen Schicht von Neuronen das einfachste Netzmodell[257]. Es ist für weniger komplexe Zuordnungsaufgaben geeignet[258]. Ein einzelnes Perceptron ist in der Lage, ein n-dimensionales Muster einer von zwei Klassen zuzuordnen, wodurch der Musterraum durch eine Hyperebene in zwei Regionen getrennt wird. Das entspricht der Maximum-Likelihood-Klassifikation und der Struktur von Diskriminanzanalysen. Zur Abbildung von Mehr-Klassen-Problemen werden mehrere Perceptrons in einer einschichtigen Netzstruktur angeordnet[259]. In der ursprünglichen Form verwendet das Perceptron eine binäre Komparatorfunktion zur Aktivierung. Die Funktion kann die Klassenzugehörigkeit durch Verarbeitung der Eingangsmerkmale und mit den in der Lernphase des Perceptrons bestimmten Gewichte ermitteln. Das Hauptproblem des Perceptrons liegt darin, daß es die boolsche Verknüpfung des »Exklusiven Oder« nicht realisieren kann. Dies läßt sich dadurch erklären, daß sich der Klassifikationsraum nicht durch eine einzige

---

[256] Vgl. Hahn W. / Hagerer A. / Eisenhut M. (1991), S. 134
[257] Vgl. Ritter H. / Martinez Th. / Schulten K. (1991), S. 27
[258] Vgl. Lippmann R.P. (1987), S. 13
[259] Vgl. Minsky M.L. / Papert S.A. (1988), S. 10

Gerade in der Form trennen läßt, daß die Klassifikation korrekt erfüllt werden kann[260]. Die Leistung des Perceptrons beschränkt sich auf linear separierbare Musterräume. Diese Restriktion führte zur Entwicklung des Multi-Layer-Perceptrons.

- **Multi-Layer-Perceptron**

Das Multi-Layer-Perceptron zählt zu den am meisten verwendeten Netzmodellen. Insbesondere für die Klassifikation von Mustern ist dieses Netzmodell nahezu unumstritten[261]. Multi-Layer-Perceptrons sind vorwärts gerichtete neuronale Netze mit einer oder mehreren Schichten zwischen dem Eingangs- und dem Ausgangsvektor[262]. Alle Schichten innerhalb des Netzmodelles sind ausschließlich mit Neuronen der nachgelagerten Schicht verbunden. Die Leistungsfähigkeit des Multi-Layer-Perceptrons für die Klassifikation von Mustern geht weit über die des Perceptrons heraus und übertrifft statistische Verfahren[263]. Durch die Bestimmung der Anzahl der Neuronen und Schichten kann bei dem Multi-Layer-Perceptron jede beliebige Trennfunktion implementiert werden[264]. Diese Fähigkeit beruht auf den Nichtlinearitäten in jedem Neuron, die insbesondere durch die Sigmoid-Funktion realisierbar ist. Die Anwendung der Transferfunktion ist darüber hinaus für den Back-Propagation-Algorithmus, der in der Lernphase verwendet wird, eine strikte Voraussetzung, da dieser die Differenzierbarkeit der Netzknoten fordert. Ziel des Back-Propagation-Algorithmus ist die Minimierung des Klassifikationsfehlers durch eine iterative Verbesserung nach dem Gradientenverfahren[265]. Als Gütekriterium kann der quadratische Fehler, der sich aus dem quadrierten Abstand zwischen den gemessenen Ausgangs-

---

[260] Vgl. McClelland J.L. / Rummelhart D. (1988), S. 123
[261] Vgl. Schürmann J. / Kreßel U. (1991)
[262] Vgl. Pal S.K. / Mitra S. (1992), S. 684
[263] Vgl. Erxleben K. / Baetge J. / Feidicker M. et. al. (1992); Hruschka H. / Natter M. (1993)
[264] Vgl. Lippmann R.P. (1987), S. 15
[265] Vgl. Schürmann J. / Kreßel U. (1991), S. 117; Antweiler W. (1991), S. 399

und den Zielwerten errechnet, herangezogen werden. Dieser Fehler E kann über die Summe aller Ausgangsknoten und aller Lernmuster errechnet werden[266]. Die Veränderung der jeweiligen Gewichte errechnet sich aus den Ableitungen der Fehlerfunktion nach allen Gewichten, wobei α die Lernrate ausdrückt:

$$\Delta w_{i,j} = -\alpha * \frac{\partial E}{\partial w_{i,j}} \qquad F.\text{-}9$$

Für die Berechnung der Gewichtsänderung aller Knoten muß der Fehler E in die zuvor liegende Schicht transferiert werden[267]. Da der Algorithmus nach dem Gradientenverfahren arbeitet, besteht die Möglichkeit, daß bei Entdeckung eines lokalen Minimum die Optimierung abgebrochen wird. Aus diesem Grund ist der Initialisierungszustand des neuronalen Netzes ausschlaggebend für den Startpunkt der Iteration und somit auch für den Optimierungspfad. Eine Vorgehensweise zur Vermeidung von lokalen Minima kann nicht angegeben werden. Dies macht es erforderlich, durch mehrmaliges Probieren mit unterschiedlichen Initialisierungen der Gewichte das Optimum zu finden[268]. In Abbildung C-6 ist ein Modell des Multi-Layer-Perceptrons mit L verdeckten Schichten schematisch dargestellt. Der Index $\chi^{(n)}$ gibt jeweils die Schicht und N_L die Anzahl der Neuronen in diesem Layer an. Die Stärke des Multi-Layer-Perceptrons liegt in der hohen Klassifikationsleistung von Mustern. Eine relativ einfache Programmierung anhand einer Lernstichprobe sowie ihre Störunempfindlichkeit gegenüber unvollständigen Eingangsinformationen machen dieses Netzmodell für die Klassifikation von Mustern interessant. Problematisch ist jedoch, daß kein deterministisches Verfahren zur Auswahl der für die Klassifikation optimalen

---

[266] Vgl. Schalkoff R. (1992), S. 243
[267] Vgl. Pao (1989), S. 124; Schürmann B. / Schütt D. (1989), S. 151; Schöneburg E. (1991), S. 49
[268] Vgl. Antweiler W. (1991), S. 399

Netzstruktur sowie deren Initialisierung bekannt ist. Deshalb müssen diese Parameter experimentell ermittelt werden[269].

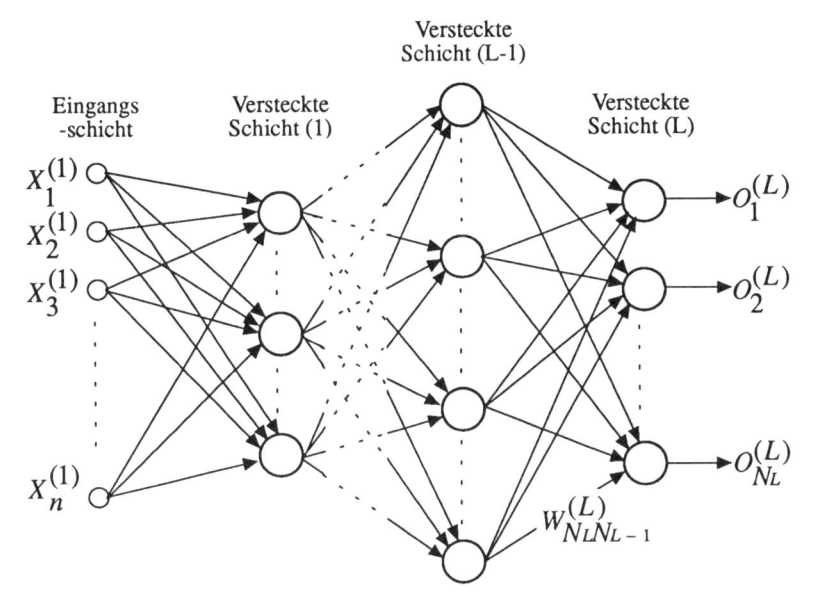

Abb. C-6: Multi-Layer-Perceptron mit L Schichten

- **Hopfield-Netzwerk**

Das Hopfield-Netzwerk ist ein rückgekoppeltes und einschichtiges Netzwerk, bei dem die Neuronen vollständig miteinander verbunden sind[270]. Das Modell verarbeitet nur binäre Ein- und Ausgangsdaten, wodurch die Anwendung der binären Komparator-Funktion bei der Aktivierung zum Einsatz kommt[271]. Da es sich bei diesem Netzmodell um eine rückgekoppelte Struktur handelt, sind die Ausgangssignale nicht nur von den aktuellen, sondern auch von den vorherigen Zuständen abhängig. Dies kann zu Schwingungen im Netzwerk führen

---

269 Vgl. Rehkugler H. / Poddig Th. (1992), S. 55, Wilbert R. (1995), S. 780
270 Vgl. Stanley J. / Bak E. (1991), S. 123, Hopfield J. (1984), S. 3089
271 Vgl. Sauerburger H. (1991), S. 24

und ein stabiles Ausgangsniveau verhindern. Dieser Problematik kann mit einer gezielte Wahl der Struktur entgegengewirkt werden[272]. Das Lernen kann überwacht und auf direktem Weg durch die Minimierung einer Energiefunktion erfolgen[273]. Haupteinsatzgebiete des Hopfield-Netzwerkes liegen in der Mustererkennung und in der Verwendung als Assoziativspeicher[274]. Besonders geeignet erscheint dieses Modell bei der Rekonstruktion von Mustern aufgrund unvollständiger Eingangsinformation.

- **Kohonen-Netzwerk**

Das Kohonen-Netzwerk ist ein selbstorganisierendes Netzwerk, das durch unüberwachte Lernvorgänge gekennzeichnet ist. Es handelt sich um ein einschichtiges, rückkopplungsfreies und zweidimensionales Netzwerk, bei dem jeder Eingang mit allen Neuronen verbunden ist[275]. Die Zwei-Dimensionalität ergibt sich aufgrund der Ausgangsmatrix[276]. Im Gegensatz zu den bisherigen Netzmodellen kann durch die Selbstorganisation des Kohonen-Netzwerks der Backpropagation-Algorithmus zur Bestimmung der Gewichte nicht angewendet werden. Beim Kohonen-Netzwerk gilt es, die Gewichte zwischen allen Eingängen und Ausgängen mit kleinen Zufallszahlen zu initialisieren. Nach Anlegen des ersten Musters werden für alle Ausgangsknoten j die Abstandsmaße, welche die geringste Differenz zwischen Musterwert $x_j(t)$ am Eingang und Verbindungsgewicht $w_{i,j}(t)$ am Ausgang haben, mit der folgenden Gleichung berechnet:

$$d_i = \sum_{j=0}^{n-1}(x_j(t) - w_{i,j}(t))^2 \qquad F.\text{-}10$$

---

[272] Zur Stabilität in Netzwerken vgl. Hopfield J. (1982)
[273] Vgl. Schalkoff R. (1992), S. 266
[274] Vgl. Schürmann B. / Schütt D. (1989), S. 150
[275] Vgl. Ritter H. / Matinetz Th. / Schulten K. (1991), S. 76
[276] Vgl. Sauerburger H. (1991), S. 26

Unter der Voraussetzung eines normierten Gewichtsvektors wird der Knoten i^* mit dem minimalen Abstand ermittelt. Für diesen Knoten und alle seine Nachbarknoten werden die Gewichte folgendermaßen verändert:

$$\Delta w_{i,j} = \alpha * N(i,i^*) * (x_j(t) - w_{i,j}(t)) \qquad F.\text{-}11$$

$N(i,i^*)=1$, falls es sich um den gleichen Knoten handelt und dieser mit zunehmender Entfernung der Nachbar-Knoten abnimmt. Die Lernregel in F.-11 verändert die Gewichte im Netz immer so, daß die Struktur der Eingangsdaten verstärkt wird. Insofern können die Gewichte im Netz als topographische Karten interpretiert werden, aus denen die Verteilung der Eingangsdaten zu ermitteln ist. Haupteinsatzgebiete bestehen in der Unterstützung bei Optimierungsaufgaben, wie dem Travelling-Salesman-Problem und der selbstorganisierenden Clusterung und Klassifikation von Daten[277].

4.3 Klassifikation mittels neuronaler Netze

Zur wissensbasierten Leistungsdiagnose muß ein System zur Klassifikation von Industrieunternehmen anhand charakteristischer Merkmale generiert werden. Zur Schulung des Systems werden Lernpaare, die sich aus Muster und Klassenzugehörigkeit des Unternehmens zusammensetzen, aus einer vorhandenen Stichprobe zur Verfügung gestellt. Dadurch kommt das überwachte Lernen mit Lehrer zum Tragen. Das selbstorganisierende Kohonen-Netzwerk scheidet aus. Auch das einlagige Perceptron ist dieser Aufgabenstellung aufgrund der niedrigen Zuordnungsleistung des Modells nicht gewachsen. Das Hopfield-Netzwerk ist ein begrenztes nichtlineares System und erscheint für die Problemstellung ebenfalls nicht geeignet. Das für diese Musterklassifikationsaufgabe am besten geeignete

---

[277] Vgl. Ritter H. / Martinez Th. / Schulten K. (1991), S. 111

Netzmodell ist folglich das Multi-Layer-Perceptron unter der Verwendung des Backpropagation-Lernalgorithmus[278]. Durch die Wahl der Netzwerkparameter in Form der Schichtenanzahl, der Neuronenmenge je Schicht einschließlich der Lernparamter ist es mit dem Netzmodell möglich, komplizierteste Zuordnungsaufgaben zu lösen[279]. Die Leistung ist der Verwendung einer nichtlinearen Aktivierungsfunktion in den Neuronen zuzurechnen, die dadurch die Approximation beliebiger Trennfunktionen ermöglicht[280]. Mit einem dreischichtigen Netzwerk können konvexe Klassifikationsbereiche gebildet werden. Demnach erscheint das Multi-Layer-Perceptron als ein sehr geeignetes Modell zur Klassifikation. Bevor das Netzmodell erfolgreich eingesetzt werden kann, sind mehrere Probleme zu lösen. Ein grundsätzliches Problem liegt in der Wahl der Netzparameter. Wird das Netz bezüglich Schichten- und Knotenanzahl überdimensioniert, steigt der Lernaufwand überproportional an und das Netz klassifiziert die Muster der Stichprobe fehlerfrei. Dies wird mit einer reduzierten Klassifikationsleistung bei unbekannten Mustern durch eine beschränkte Verallgemeinerungsfähigkeit bezahlt[281]. Ähnliche Leistungsschwächen können auftreten, wenn die Lernphase zu lang gewählt wird und dem Netzmodell die Stichprobe zu oft angeboten wird[282]. Bei einer zu kleinen Auslegung des Netzmodells läuft man Gefahr, daß nicht alle Muster gespeichert und erkannt werden. Zur Dimensionierung von Netzmodellen existieren lediglich Leitlinien, so daß die Suche nach einer anforderungsgerechten Netzstruktur auf experimentellen Wegen erfolgen muß[283]. Ein weiteres Problem kann in der ersten Lernphase liegen. Diese kann bei komplexen Netzmodellen aufgrund der iterativen Vorgehensweise und

---

[278] Vgl. Krause Cl. (1993), S. 63
[279] Vgl. Lippmann R.P. (1987), S. 15
[280] Zur Verdeutlichung die graphische Darstellung zur Trennung des Musterraumes durch lineare Trennfunktionen im Kontext der Layer-Anzahl vgl. Lippmann R.P. (1987), S. 14
[281] Vgl. Rehkugler H. / Poddig Th. (1992), S. 54
[282] Vgl. Steiner M. / Wittkemper H.-G. (1993), S. 460
[283] Vgl. Schöneburg E. (1991), S. 58

der Größe der Stichprobe sehr zeitaufwendig sein[284]. Bei einer Optimierung des Netzes ist es jedoch erforderlich, die zusätzlichen Trainingsdaten der bereits bekannten Gewichtsmatrix hinzuzufügen. Bei komplexen mehrschichtigen Netzwerken mit nichtlinearen Aktivierungsfunktionen ist es nahezu unmöglich, die Gewichte für einen Erklärungsansatz einzusetzen. Weil die Gewichte der verborgenen Schichten nicht linear in die Berechnung eingehen, ergibt sich eine Nichterklärbarkeit der durch das künstliche neuronale Netz ermittelten Ergebnisse. Lediglich aus der Gewichtsverteilung oder der Analyse der Ausgangsdaten bei Variation der Eingangsdaten können Entscheidungsbegründungen abgeleitet werden[285]. In der betriebswirtschaftlichen Literatur gibt es Untersuchungen, in denen neuronale Netze statistischen Mustererkennungsmethoden gegenübergestellt wurden. Fazit ist, daß die Resultate neuronaler Netze mit den Ergebnissen weiterer Methoden vergleichbar oder sogar besser sind[286]. Abschließend kann festgehalten werden, daß sich künstliche neuronale Netze, insbesondere das Multi-Layer-Perceptron für Mustererkennungsaufgaben eignen.

---

[284] Vgl. Schürmann J. / Kreßel U. (1991), S. 23
[285] Vgl. Rehkugler H. / Poddig Th. (1992), S. 56
[286] Zur Diskussion der Methoden vgl. Erxleben K. / Baetge J. / Feidicker M. et. al. (1992); Burger A. (1994), S. 1165ff.; Baetge J. / Krause Cl. / Mertens P. (1994), S. 1181ff.

5 Datenaggregation und Datenunvollständigkeit

Die Verdichtung von Informationen einer oder mehreren Größen wird als Datenaggregation bezeichnet[287]. Eine Aggregation ist dann notwendig, wenn eine vielschichtige Datenmenge zur Verfügung steht und diese den Analysen zugänglich gemacht werden muß. Außerdem ist eine Datenaggregation vorzunehmen wenn das Abstraktionsniveau zu fein ist und mehrere Daten unter einem Merkmal subsumiert werden. Da es keine optimale Vorgehensweise zur Komprimierung gibt, muß diese stets der Zielsetzung angepaßt werden. Es ist darauf zu achten, daß keine relevanten Informationen verloren gehen. Die aus der Statistik bekannten Methoden wie Korrelationsanalysen genügen oftmals nicht den gestellten Anforderungen einer Leistungsanalyse[288]. Die Reduktion oder auch das Nichtvorhandensein von Daten führt zu einer Unvollständigkeit der Informationen. Gerade in der empirischen Forschung stehen nicht immer alle benötigten Informationen über das Untersuchungsfeld zur Verfügung. Werden lückenhafte Daten verarbeitet, kann dies zu fehlerhaften Entscheidungen führen. Ein System zur Klassifikation von Mustern hat dieselbe Problematik zu bewältigen, da einerseits eine Datenreduktion innerhalb der einzelnen Diagnosephasen erfolgt und andererseits verschiedene Informationen in Form von Merkmalsausprägungen nicht bekannt sind. Aus der Vielzahl von Daten werden für die Klassifikation geeignete Merkmale erzeugt und an Klassen zugeordnet. Für eine korrekte Klassifikation dürfen bei der Merkmalsextraktion keine entscheidungskritschen Informationen verloren gehen oder fehlende Ausprägungen eine Verfälschung der Ergebnisse verursachen. In allen Phasen der Klassifikation von Mustern ist diese Problematik zu berücksichtigen und eine geeignete Vorgehensweise zu entwickeln. Künstliche neuronale Netze bewähren sich insbesondere in diesem Umfeld, wenn es sich um eine korrekte Zuordnung von Mustern an Klassen bei fehlerbehafteten oder

---

287 Vgl. Stickel E. (1991), S. 137
288 Vgl. Wilbert R. / Czap H. (1992), S. 790

unvollständigen Information handelt. Dies ist ein zusätzlicher Vorteil dieser Mustererkennungsmethode für die Unternehmensanalyse.

6 Unternehmensanalyse und Mustererkennung

Unternehmensanalysen mit Hilfe der Mustererkennung verfolgen zum einen die Zielsetzung, das Unternehmen bezüglich finanzieller und nicht finanzieller Leistungsdimensionen in einem Indexsystem zu positionieren und zum anderen aggeregierte Handlungsempfehlungen für Reorganisationsschwerpunkte zu identifizieren. Die Position im Leistungsindexsystem liefert die Entscheidungsgrundlage für ein der Leistungsdimension entsprechendes erfolgreiches oder weniger erfolgreiches Industrieunternehmen. Die Ermittlung der Leistungsfähigkeit und die Selektion von Reorganisationsgebieten soll auf Basis unternehmensspezifischer Ausprägungen von Kennzahlen und Merkmalen mit Hilfe eines künstlichen neuronalen Netzes vorgenommen werden. Die Implementierung eines Prototyps und die Verifizierung der Untersuchungsergebnisse sollen den Einsatz der Mustererkennung für die Diagnose von Industrieunternehmen empirisch fundieren[289]. Formal läßt sich das Diagnoseproblem als ein Fünfertupel (S, L, R, π, ç) darstellen, bei dem zwei logisch getrennte Aussagen im Kontext eines einzigen unternehmensspezifischen Zustandes getroffen werden[290]. Nunmehr gilt es, die Diagnosevorschriften für die Entscheidungsfindung zu entwickeln. Das Diagnoseproblem nimmt mit der Kardinalität der Attribute, welche eine bestimmte Situation S beschreiben und mit der Anzahl möglicher Leistungsdimensionen L oder Reorganisationsfelder R zu. Die beiden Abbildungsvorschriften π und ç transformieren einem n-dimensionalen Verktor in einen m- bzw. p-dimensionalen Vektor. Der Wert n entspricht der Kardinalität von S; m und p der Kardinalität von L und R. Es ist erforderlich, ein

---

[289] Die Bestätigung der Korrektheit des Modells wird in Kapitel E durch die Untersuchung unterschiedlicher Fehlermaße vorgenommen.
[290] In Anlehnung an Poddig Th. (1992), S. 8

prozeßorientiertes Unternehmensdatenmodell in Abhängigkeit mehrerer betriebswirtschaftliche Struktur- und Leistungsdimensionen mittels Kennzahlen und qualitativer Merkmale abzubilden und als Eingangsmuster S zu definieren. Im Unterschied hierzu umfassen die Ausgangsmuster, die unabhängig vom Eingangsmuster gewählt werden können, ein Leistungsindexsystem L und einen Katalog von Reorganisationsschwerpunkten R.

```
Eingangsmuster                π      L     Ausgangsmuster I
                                            Leistungs-
                                            Dimensionen
                        S
Unternehmens-                                Ausgangsmuster II
profil                         ç     R       Reorganisations-
(Situation)                                  schwerpunkte
```

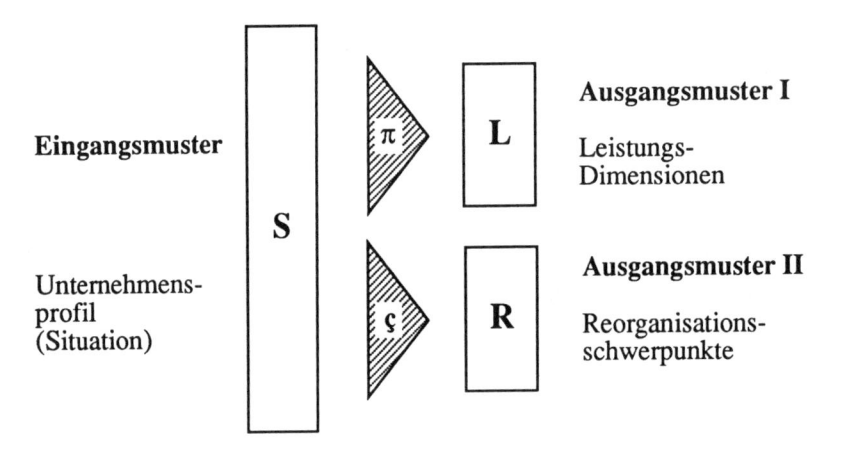

Abb. C-7: Abbildungsvorschrift der Mustererkennung[291]

Die Eingangsmuster sollen es nach einer wissensbasierten Beurteilung ermöglichen, die Eingangsmuster erfolgreicher Unternehmen zu analysieren. Über einen Vergleich der Strukturmuster und -merkmale können in Abhängigkeit identifizierter Reorganisationsbereiche analoge Strukturmuster besonders erfolgreicher Unternehmen als Zielprofile abgeleitet werden. Aus dem Vergleich zweier Leistungsmuster oder einzelner Leistungsmerkmale ergeben sich die theoretischen Verbesserungspotentiale. Diese können als Leistungsziel von dem zu diagnostizierndem Unternehmen übernommen werden.

---

291 $\bar{x}$ entspricht gemäß der Semantik des Diagnoseproblems in Kapitel C.2 dem Unternehmensprofil S und Ωx den Leistungs- und Reorganisationsklassen L und R.

Im Anschluß an die Modellgrobkonzeption durch Eingangs- und Ausgangsmuster muß für den Einsatz eine repräsentative Stichprobe von Unternehmen zur Verfügung stehen, damit der Musterklassifikator trainiert werden und auf der Grundlage der Lernstichprobe Entscheidungen treffen kann.

Bevor die beschreibenden Merkmale des Unternehmensprofils, der Leistungsdimensionen sowie der Reorganisationsfelder festgelegt werden, soll die Unternehmensanalyse in Verbindung mit der Mustererkennung in Anlehnung an Meyer positioniert werden[292]. In Abbildung C-8 sind die Zusammenhänge zwischen Unternehmensanalysen und der Mustererkennung zusammenfassend dargestellt. Die Anwendung der Mustererkennung soll alle genannten Diagnosemethoden unterstützen. Durch den Klassenvergleich wird es möglich, Wettbewerbs- oder Branchenvergleiche zu formulieren. Die Effizienz des Einsatzes der Mustererkennung steigt mit der Mächtigkeit der jeweiligen Diagnose- oder Vergleichsmethode. Aus diesem Grund kann von der Annahme ausgegangen werden, daß die Verbindung von Benchmarking und Mustererkennung erfolgsversprechend ist. Sie soll deshalb als Basisvariante herangezogen werden. Die Herstellung der Vergleichbarkeit soll in erster Linie über die Klassenbildung erfolgen. Die Übertragung wissensbasierter Systeme in Form des Konnektionismus verfolgt vorrangig das Ziel der Unternehmensbeurteilung. Die Ziel- oder Potentialfindung kann über Mustervergleiche innerhalb sinnvoller Unternehmensklassen stattfinden. Im folgenden Kapitel wird ein prozeßorientiertes Unternehmensdatenmodell vorgestellt, welches den gestellten Anforderungen der Unternehmensanalyse in Verbindung mit der Mustererkennung Rechnung trägt.

---

[292] Vgl. Meyer Cl. (1976), S. 17

Systematisierungsmerkmal	Ausprägungen / Charakteristika			
Untersuchungsobjekt	Handelsunternehmen	Dienstleistungsunternehmen	Industrieunternehmen	
Informationsbasis	Finanzielle Kennzahlen	Nichtfinanzielle Kennzahlen	Qualitative Merkmale	
Diagnosemethode	Zeitvergleich	Soll/Ist-Vergleich	Konkurrenzvergleich	Wettbewerbsvergleich	Benchmarking
Herstellung der Vergleichbarkeit	Auswahlmethode	Verrechnungsmethode		
Informationsverarbeitung	Konventionelle Informationsverarbeitung	Wissensbasierte Systeme (Mustererkennung)	Konnektionismus (Neuronale Netze)	
Klassifikationsverfahren	Mathematische Verfahren	Klassenbildung		
Modell (Sichtweise)	Funktionsorientiert	Prozeßorientiert		
Erkenntnisziel	Ursachenforschung	Beurteilung	Potentialfindung	

Abb. C-8: Positionierung der Arbeit

D Modellkonzeption zur Diagnose von Industrieunternehmen

Die Anwendung von Mustererkennungsmethoden auf das Unternehmensdatenmodell soll einen Beitrag zur Lösung von Diagnoseproblemen liefern. Der Erläuterung des Prozesses der Modellkonzeption und -analyse folgt eine Darstellung des konzeptionellen Bezugsrahmens für das zu gestaltende Informationssystem. Im Anschluß an die Beschreibung der Partialmodelle für die Eingangs- und Ausgangsmuster sollen Interdependenzen zwischen den Mustern aufgezeigt werden. Die Überprüfung der Modellkonzeption erfolgt durch die EDV-technische Implementierung eines Prototyps.

1 Modellkonzeption und -analyse

Modelle dienen der Beherrschung von Komplexität und Dynamik[293]. Sie erlauben eine vereinfachende und idealisierende Abbildung der Realität[294]. Die Forderung nach Struktur- und Verhaltenstreue zwischen Real- und Modellsystemen muß durch die Wahl des Abstraktionsniveaus gewährleistet werden. Darüber hinaus ist für die Anwendung eine Bestimmung der mit der Modellierung verbundenen Ziele notwendig[295]. In Abhängigkeit des Zielsystems wird zwischen Beschreibungs-, Erklärungs-, Prognose- und Entscheidungsmodellen unterschieden[296]. Beschreibungsmodelle bilden empirische Situationen ab, ohne daß diese näher analysiert oder erläutert werden. Es werden keine Hypothesen gebildet. Deshalb findet lediglich eine Transformation von Daten statt. Durch Hypothesenbildung und das

---
[293] Vgl. Homburg Chr. (1991), S. 265
[294] Groffmann nimmt eine Trennung in Konstruktiv- und Reduktivmodelle vor. Vgl. Groffmann H.-D. (1992), S. 31
[295] Zur Kritik und Problemen bei Ansätzen der Modellierung bei der Unternehmensplanung, die jedoch generell gültig sind vgl. Heinhold M. (1989), S. 690ff.
[296] Vgl. Heinen E. (1991), S. 13

Belegen der Aussagen wird dieses zum Erklärungsmodell. Prognosemodelle versuchen auf der Basis von Erfahrungswissen zukünftige Entwicklungen vorherzusagen[297]. Charakteristisch für Entscheidungsmodelle ist die unmittelbare Ermittlung und Bewertung von Handlungsalternativen. Das hier zu konzipierende Modell kann durch die Generierung von Aussagen über die Leistungsfähigkeit sowie der Ermittlung von Reorganisationsschwerpunkten den Entscheidungs- und Diagnosemodellen zugeordnet werden. Der Ablauf der Modellanalyse ist in Abbildung D-1 dargestellt. Die ersten beiden Phasen beinhalten die Identifikation und die systematische Eingrenzung des Diagnoseproblems sowie eine Präzisierung des Realitätsausschnitts in Form einer Festlegung der Unternehmenselemente sowie deren Attribute und Relationen untereinander[298]. Die Festlegung der qualitativen und quantitativen Einzelmerkmale des Diagnosemodells wird in diesem Kapitel durch die Eingangs- und Ausgangsmuster vorgenommen. Die Phase der Modellanalyse umfaßt die Datenbeschaffung in Form der Merkmalsausprägungen der Ein- und Ausgangsmuster und den Einsatz von Methoden der Mustererkennung. Die Datenbeschaffung stellt aufgrund der Vielzahl der Merkmale und unterschiedlicher Blickrichtungen eine umfassende Aufgabe dar. Die Modellrechnung soll durch die Anwendung des Konnektionismus und verschiedenartige Unternehmensvergleiche erfolgen. Die Verifizierung des Diagnosemodells erfolgt über die Messung und Bewertung von Fehlermaßen. Die Prüfung des Modells mit Hilfe von Fehlermaßen soll dazu beitragen, Aussagen darüber zu treffen ob und inwieweit das Modell in der Lage ist, den relevanten Realitätsausschnitt zu beschreiben, zu analysieren und die richtigen Handlungsempfehlungen zu generieren. Die Pflege, Optimierung und Erweiterung des Diagnosesystems stellen zum einen die Korrektheit und zum anderen die Praxisnähe für ein solches Informations- und Beratungssystem sicher.

---

[297] Vgl. Groffmann H.-D. (1992), S. 32
[298] Vgl. Hanssmann F. (1978)

Modellkonzeption zur Diagnose von Industrieunternehmen

Problemstellung	• Identifikation / Definition • Eingrenzung • Formulierung • Zielsetzung

Repräsentation des Umweltausschnitts	• Systembeschreibung
	  - Elemente
	  - Beziehungen
	• Umfeld

Konzeption des Diagnosemodells	• Modellprämissen • Bestimmung der Ein- und Ausgangsmuster • Quantifizierung
Modellanalyse	• Datenbeschaffung • Mustererkennung • Anwendung / Rechnung / Unternehmensvergleiche
Beweis der Korrektheit des Modells	• Eignung • Korrektheit / Fehlermaße • Stabilität
Implementation Diffusion	• Regelmäßige Anwendung • Verbesserung • Erweiterung

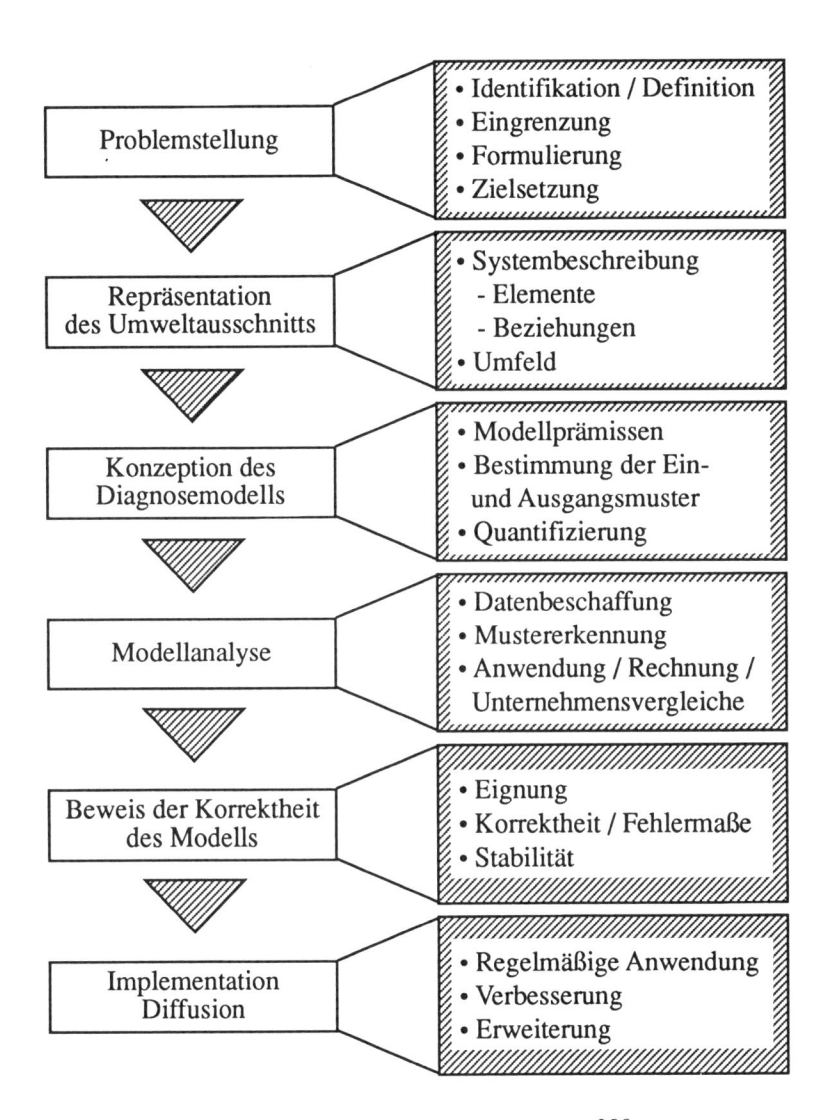

Abb. D-1: Konzeption und Analyse[299]

---

[299] In Anlehnung an Homburg Chr. (1991), S. 270

2 Konzeptioneller Bezugsrahmen und Modell zur Unternehmensdiagnose

Der konzeptionelle Bezugsrahmen, in den das Diagnosesystem EDV-technisch und modelltheoretisch eingebettet ist, setzt sich aus dem Umfeld und den Anforderungen zusammen. Die Entwicklung und Implementierung von EDV-gestützten Informationssystemen vollzieht sich in mehreren Schritten und auf unterschiedlichen Abstraktionsebenen[300]. Picot und Maier unterscheiden die strategische Ausrichtung der Informationsverarbeitung, den Entwurf eines betriebswirtschaftlichen Modells, die Informationsmodellierung sowie den EDV-technischen Entwurf einschließlich der Implementierung[301]. Die strategische Ausrichtung der Informationsverarbeitung ist im Rahmen der Gesamtstrategie von Unternehmen und der Attraktivität einzelner Geschäftsfelder zu treffen. Diese Abstraktionsebene ist für den Aufbau dieses Diagnosesystems insofern relevant, da Unternehmensvergleiche vor dem Hintergrund der vom Geschäftsbereich verfolgten Wettbewerbsstrategie, der kritischen Erfolgsfaktoren, der Kundenstruktur oder des Absatzmarkts erfolgen sollen. Die weiteren Abstraktionsebenen stehen aufgrund technischer Wechselwirkungen direkt zueinander in Relation. Der Programmentwurf sollte bei komplexen Problemstellungen in mehreren Abschnitten erfolgen. Broy definiert ein Sechsphasenmodell, welches die Validität der Spezifikation und die Verifikation der Implementierung sicherstellt[302]. Ein integrales Unternehmensmodell beschreibt die Zusammenhänge zwischen betrieblichen Teilbereichen und deren Aktivitäten innerhalb der Auftragsabwicklung. In Abhängigkeit spezieller betriebswirtschaftlicher Fragestellungen gilt es, Informationsmodelle zu entwickeln und in ein übergeordnetes Unternehmensmodell zu integrieren, um die Funktionalität von Informationssystemen zu erhalten. Informations-

---

[300] Vgl. Kemper H.-G. (1991), S. 70ff.; Scheer A.-W. (1988a), S. 15
[301] Vgl. Picot A. / Maier M. (1994), S. 107ff.; Picot A. / Maier M. (1993), S. 7; zum Überblick von Entwicklungstechniken, -methoden und -werkzeuge für den Implementierungsprozeß vgl. Broy M. (1993), S. 32
[302] Vgl. Broy M. (1985), S. 256

modelle stellen die Verbindung von betriebswirtschaftlichen Unternehmens- oder Organisationsmodellen und deren Implementierung her.
In der Informatik kann der Aufbau von Informationsmodellen im Kontext der Funktionssicht, der Datensicht oder der objektorientierten Sichtweise stattfinden. Die Funktionsorientierung stellt die für die Problemstellung wichtigen Funktionen in den Vordergrund. Die Daten und deren Beziehungen werden erst in der nachfolgenden Phase ermittelt[303]. Ziel des datenbasierten Ansatzes ist die Modellierung und Strukturierung von Daten, so daß diese unabhängig von Funktionen und Programmen einsetzbar sind. Die objektorientierte Modellierung vernachlässigt die Trennung von Funktionen und Daten. Schwerpunkt der Modellierung sind Objekte und Objektklassen, deren Instanzen durch Attribute charakterisiert werden und denen Funktionen zuordbar sind, die objektbezogene oder objektübergreifende Aktionen ausführen. Für die Entwicklung objektorientierter Datenmodelle existieren objektorientierte Analyse- und Designmethoden[304]. Einer der bekanntesten Repräsentationsansätze ist das Entity-Relationship-Modell[305], in dem sowohl Daten als auch deren Beziehungen untereinander abgebildet werden[306].

Die Modellierung des vorliegenden Diagnosemodells ist auf zwei Ansätze zurückzuführen. Der erste Ansatz stellt die Basis für die Eingangsmuster dar. Der zweite Ansatz faßt die Eingangs- und die Ausgangsmuster zusammen. Das Partialmodell der Eingangsmuster wird im Rahmen der Prozeßorientierung entwickelt und basiert auf dem Wertekettemodell von Porter[307]. Allerdings erfolgt keine Trennung in primäre und sekundäre Funktionen. Die Trennung wird

---

303 Vgl. Picot A. / Maier M. (1994), S. 113
304 Vgl. Rumbough J. / Blaha M. et. al. (1991); Booch G. (1991); Booch G. (1994); Coad P. / Yourdan E. (1991); Martin J. (1993); Mayr H.C. / Wagner R. (1993)
305 Vgl. Chen P.P. (1976)
306 In der Literatur sind mehrere Unternehmensdatenmodelle bekannt, die größtenteils auf erweiterten Entity-Relationship-Modellen basieren vgl. Scheer A.-W. (1992), S. 24ff.
307 Vgl. Porter M.E. (1992), S. 62

aufgrund der ganzheitlichen Betrachtung von Wertschöpfungssystemen als nicht erforderlich angesehen. Die Wertschöpfungskette wird als ein Prozeß verstanden, in dem ein Abnehmerwert in einen Abnehmernutzen transformiert wird[308]. Die Wertschöpfungsprozesse könnten wiederum in verschiedene Teilgeschäftsprozesse zergliedert werden[309]. Dies hat zur Folge, daß Merkmalsinterdependenzen zwischen den Einzelprozessen und zu den Ausgangsmerkmalen nicht oder nur rudimentär erfaßt werden. Deswegen ist für die Leistungsdiagnose der Wertschöpfungsprozeß als Gesamtheit zu betrachten. Eine Trennung wird jedoch in Struktur- und Leistungsgrößen vorgenommen, da bezüglich der Leistungsgrößen Ziel- und Potentialmuster abgeleitet werden. Danach entsprechen die Ressourcen den Strukturgrößen und die Effizienz- und Effektivitätsdaten den Leistungsgrößen (vgl. Abbildung D-2).

Der zweite Ansatz für die Ein- und Ausgangsmuster, orientiert sich am Balanced Scorecard Ansatz von Kaplan und Norton[310]. Die Leistung wird anhand des finanziellen Ergebnisses, der Logistikleistung, der Leistung gegenüber dem Kunden und der Innovationsleistung gemessen. Jede Dimension des Eingangsprofils wird durch mehrere Merkmale beschrieben. Das Ausgangsmuster wird durch einen komprimierten Wert, dem Leistungsindex für jede Leistungsebene und der Erfolgswahrscheinlichkeit für Reorganisationsfelder dargestellt. Die Trennung zwischen Ein- und Ausgangsmustern ergibt sich aus den Anforderungen der Mustererkennung und der Lernstichprobe für den Klassifikator. Bei der Anwendung des Systems werden nach dem Training des Klassifikators die Werte der Ausgangsmerkmale auf der Basis unternehmensspezifischer Eingangsprofile ermittelt. Die Darstellung des Wertschöpfungsprozesses in Abbildung D-2 verdeutlicht den Zusammenhang zum konzeptionellen Bezugsrahmen. Zwischen den Struktur- und Leistungsebenen existieren keine

---

[308] Vgl. Klöpper H.-J. (1991), S. 119
[309] Vgl. Sommerlatte T. / Wedekind E. (1989), S. 30
[310] Vgl. Kaplan R.S. / Norton D.P. (1992), S. 37ff.

Modellkonzeption zur Diagnose von Industrieunternehmen 97

hierarchischen Beziehungen. Es kann von einem Unternehmensgesamtprofil gesprochen werden.

Wertschöpfungsprozeß

Prozeß Eingang → Prozeß Transformation → Prozeß Ausgabe

Ressourcen — Effizienz — Effektivität

Strukturelemente — Leistungsebenen

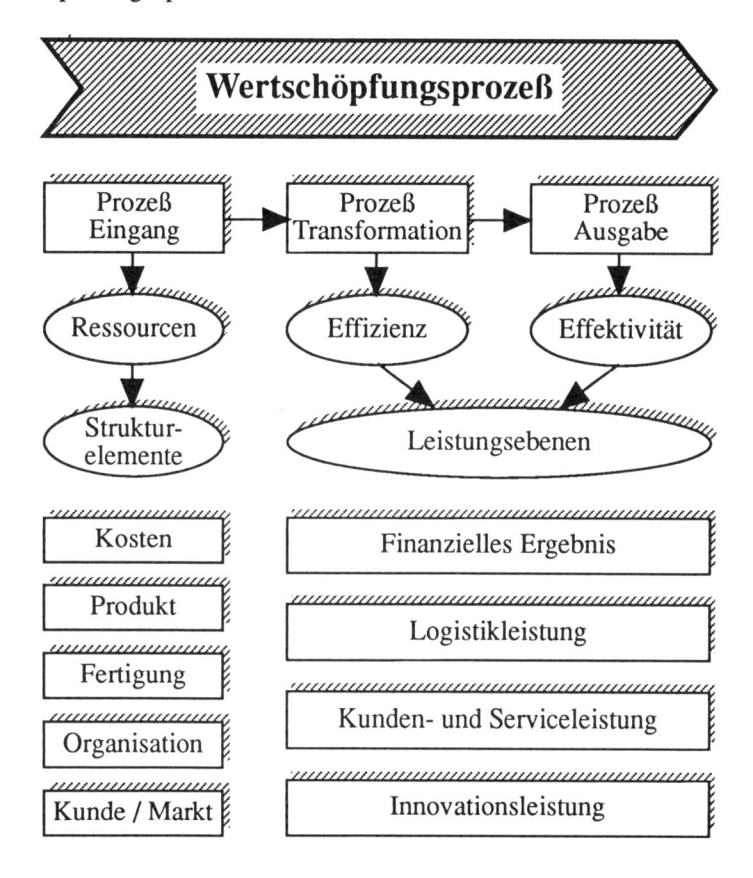

Kosten — Finanzielles Ergebnis
Produkt
Fertigung — Logistikleistung
Organisation — Kunden- und Serviceleistung
Kunde / Markt — Innovationsleistung

Abb. D-2: Ebenen des Wertschöpfungsprozesses

Die Strukturebenen werden durch qualitative und quantitative Attribute beschrieben. Demgegenüber werden die Leistungsebenen des Eingangsmusters in erster Linie mit Kennzahlen beschrieben, die sich den übergeordneten Erfolgsfaktoren Kosten, Geschwindigkeit, Qualität und Flexibilität zuordnen lassen. Das Ausgangsmuster enthält Informationen über die Leistungsfähigkeit und über leistungssteigernde

Maßnahmen. Hierzu wird ein Leistungsindexsystem bestehend aus mehreren Leistungsdimensionen eines Unternehmens und zum anderen ein Katalog mit Schwerpunktbereichen für Reorganisationsmaßnahmen abgleitet.
Die Auswahl der Merkmale der verschiedenen Muster unterliegt mehreren Prämissen[311]. Erstens sollen die Attribute einfacher Natur sein. Sie müssen aus zeitlichen und finanziellen Gründen mit geringem Aufwand in den Industrieunternehmen ermittelbar und auch leicht verständlich sein. Weil die Merkmale der unterschiedlichen Betrachtungsebenen innerhalb branchenübergreifender Unternehmensvergleiche zur Potential- oder Zielermittlung gegenübergestellt werden, erheben diese den Anspruch auf eine gewisse Allgemeingültigkeit. Darüber hinaus besteht eine Forderung nach einer EDV-gerechten Abbildung der Merkmale und des Gesamtsystems.
Die Beschreibung der Attribute der verschiedenen Muster erfolgt über die innerhalb dieser Ausarbeitung verwendeten Modellparameter, den zugehörigen Berechnungsformeln und deren Einheiten. Durch diese Darstellung sollen den obigen Hauptanforderungen Rechnung getragen werden. Die Einzelmerkmale aller Muster sind in erster Linie quantitativer Natur. Zur Herstellung der Vergleichbarkeit wird eine Bezugsbasis in den Berechnungsformeln angegeben. Um den Vorbereitungsgrad der Industrieunternehmen zu berücksichtigen, werden neben absoluten Größen auch relative Werte verwendet. Auf diese Weise wird es möglich, die Variabilität, die Dynamik und die Ergebnisse der unternehmensinternen Veränderungs- und Leistungssteigerungsprozesse mit zu erfassen.

Im folgenden soll unter Zuhilfenahme der Abbildungsvorschrift der Mustererkennung das Unternehmensprofil durch die Konkretisierung der

- allgemeinen Unternehmensdaten, der
- Struktur- und der

---

[311] Vgl. Sieper H.-P. / Syska A. (1987), S. 53

- Leistungsmuster

diskutiert werden.

Die Ausgangsmuster des Diagnosesystems werden durch das

- Leistungsindexsystem und
- mit Reorganisationsschwerpunkten

dargestellt.

3 Allgemeine Unternehmensdaten

Die Basisdaten repräsentieren die allgemeinen und branchenspezifischen Informationen über die diagnostizierten Industrieunternehmen. Die Systemelemente dieses Teilmodells sind zum einen für die EDV-technische Verarbeitung der Unternehmen und zum anderen für die Bildung von Unternehmensklassen wichtig. Außer den Struktur- und Leistungsebenen sollen auch die allgemeinen Unternehmensdaten ein Teileingangsmuster des Unternehmensprofils bilden. Abbildung D-3 zeigt die Systematisierungselemente. Neben der Ermittlung der Branchenzugehörigkeit erfolgt die Einordnung in bezug auf die Unternehmensgröße zum Umsatzvolumen und zur Mitarbeiteranzahl des Unternehmens. Zur Abbildung der Umweltdynamik werden Preis- und Kostenentwicklung in prozentualen Abweichungen zum Vorjahr sowie die Charakteristika des Auftragseingangs und der Auftragsänderungen erhoben. Die Auftragsänderungen werden in technische und dispositive eingeteilt und im Kontext der Häufigkeit und Fristigkeit ermittelt. Der empirischen Basis liegen 55 Industrieunternehmen zugrunde. Die Unternehmen setzen sich aus 13 rechtlich selbständigen und 42 ergebnisverantwortlichen Werks- oder Organisationsbereichen zusammen. Eine erste Charakterisierung der Unternehmen erfolgt über die Angabe von Häufigkeitsverteilungen, die den Merkmalsausprägungen zugeordnet sind. In der Branchenstruktur dominiert mit über einem Drittel der Maschinenbau, gefolgt von der Elektronik / Elektrotechnik mit 23,6%.

Allgemeine Unternehmensmerkmale

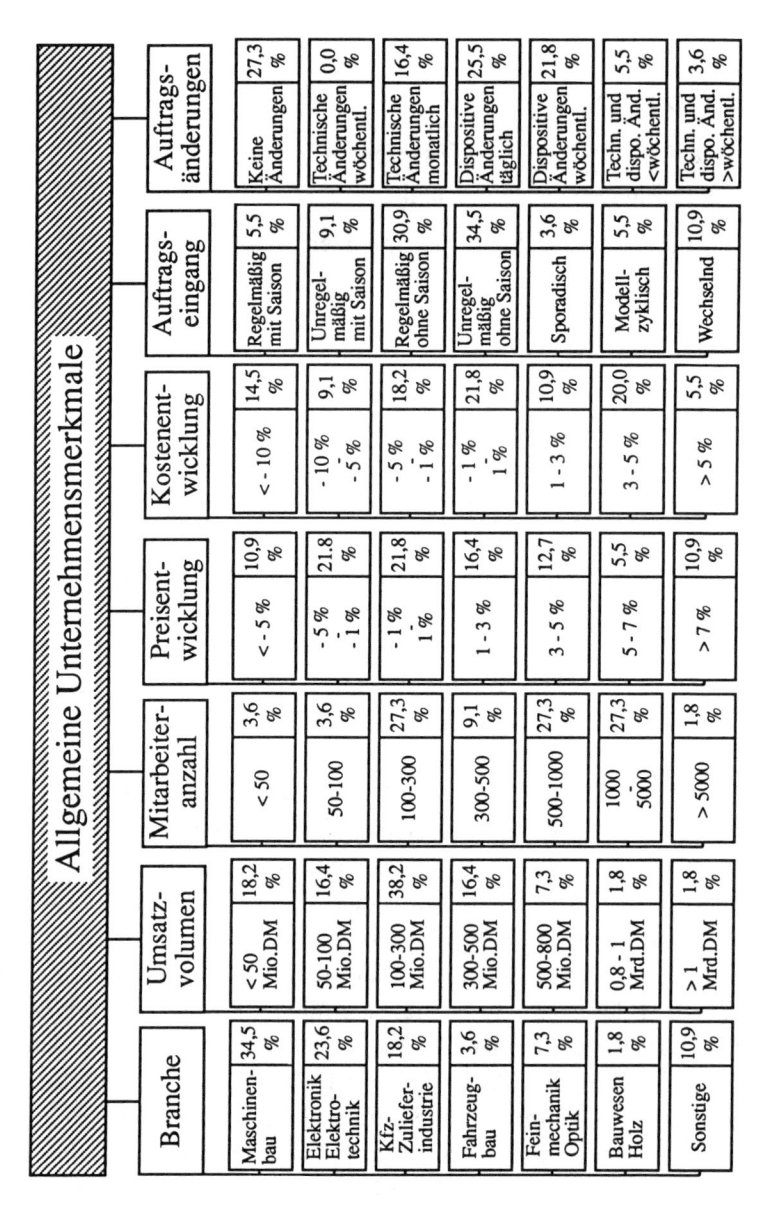

Branche		Umsatzvolumen		Mitarbeiteranzahl		Preisentwicklung		Kostenentwicklung		Auftragseingang		Auftragsänderungen	
Maschinenbau	34,5 %	< 50 Mio.DM	18,2 %	< 50	3,6 %	< -5 %	10,9 %	< -10 %	14,5 %	Regelmäßig mit Saison	5,5 %	Keine Änderungen	27,3 %
Elektronik Elektrotechnik	23,6 %	50-100 Mio.DM	16,4 %	50-100	3,6 %	-5 – -1 %	21,8 %	-10 – -5 %	9,1 %	Unregelmäßig mit Saison	9,1 %	Technische Änderungen wöchentl.	0,0 %
Kfz-Zulieferindustrie	18,2 %	100-300 Mio.DM	38,2 %	100-300	27,3 %	-1 – 1 %	21,8 %	-5 – -1 %	18,2 %	Regelmäßig ohne Saison	30,9 %	Technische Änderungen monatlich	16,4 %
Fahrzeugbau	3,6 %	300-500 Mio.DM	16,4 %	300-500	9,1 %	1 - 3 %	16,4 %	-1 – 1 %	21,8 %	Unregelmäßig ohne Saison	34,5 %	Dispositive Änderungen täglich	25,5 %
Feinmechanik Optik	7,3 %	500-800 Mio.DM	7,3 %	500-1000	27,3 %	3 - 5 %	12,7 %	1 - 3 %	10,9 %	Sporadisch	3,6 %	Dispositive Änderungen wöchentl.	21,8 %
Bauwesen Holz	1,8 %	0,8 - 1 Mrd.DM	1,8 %	1000-5000	27,3 %	5 - 7 %	5,5 %	3 - 5 %	20,0 %	Modellzyklisch	5,5 %	Techn. und dispo. Änd. <wöchentl.	5,5 %
Sonstige	10,9 %	> 1 Mrd.DM	1,8 %	> 5000	1,8 %	> 7 %	10,9 %	> 5 %	5,5 %	Wechselnd	10,9 %	Techn. und dispo. Änd. >wöchentl.	3,6 %

Abb. D-3: Unternehmensmerkmale

Die Bandbreite des Umsatzes geht von 7 Mio. DM bis 1,375 Mrd. DM. Der Mittelwert liegt bei 227,2 Mio. DM. Bei Werkseinheiten, die keinen direkten Umsatz erzielen, wurde das Umsatzvolumen auf der Basis interner Verrechnungspreise ermittelt. Als Schwerpunkt der Mitarbeiteranzahl konnte der Bereich zwischen 500 und 5000 identifiziert werden. Der Durchschnitt liegt bei 946 Beschäftigen. Ein Unternehmen ist in der größten Klasse mit 8200 Mitarbeitern vertreten. Aus der Analyse der Preisentwicklung wird erkennbar, daß jedes zweite Unternehmen höhere Produktpreise am Markt realisieren konnte. Etwa zwei Drittel konnten ihre Selbstkosten senken, 14,5 % erzielten über 10 % bei den Kosteneinsparungen. Der Auftragseingang ist dadurch gekennzeichnet, daß die meisten Unternehmen keinem saisonalen Einfluß unterliegen. Bei den Auftragsänderungen stehen dispositive Einflußgrößen stark im Vordergrund. Die Ausprägungen der Unternehmensmerkmale decken ein breites Spektrum ab. Dies kann den Benchmarking- und Diagnoseprozeß bei der Problematik der Identifikation vergleichbarer Unternehmen unterstützen. Eine Erhebung der kritischen Erfolgsfaktoren wie Preis, Design, Qualität, Liefertreue, Variabilität oder auch die Funktionalität der Produkte und deren Gewichtung dient der Beschreibung verschiedener Zielrichtungen der Leistungssteigerung. Sie komplettiert das erste Eingangsmuster. Diese werden gemäß einer Relevanzskala von eins bis sieben ermittelt. Über die Merkmale der allgemeinen Unternehmensdaten und der Ausprägung der Erfolgsfaktoren können später innerhalb des Informationssystems Unternehmensklassen gebildet werden[312].

---

312 Vgl. Abbildung E-9

4 Strukturmuster

Das Ressourcenprofil setzt sich aus der Produktstruktur, der Kostenstruktur, der Fertigung, der Aufbauorganisation sowie der Kunden- und Marktstruktur zusammen. Es dient der Abbildung der zentralen Systemelemente zu betrachtender Geschäftseinheiten.

4.1 Produktstruktur

Die Produktstruktur stellt Informationen über den Aufbau, die Vielfalt, den Standardisierungs- und den Innovationsgrad der Erzeugnisse zur Verfügung. Da sich Geschäftsprozesse in den meisten Produktionsunternehmen an den Produkten orientieren, beeinflussen die Charakteristika der Produktstruktur die Dynamik und die Komplexität der Abläufe maßgeblich. Ziel ist hierbei eine Optimierung der Produktsortimente und -strukturen in Abhängigkeit von den Kundenanforderungen. Es gilt, Überkomplexität abzubauen und Vielfalt zu fördern[313]. Eine Bewertung der Leistungspalette kann über mehrere Merkmale des Produktstrukturmusters vorgenommen werden. Das erste Kriterium soll einen Überblick der durchschnittlich benötigten Produktgruppenanzahl geben, die erforderlich ist, um 100 Millionen DM Umsatz zu erzielen.

(1)
$$\frac{Anzahl\ Produktgruppen * 100}{Umsatz} = \text{Produktgruppen je 100 Mio. DM Umsatz [Anzahl]}$$

Für zusätzliche Untersuchungen kann das Merkmal auch als Entscheidungskriterium für ABC-Analysen[314] herangezogen werden. Der zweite Indikator reflektiert den Stellenwert der ersten Haupt-

---

313 Vgl. Rommel G. / Brück F. / Diederichs R. et. al. (1993), S. 28
314 Vgl. Wildemann H. (1995e), S. 23ff.

produktgruppe oder des Rennerprodukts im Abhängigkeit des erzielten Umsatzes.

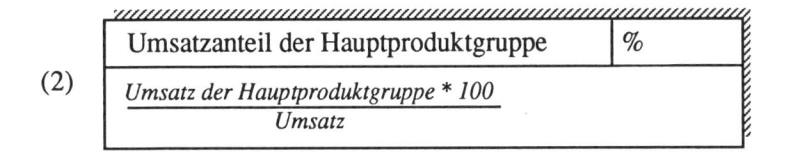

(2) $$\text{Umsatzanteil der Hauptproduktgruppe} = \frac{\textit{Umsatz der Hauptproduktgruppe} * 100}{\textit{Umsatz}} \quad \%$$

Die Indikatoren (3) und (4) beschreiben die externe und interne Komplexität von Kundenauftragsabwicklungsprozessen. Empirische Untersuchungen belegen, daß mit einer Verdopplung der Produktionsmenge oder einer Halbierung der durchschnittlichen Variantenanzahl die Herstellkosten je Produkt zwischen 20 % und 35 % sinken können[315]. Durch die frühzeitige Beobachtung dieser Kennzahlen können Flexibilitätskosten in bezug auf Vorleistungen, Werkzeuge, Rüstkosten und ferner eine überflüssige Variabilität in der Auftragsabwicklung vermieden werden[316].

(3) $$\text{Variantenvielfalt} = \frac{\textit{Anzahl möglicher Varianten}}{\textit{Anzahl Produkte}} \quad \text{Anzahl}$$

(4) $$\text{Artikelvielfalt} = \frac{\textit{Anzahl Artikel}}{\textit{Anzahl Produkte}} \quad \text{Anzahl}$$

Die Ermittlung der Produktstrukturkomplexität kann über die Kriterien des Produktstandardisierungs- und Produkteinfachheitsgrads erfolgen. Je höher diese Anteile ausgeprägt sind, desto beherrschbarer erscheint aufgrund eines geringeren Koordinationsaufwands der

---

[315] Vgl. Wildemann H. (1995d), S. 13ff.
[316] Vgl. Fischer Th.M. (1993), S. 167ff.; Lingnau V. (1994), S. 309ff.

Produktionsprozeß selbst und dessen Versorgung mit Teilen, Baugruppen oder Modulen[317]. Die Produktgestaltung bestimmt die Logistikkosten und -leistungen maßgeblich. Die Individualisierung von Produkten über die Standardisierung von Teilen und über die Verwendung von Baugruppen verspricht Potentiale zur Reduzierung des innerbetrieblichen Koordinationsaufwands[318].

(5)
Produktstandardisierungsgrad	%
$\dfrac{Anzahl\ standardisierter\ Produkte * 100}{Anzahl\ Produkte}$	

(6)
Produkteinfachheitsgrad	%
$\dfrac{Anzahl\ Produkte\ mit\ einfacher\ Erzeugnisstruktur * 100}{Anzahl\ Produkte}$	

Der Innovationsgrad der Produktstruktur (7) kann in Abhängigkeit vom Produktlebenszyklus ermittelt werden. In dieser Ausarbeitung gelten Produkte dann als innovativ, falls sich diese in der Einführungs- oder Wachstumsphase befinden. Industrieunternehmen mit einer jungen Produktpalette sind des öfteren erfolgreicher, da sie die Möglichkeit haben, kurz aufeinanderfolgende Produktredesigns mit Kostensenkungen zu verbinden[319].

(7)
Produktinnovationsgrad	%
$\dfrac{Anzahl\ innovativer\ Produkte * 100}{Anzahl\ Produkte}$	

---

[317] Vgl. Weber J. / Kummer S. (1994), S. 151
[318] Vgl. Kern W. (1992), S. 101
[319] Am Beispiel der Elektronikindustrie vgl. Kluge J. / Stein L. / Krubasik E. et. al. (1994), S. 98

Für weitere unternehmensbezogene Analysen zur Optimierung der Produktstruktur oder des Produktsortiments stehen neben der ABC-Analyse die XYZ-Analyse eine detaillierte Betrachtung der Produkte im Abhängigkeit des Lebenszyklus oder die Plazierung in unterschiedlich definierten Portfolios zur Verfügung[320]. Darüber hinaus können vergleichende Untersuchungen zu Wettbewerbern in bezug auf aktuelle, neu entwickelte oder Ersatzprodukte erfolgen.

4.2 Kostenstruktur

Das zweite Eingangsmuster stellt die Kostenstruktur von Industrieunternehmen dar. Für die Analyse der Kostenstruktur werden zwei unterschiedliche Diagnoseansätze gewählt. Die erste basiert auf der Zuschlagskalkulation und erfaßt die Selbstkosten. Hier handelt es sich um primäre Kosten. Die zweite Perspektive beleuchtet Kostenarten, die sich aus den primären und sekundären Kosten der innerbetrieblichen Leistungsverrechnung ableiten lassen oder aus diesen zusammensetzen[321]. Hier stehen vor allem Kosten im Vordergrund, die nichtwertschöpfender Natur sind. Indirekte Kostenarten tragen erheblich dazu bei, innerbetriebliche Kostentreiber zu identifizieren, zu bewerten, zu optimieren und zu beherrschen[322]. Für die vorliegende Problemstellung werden folgende Kostendaten erhoben. Sie spiegeln in der Regel die Hauptkostenblöcke wider.

(1)	Materialkostenanteil	%
	$\dfrac{\textit{Materialkosten} * 100}{\textit{Herstellkosten}}$	

---

[320] Studien belegen, daß diejenigen Unternehmen erfolgreicher am Markt agieren, die diesen Methoden regelmäßig anwenden vgl. Rommel G. / Brück F. / Diederichs R. et. al. (1993), S. 32; Wildemann H. (1995d), S. 191ff.; Nagel K. / Ley D. (1994), S. 98ff.
[321] Fischer definiert 15 verschiedene Kostenarten, die er unter Flexibilitäts-, Qualitäts- und Logistikkosten subsumiert vgl. Fischer Th.M. (1993), S. 164ff.
[322] Vgl. Dilts D.M. / Russell G.W. (1985), S. 40

(2)
Personalkostenanteil	%
$\dfrac{Personalkosten * 100}{Herstellkosten}$	

(3)
Vertriebskostenanteil	%
$\dfrac{Vertriebskosten * 100}{Selbstkosten}$	

Die Kosten werden entweder zu den Herstell- oder zu den Selbstkosten in Relation gesetzt. Zur Analyse indirekter Kosten werden Logistik-, Qualitäts- und EDV-Kostenanteile herangezogen. Unter Logistikkosten werden diejenigen Kosten verstanden, die für die materialflußbezogene Koordination zwischen Lieferanten, internen und externen Unternehmensbereichen sowie Kunden einschließlich der Kapitalbindung an allen Beständen und die für alle Planungs-, Steuerungs-, Durchführungs- und Koordinationstätigkeiten im Rahmen der gesamten Kundenauftragsabwicklung anfallen[323].

(4)
Logistikkostenanteil	%
$\dfrac{Logistikkosten * 100}{Herstellkosten}$	

Die Ermittlung der Qualitätskosten resultiert aus der Summe der Teilqualitäten für die Fehlerverhütung, die Prüfung und Kontrolle sowie für die Folgen des Eintretens[324]. Eine neuere Klassifizierung der Qualitätskosten basiert auf den Kostenbereichen der Abweichung und der Übereinstimmung geforderter Qualitätsmerkmale[325].

---
323 Vgl. Weber J. / Kummer S. (1990), S. 776; Pfohl H.-Chr. (1990), S. 80
324 Vgl. Rauba A. (1990)
325 Vgl. Klapper N. (1993), S. 203ff.; Wildemann H. (1992a), S. 762ff.

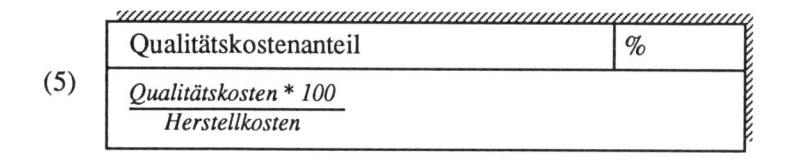

(5)
Qualitätskostenanteil	%
$\dfrac{\text{Qualitätskosten} * 100}{\text{Herstellkosten}}$	

Unter EDV-Kosten werden die Kostenelemente verstanden, die für Soft- und Hardware sowie für die Einführung und den Betrieb der Systeme einschließlich dem Personal für Operating- und Anpassungstätigkeiten anfallen[326]. Gerade die laufenden Aufwendungen, die bis zu 67 % der Software-Kosten verursachen, verstärken die Forderung, diese Kostenart zu verfolgen[327].

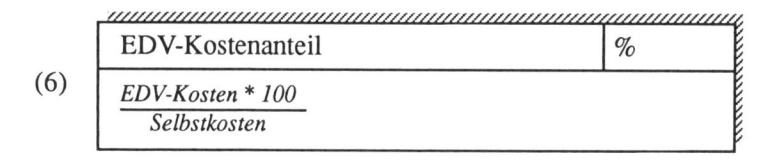

(6)
EDV-Kostenanteil	%
$\dfrac{\text{EDV-Kosten} * 100}{\text{Selbstkosten}}$	

Neben den genannten Kostenarten soll in das Diagnosemodell der Entwicklungsbudgetanteil aufgenommen werden, um eine Orientierung des Stellenwertes der Entwicklungsaktivitäten und der generellen Innovationsbereitschaft gegenüber neuen Produkten und Dienstleistungen im Unternehmen zu erhalten. Die Leistung oder Effektivität der Entwicklungsbereiche steigt nicht zwingend mit der Höhe des Forschungs- und Enwicklungskostenanteils[328]. Die Innovationsleistung eines Unternehmens kann beispielsweise über die Anzahl neu angemeldeter Patente ermittelt werden.

---

[326] Zu Einflüssen auf die EDV-Kosten vgl. Dobschütz v.L. / Prutsch W. (1993), S. 104
[327] Vgl. Fischer Th.M. (1993), S. 167
[328] Vgl. Hamel G. / Prahalad C.K. (1995), S. 231

(7)
Entwicklungsbudgetanteil	%
$\dfrac{Entwicklungskosten * 100}{Umsatz}$	

Nach Albach sind Investitionen bei langfristigen Analysen ein wichtiges Kriterium für den Erfolg von Industrieunternehmen[329]. Aus diesem Grund geht das folgende Attribut in das kostenbasierte Strukturmuster mit ein[330].

(8)
Investitionsanteil	%
$\dfrac{Investitionen * 100}{Umsatz}$	

Merkmal (8) bezieht sich ausschließlich auf materielle Investitionen wie Maschinen, Anlagen oder Gebäude. Es zeigt wie sich der Kapitalstock des zu diagnostizierenden Unternehmens im Zeitverlauf verändert.

4.3 Wertschöpfungskette

Die Wertschöpfungskette als prozeßorientiertes Referenzmodell von Industrieunternehmen repräsentiert die Material- und Informationsflüsse für die Erfüllung der Kunden- und Fertigungsaufträge[331]. Zur Abbildung der Fertigung sollen die Strukturmerkmale des Materialflusses den physischen Weg vom Lieferanten über die Fertigung und Montage bis zum Kunden abbilden. Demgegenüber umfassen die strukturellen Merkmale des Informationsflusses alle Prozeßschritte von der Erfassung des Fertigungsauftrags bis zur Produktfertigstellung einschließlich der notwendigen Produktions-

---

[329] Vgl. Albach H. (1987), S. 637
[330] Vgl. Kennzahlenkompaß (1992), S. 37
[331] Vgl. Wildemann H. (1995d), S. 32

planung und -steuerung. Die Beschaffung wird durch Merkmale charakterisiert, welche sich auf die Einkaufsteile, die Lieferantenstruktur und deren Zusammenarbeit beziehen[332].

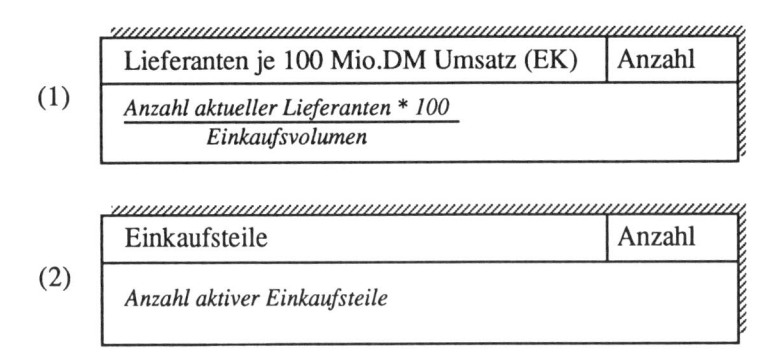

(1)
Lieferanten je 100 Mio.DM Umsatz (EK)	Anzahl
$\dfrac{\textit{Anzahl aktueller Lieferanten} * 100}{\textit{Einkaufsvolumen}}$	

(2)
Einkaufsteile	Anzahl
Anzahl aktiver Einkaufsteile	

Die Beziehung zwischen Lieferanten und Abnehmer soll durch drei Indikatoren beschrieben werden. Zertifizierte Lieferanten wurden nach den geltenden Richtlinien der DGQ nach den Standards ISO 9000-9004 bewertet und entsprechen dadurch einem Qualitätsstandard am Einkauftsteil und der relevanten inner- und zwischenbetrieblichen Prozesse[333].

(3)
Zertifizierte Lieferanten	%
$\dfrac{\textit{Anzahl zertifizierter Lieferanten} * 100}{\textit{Anzahl Lieferanten}}$	

(4)
Rahmenvertragsquote	%
$\dfrac{\textit{Lieferanten mit Rahmenverträgen} * 100}{\textit{Anzahl Lieferanten}}$	

---

332 Vgl. Wildemann H. (1995e), S. 20
333 Vgl. Danzer H.H. (1991), S. 41; Kamiske G. / Malorny C. / Michael H. (1994), S. 1215ff.

(5)	Single-Sourcing	%
	$\dfrac{\text{Anzahl A-Teile-Bezug von einem einzigen Lieferanten} * 100}{\text{Anzahl A-Teile}}$	

Die Merkmale (6) bis (8) des Teilmusters Wertschöpfungskette für die Abbildung der unternehmensinternen Fertigungsstruktur sind direkt aus der logistischen Kette ableitbar. Fertigungstechnologien beschreiben werterhöhende Tätigkeiten wie Bohren, Fräsen, Drehen oder Schleifen. Darüber hinaus können hierunter auch Montageprozesse zusammengefaßt werden. Die Anzahl der Produktionsstufen erfaßt die für die Produktherstellung erforderlichen Fertigungsschritte. Die Anzahl der Lagerorte entspricht der Summe aller in der logistischen Prozeßkette räumlich getrennten Lager- oder Pufferstufen.

(6)	Technologien	Anzahl
	Anzahl unterschiedlicher Fertigungstechnologien	

(7)	Produktionsstufen	Anzahl
	Anzahl benötigter Produktionsstufen zur Produkt-Herstellung	

(8)	Lagerorte	Anzahl
	Anzahl unterschiedlicher Lager- und Pufferorte	

Der Automatisierungsgrad gibt Anhaltspunkte über die Flexibilität von Produktionssystemen[334]. Das Merkmal repräsentiert den Anteil der

---

[334] Vgl. Reinhart G. (1995), S. 530ff.

flexibel automatisierten Produktionsanlagen. Demgegenüber stehen starr automatisierte oder konventionelle Einzelmaschinenfertigungen.

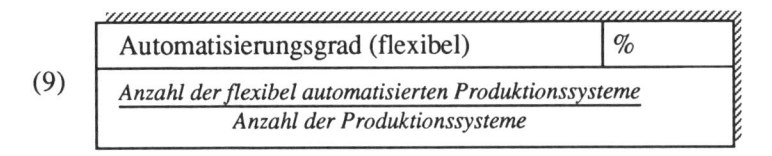

(9) $$\text{Automatisierungsgrad (flexibel)} = \frac{\textit{Anzahl der flexibel automatisierten Produktionssysteme}}{\textit{Anzahl der Produktionssysteme}} \quad \%$$

Zur Analyse der Fertigungsplanung können die Zeithorizonte für die Grob- und Feinplanung herangezogen werden. Erfolgreiche Unternehmen halten diese besonders kurz, da sich aufgrund einer höheren Prognosegenauigkeit unnötige Änderungen vermeiden lassen und eine höhere Programmstabilität erzielt werden kann[335].

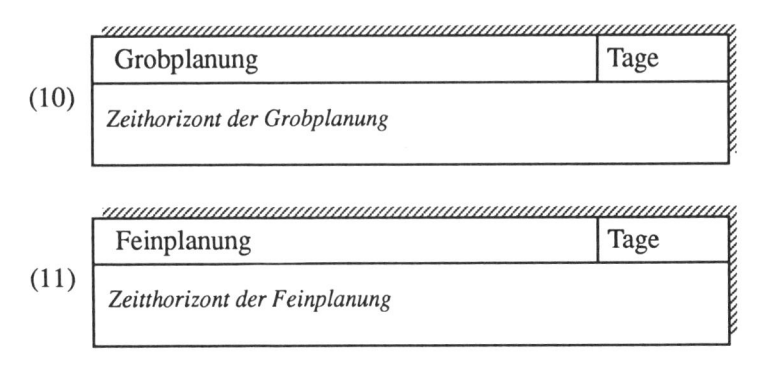

(10) $$\text{Grobplanung} = \textit{Zeithorizont der Grobplanung} \quad \text{Tage}$$

(11) $$\text{Feinplanung} = \textit{Zeithorizont der Feinplanung} \quad \text{Tage}$$

Für die Steuerung der Fertigung liefert der Anteil der verbrauchsgesteuerten Aufträge Informationen über den Durchdringungsgrad des Kunden-Lieferanten-Prinzips. Mit einem hohen Verbrauchssteuerungsgrad geht ein dementsprechend hoher Produktdurchsatz je Produkt über die ganze logistische Kette einher[336].

---

335 Vgl. Rommel G. / Brück F. / Diederichs R. et. al. (1993), S. 127
336 Vgl. Wildemann H. (1995d), S. 99

(12)	Verbrauchssteuerungsgrad	%
	*Anzahl verbrauchsgesteuerter Fertigungsaufträge * 100 / Anzahl Fertigungsaufträge*	

Einzelne Abschnitte der logistischen Kette können für feinere Untersuchungen in weitere Subprozesse zerlegt werden. Beispiele hierfür sind der Wareneingangs-, Materialbereitstellungs-, Kommissionierungs- aber auch Rüstprozesse.

4.4 Aufbauorganisation

Das Eingangsmuster Aufbauorganisation repräsentiert die unternehmensinterne Struktur und Verflechtungen der Aufgabenträger. Die Modelle zur Gestaltung von Organisationsstrukturen mit dem Ziel, nachhaltige Wettbewerbsvorteile zu gewinnen, unterlagen in den letzten Jahren einem ständigen Wandel. Sie variieren von einem rein divisionalen Aufbau bis hin zu modularen oder fraktalen Strukturen[337]. Ziele dieser neuen Strukturen sind stets die Konzeption einfacher und effizienter Abläufe, die von den Mitarbeitern beherrscht und verbessert werden[338]. Die Merkmale zur Beschreibung der Aufbauorganisation fußen auf Informationen aus den Unternehmensorganigrammen und aus der Erhebung und Bewertung mitarbeiterorientierter Gestaltungsformen.

(1)	Hierarchieebenen	Anzahl
	Anzahl Hierarchieebenen (direkt)	

---

[337] Vgl. Wildemann H. (1992a); Warnecke H.-J. (1992); vgl. auch zur organisatorischen Effizienz, Staehle W.H. / Grabatin G. (1979), S. 84ff.; Fuchs-Wegner G. / Welge M.K. (1975a), S. 71ff.; Fuchs-Wegner G. (1975b), S. 175ff.; Grochla E. / Welge M.K. (1975)

[338] Vgl. Bühner R. (1993), S. 137ff.

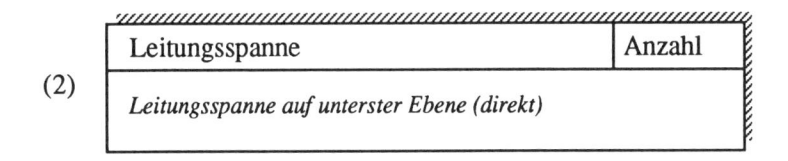

(2)
Leitungsspanne	Anzahl
Leitungsspanne auf unterster Ebene (direkt)	

Nach der Identifikation der generellen Aufbauorganisation können die Merkmale (1) und (2) weitere Aussagen zur Struktur liefern. Diese Merkmale können in direkten und indirekten Bereichen erfaßt werden. Die Leitungsspanne kann auch als Durchschnittswert über alle Ebenen erhoben werden. Weitere Merkmale von Industrieunternehmen sind der Anteil direkter Mitarbeiter oder der Facharbeiteranteil. Es werden die Mitarbeiter als direkt bezeichnet, die über Produkte oder eingehende Baugruppen und Teile unmittelbaren Wertschöpfungsbezug haben.

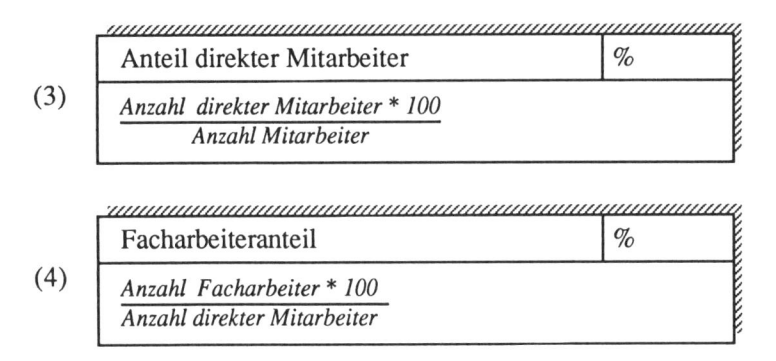

(3)
Anteil direkter Mitarbeiter	%
$\dfrac{\textit{Anzahl direkter Mitarbeiter} * 100}{\textit{Anzahl Mitarbeiter}}$	

(4)
Facharbeiteranteil	%
$\dfrac{\textit{Anzahl Facharbeiter} * 100}{\textit{Anzahl direkter Mitarbeiter}}$	

Die Einbindung des Mitarbeiters in die Organisation kann durch folgende Indikatoren beschrieben werden. Ein hoher Anteil spricht für eine flexible Organisation[339].

(5)
Mitarbeiteranteil in flexiblen Zeitmodellen	%
$\dfrac{\textit{Anzahl Mitarbeiter in flexiblen Zeitmodellen} * 100}{\textit{Anzahl Mitarbeiter}}$	

---

339 Vgl. Bühner R. (1993), S. 16ff.

(6)
Mitarbeiteranteil in Teamstrukturen	%
$\dfrac{\text{Anzahl Mitarbeiter in Teamstrukturen} * 100}{\text{Anzahl Mitarbeiter}}$	

(7)
Mitarbeiteranteil in Problemlösungsgruppen	%
$\dfrac{\text{Anzahl Mitarbeiter in Problemlösungsgruppen} * 100}{\text{Anzahl Mitarbeiter}}$	

Die Aufwendungen für die Weiterbildung von Mitarbeitern in Form von Zeit oder Kosten sind ein wichtiger Indikator für die sich ändernden Anforderungen am Arbeitsplatz. Desweiteren legen diese Weiterbildungskosten offen, inwieweit ein Unternehmen das Fachwissen und Problemlösungsfähigkeiten der Mitarbeiter fördert und damit das Human-Kapital weiterentwickelt[340]. Erfolgreiche Unternehmen investieren bis zu dreieinhalb mal mehr Aufwendungen je Mitarbeiter als weniger erfolgreiche[341].

(8)
Weiterbildungskosten je Mitarbeiter	DM / MA
$\dfrac{\text{Weiterbildungskosten}}{\text{Anzahl Mitarbeiter}}$	

Die Merkmale der Aufbauorganisation können um eine Vielzahl weiterer Kriterien wie Dezentralisierungsgrade unterschiedlichster indirekter Funktionen oder Lohnformen, die mit der Einführung von Teamorganisationen einhergehen, erweitert werden. Im Rahmen dieser Ausarbeitung entspricht dieses Eingangsmuster den Anforderungen an die Leistungsdiagnose von Indsutrieunternehmen.

---

[340] Vgl. Albach H. (1988), S. 74
[341] Vgl. Rommel G. / Brück F. / Diederichs R. et. al. (1993), S. 189

4.5 Kunden- und Marktstruktur

Das Eingangsmuster Kunden- und Marktperspektive soll einen Beitrag zur Einbeziehung absatzwirtschaftlicher Beziehungen leisten. Es sollen drei kundenspezifische Merkmale definiert werden, welche die direkte Umwelt und die Beziehung zwischen den Kunden und dem Unternehmen darstellen[342].

(1)
Kunden je 100 Mio.DM Umsatz	Anzahl
$\dfrac{\text{Anzahl direkter Kunden} * 100}{\text{Umsatz}}$	

(2)
Neukundenanteil	%
$\dfrac{\text{Anzahl neuer Kunden} * 100}{\text{Anzahl Kunden}}$	

(3)
Angebotserfolgsquote	%
$\dfrac{\text{Anzahl erfolgreicher Angebote} * 100}{\text{Anzahl Angebote}}$	

Wie wichtig das Merkmal (1) ist, wird deutlich, wenn eine Relation zwischen Kunden und Produkten hergestellt wird. So zeigen Rommel et. al. aus einer kombinierten Betrachtung, daß in vielen Fällen die A-Kunden nur wenige A-Produkte und viele C-Kunden eine große Anzahl an C-Produkten nachfragen. Diese Verteilung kann Hinweise auf Überkomplexitäten und auf defizitäre Geschäfte geben[343]. Die Merkmale (4) bis (6) dienen der Beschreibung der Absatzmarktstruktur. In der PIMS-Studie wurde anhand einer Korrelationsmatrix gezeigt, daß zwischen den Merkmalen des relativen

---
[342] Vgl. Lovelook Chr. (1993), S. 68ff.
[343] Vgl. Rommel G. / Brück F. / Diederichs R. et. al. (1993), S. 33

Marktanteils und dem Marktwachstum Interdependenzen zum Unternehmenserfolg existieren[344]. Darüber hinaus wurden Studien durchgeführt, die belegen, daß zwischen dem Marktanteil und der Qualität unternehmerischer Leistungen, insbesondere der Kundenorientierung, Zusammenhänge vorliegen[345].

(4)
Marktanteil	%
$\dfrac{Umsatz * 100}{Marktvolumen}$	

(5)
Marktwachstum	%
Veränderung des Marktvolumens zum Vorjahr	

(6)
Konkurrenten	Anzahl
Anzahl direkter Konkurrenten	

Zur Strategieformulierung ist es notwendig, die Merkmale der Markt- und Kundenstruktur zum einen für jeden Absatzmarkt produktgruppenspezifisch zu erheben und separat auszuwerten und zum anderen diese mit Kosten- und Ergebnisdaten zu hinterlegen.

---

344 Vgl. Buzzell R.D. / Gale B.T. (1989), S. 238
345 Vgl. Kordupleski R.E./ Rust R.T./ Zahorik A.J. (1994), S. 71ff.; Reichheld F.R./ Sasser W.E. (1991)

5 Leistungsmuster

Im Unterschied zu den Strukturmustern, die die Ressourcen des Wertschöpfungsprozesses widerspiegeln, zielen die Leistungsmuster auf die Effizienz- und Effektivitätsmessung ab. Die Leistungsmuster umfassen das finanzielle Ergebnis, die Logistikleistung, die Innovationsleistung und die Service- und Kundenorientierung eines Industrieunternehmens.

5.1 Finanzielles Ergebnis

Die erste Leistungsdimension ist das finanzielle Ergebnis. Sie steht im Kontext zu Rentabilität, Erfolg, Wachstum und Unternehmenswert. Die Rentabilität setzt das eingesetzte Kapital dem Unternehmenserfolg gegenüber[346]. In Abhängigkeit des eingesetzten Kapital können die finanziellen Merkmale (1) und (2) Informationen über die Rentabilität liefern[347].

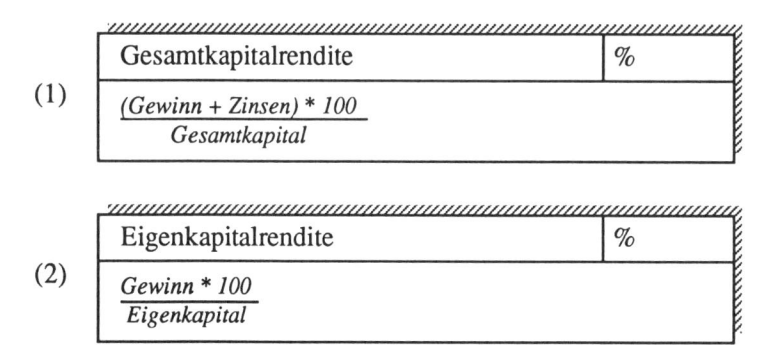

(1)
Gesamtkapitalrendite	%
$\frac{(Gewinn + Zinsen) * 100}{Gesamtkapital}$	

(2)
Eigenkapitalrendite	%
$\frac{Gewinn * 100}{Eigenkapital}$	

In Verbindung mit den Rentabilitätskriterien liefert die Umsatzrendite eine wichtige Größe für den Erfolg[348]. Sie verdeutlicht, inwieweit

---

[346] Vgl. z.B. Reichmann Th. (1993), S. 76
[347] Vgl. Reichmann Th. (1993), S. 77
[348] Vgl. Reichmann Th. (1993), S. 78

Unternehmen in der Lage sind, die Produkte kosteneffizient zu produzieren und diese am Markt gewinnbringend abzusetzen.

(3)
Umsatzrendite	%
$\dfrac{Ergebnis * 100}{Umsatz}$	

Die Entwicklung des Unternehmens soll über die Wachstumsrate des Anlagevermögens und des Eigenkapitals erhoben werden.

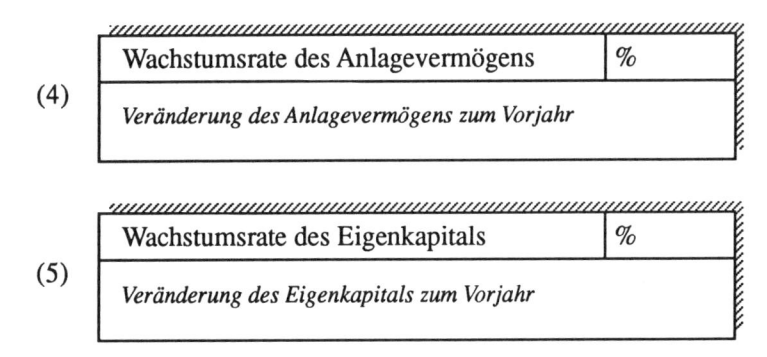

(4)
Wachstumsrate des Anlagevermögens	%
Veränderung des Anlagevermögens zum Vorjahr	

(5)
Wachstumsrate des Eigenkapitals	%
Veränderung des Eigenkapitals zum Vorjahr	

Nach Albach sind die Merkmale (1) bis (5) zentrale Kriterien mit denen der finanzielle Erfolg eines Unternehmens gemessen werden kann[349]. Darüber hinaus kann die Umsatzveränderung zum Vorjahr als ein weiterer Finanzleistungsindikator angesehen werden.

(6)
Umsatzveränderung	%
Veränderung des Umsatz zum Vorjahr	

Das letzte Merkmal für die finanzielle Leistungsdimension stellt die Wertschöpfung je Mitarbeiter dar. Gerade dieses Kriterium, welches

---

[349] Vgl. Albach H. (1987), S. 638ff.

den vom Unternehmen geschaffenen Wertzuwachs repräsentiert, eignet sich besonders als finanzieller Vergleichsmaßstab von Industrieunternehmen.[350].

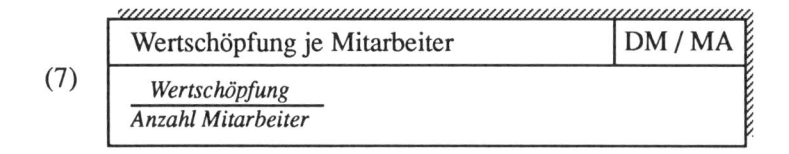

(7)
Wertschöpfung je Mitarbeiter	DM / MA
$\dfrac{Wertschöpfung}{Anzahl\ Mitarbeiter}$	

5.2 Logistikleistung

Die Messung der Leistung eines Unternehmens auf rein finanziellen Grundlagen erfüllen die Anforderungen an eine zielgerichtete Unternehmenssteuerung nicht mehr[351]. Die Logistikleistung soll deshalb die zweite Leistungsdimension repräsentieren[352]. Sie soll Aufschluß über die Effizienz und Effektivität der materialfluß- und informationsflußbezogenen Prozesse zur Herstellung des Produktes in bezug auf Raumüberwindung und Zeitüberbrückung liefern[353]. Die Bewertung der Logistikleistung ist in Verbindung mit der Kundenorientierung zu sehen, da sie einen erheblichen Beitrag zur Schaffung von Wettbewerbsvorteilen leisten kann[354]. Die Merkmalsdefinition des Logistikleistungsmusters bezieht sich vorrangig auf Kosten-, Qualitäts- und Zeitgrößen des gesamten Wertschöpfungsprozesses von der Materialbeschaffung beim Lieferanten bis zur Produktfertigstellung[355]. Zentrale Größen für die Logistikleistung sind das Verhältnis zwischen den reinen Bearbeitungszeiten und den

---

350 Vgl. Wildemann H. (1994c), S. 96
351 Vgl. Kaplan R.S. / Norton D.P. (1992), S. 37
352 Vgl. Weber J. (1986), S. 1197ff.
353 Vgl. Weber J. (1992), S. 878
354 Vgl. Wildemann H. (1993b), S. 108
355 In der Literatur existieren Kennzahlensysteme für die Logistik, die funktionale Teilbereiche in den Vordergrund stellen. Vgl. Syska A. (1990), S. 172, Grochla E. / Fieten R. et. al. (1983); Helfrich Chr. (1989), S. 70ff.; Hildebrand R. / Mertens P. (1992); NEVEM-Workgroup (1989); Küpper H.U. / Hoffmann U. (1988), S. 587ff.

Gesamtdurchlaufzeiten sowie die Umschlagshäufigkeit der Fertigprodukte[356].

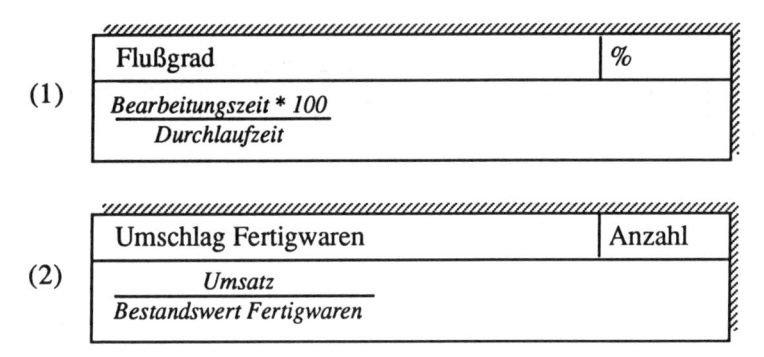

(1)
Flußgrad	%
$\dfrac{\textit{Bearbeitungszeit} * 100}{\textit{Durchlaufzeit}}$	

(2)
Umschlag Fertigwaren	Anzahl
$\dfrac{\textit{Umsatz}}{\textit{Bestandswert Fertigwaren}}$	

Da die Wiederbeschaffungszeit, die Durchlaufzeit und die Bestandshöhe sehr stark von der Marktdynamik und den spezifischen Produkteigenschaften abhängig sind, und eine Vergleichbarkeit dieser Größen gewährleistet werden soll, werden ausschließlich Veränderungsquoten von Zeitintervallen erhoben[357]. Die Merkmale (3) bis (5) zeigen die logistische Leistungssteigerung innerhalb eines Jahres auf und können deshalb auch als Kriterium für die Lernfähigkeit von Industrieunternehmen herangezogen werden.

(3)
Wiederbeschaffungszeitreduzierung	%
Durchschnittliche Reduzierung der Wiederbeschaffungszeiten	

Zur Identifizierung von Zeittreibern und zur Erarbeitung von Gegenmaßnahmen müssen insbesondere bei der Durchlaufzeitreduzierung Teilbereiche nach der Höhe des gegebenen Flußgrades gebildet und verbessert werden[358].

---

356 Vgl. Bichler Kl. / Gerster W. / Reuter R. (1994), S.71
357 Vgl. Syska A. (1990), S. 85ff.
358 Vgl. Weber J. (1991), S. 224

(4)
Durchlaufzeitreduzierung	%
Durchlaufzeitveränderung zum Vorjahr	

(5)
Bestandswertreduzierung	%
Bestandswertveränderung zum Vorjahr	

Im Rahmen der Bestandsoptimierung bestätigt sich der Trend zu immer kleiner werdenden Losgrößen in der Beschaffungs- und Materialbereitstellungslogistik. Die produktionssynchrone Optimierung der Losgrößen in Abhängigkeit des Aufwands einer Bestellung beim Lieferanten oder einer Materialbereitstellung kann durch eine Prozeßkostenbetrachtung unterstützt werden[359].

(6)
Kosten einer Bestellung	DM
Kosten der Beschaffung / *Anzahl Bestellungen*	

(7)
Kosten einer Materialbereitstellung	DM
Kosten der Materialbereitstellung / *Anzahl Materialbereitstellungen*	

Außer der Personal- oder Kostenproduktivität kann in der Logistik die Flächenproduktivität Informationen über eine effiziente Nutzung der zur Verfügung stehenden Flächen geben. Neben dieser Kennzahl kann das Verhältnis zwischen reiner Fertigungs- und Lagerfläche weitere Anhaltspunkte liefern.

---

[359] Vgl. Horváth P. / Mayer R. (1990), S. 214ff.

(8) $$\text{Flächenproduktivität} = \frac{Wertschöpfung}{Anzahl\ Quadratmeter\ Gesamtfläche\ ohne\ Büros} \quad [DM/qm]$$

Ein wichtiger Indikator in bezug auf die Kunden- und Serviceorientierung, ist die Programmtreue. Sie gibt an, inwieweit das Programm der Feinplanung umgesetzt wird. Erfolgreiche Unternehmen halten die geplante Arbeitsreihenfolge besser ein. Dies unterstützt die Forderung nach geringeren Vorräten in der Fertigung und trägt ferner erheblich zur Fertigungsprozeßstabilität bei[360].

(9) $$\text{Programmtreue} = \frac{Anzahl\ termingerecht\ fertiggestellter\ Aufträge * 100}{Anzahl\ Aufträge} \quad [\%]$$

5.3 Kunden- und Serviceorientierung

Überdurchschnittlich erfolgreiche Unternehmen stellen die Service- und Kundenorientierung in den Vordergrund, um Wettbewerbsvorteile zu erzielen[361]. Die Service- und Kundenorientierung ist zum entscheidenden Erfolgsfaktor geworden, der die Zufriedenheit der Käufer und deren Bindung an das Unternehmen ausdrückt. Das Eingangsmuster stellt den zeitlichen und qualitativen Aspekt in den Mittelpunkt der Betrachtung. Zwei zentrale Kriterien der Kundenorientierung sind hierbei die Lieferzeit, welche die Dauer von der Auftragserfassung bis zur Auslieferung beim Kunden mißt, und die Einhaltung der Lieferzusagen in Form der Liefertreue.

---

[360] Vgl. Rommel G. / Brück F. / Diederichs R. et. al. (1993), S. 130ff.
[361] Vgl. Stalk G. / Evans Ph. / Shulman L.E. (1993), S. 64

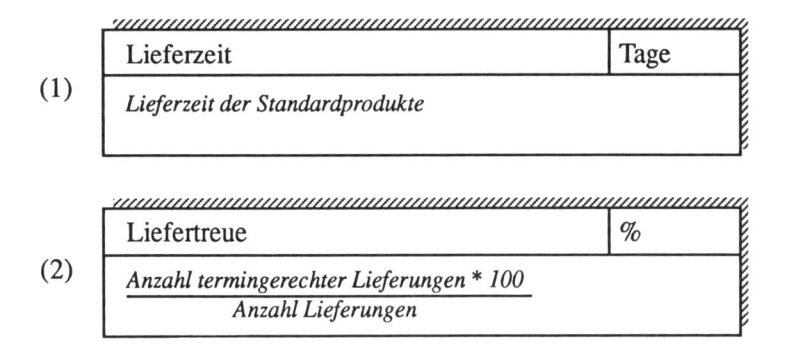

(1)
Lieferzeit	Tage
Lieferzeit der Standardprodukte	

(2)
Liefertreue	%
$\dfrac{\textit{Anzahl termingerechter Lieferungen} * 100}{\textit{Anzahl Lieferungen}}$	

Die Meßgrößen (1) und (2) sind zum einen absolut und zum anderen relativ im Vergleich mit Wettbewerbern zu verfolgen[362]. Die Lieferzeitreduzierungsrate kann als Anhaltspunkt für die Effektivität unternehmensinterner Verbesserungen in der Logistik verstanden werden.

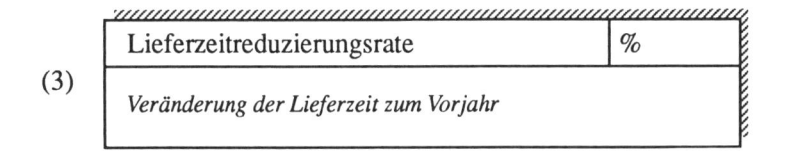

(3)
Lieferzeitreduzierungsrate	%
Veränderung der Lieferzeit zum Vorjahr	

Wird das Produkt ab Lager geliefert, nimmt die Lieferfähigkeit oder der Lieferbereitschaftsgrad, der angibt wieviele Kundenanforderungen sofort erfüllt werden konnten, eine bedeutende Stellung zur Beurteilung der Serviceleistung ein.

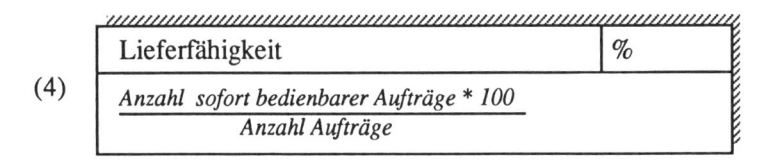

(4)
Lieferfähigkeit	%
$\dfrac{\textit{Anzahl sofort bedienbarer Aufträge} * 100}{\textit{Anzahl Aufträge}}$	

---

[362] Vgl. Abels H. / Anagnostou E. / Brockmann K.-H. (1994), S. 13

Mängel, die der Kunde unmittelbar feststellt, schlagen sich in den folgenden Qualitätskennzahlen der Lieferungen nieder[363]. Die Fehlleistungen verursachen einen finanziellen Zusatzaufwand für den Kunden und im Unternehmen.

(5)
Lieferqualität	%
$\dfrac{\textit{Anzahl fehlerfreier Lieferungen} * 100}{\textit{Anzahl Lieferungen}}$	

(6)
Nachlieferungsquote	%
$\dfrac{\textit{Anzahl unvollständiger Lieferungen} * 100}{\textit{Anzahl Lieferungen}}$	

(7)
Rücklieferungsquote	%
$\dfrac{\textit{Anzahl Rücklieferungen} * 100}{\textit{Anzahl Lieferungen}}$	

In bezug auf die Service- und Kundenorientierung nach dem Verkauf der Produkte gilt es, im After-Sales-Service die Fehlerabstellzeit für den Kunden zu minimieren[364].

(8)
Fehlerabstellzeit	Tage
Fehlerabstellzeit beim Kunden	

Die Merkmale zur Darstellung der Leistungsfähigkeit im Bereich der Service- und Kundenorientierung sind permanent zu beobachten und für Produktgruppen getrennt zu erheben. Für eine unternehmens-

---

[363] Vgl. Korduspleski R.E. / Rust R.T. / Zahorik A.J. (1994), S. 68
[364] Vgl. Minks W.A. (1990), S. 275ff.

spezifische Definition kundenrelevanter Kriterien, die kritischen Erfolgsfaktoren, sind Kundenbefragungen hilfreich.

5.4 Innovationsleistung

Als letztes Eingangsmuster sollen Merkmale definiert werden, welche die Innovationsleistung im Unternehmen ausdrücken. Ziel ist hierbei die schnellere und kostenoptimalere Produktentwicklung gegenüber dem Wettbewerber[365]. Darüber hinaus können durch vorausschauende Innovationen produktions-, logistik- oder recyclinggerechte Produkte entwickelt werden, wodurch die Komplexität und die Kosten der Ablauforganisation reduziert werden[366]. Die Effektivität der Innovationsleistung von Unternehmen können durch folgende vier Merkmale bewertet werden:

(1)
Entwicklungszeitreduzierung	%
Durchschnittliche Entwicklungszeitreduzierung zum Vorjahr	

(2)
Entwicklungskostenreduzierung	%
Entwicklungskostenreduzierung zum Vorjahr	

(3)
Variantenentwicklung	%
Variantenanzahlentwicklung zum Vorjahr	

---

365 Vgl. Rommel G. / Brück F. / Diederichs R. et. al. (1993), S. 75
366 Vgl. Eidenmüller B. (1991), S. 86

(4)	Artikelentwicklung	%
	Artikelanzahlentwicklung zum Vorjahr	

Als Zeitintervall wird grundsätzlich ein Jahr gewählt. Bei Produkten mit langen Entwicklungszeiten bietet es sich an, die Merkmale auch über mehrere Jahre hinweg gegenüberzustellen, da signifikante Wirkungen erst dann erkennbar werden. Ein wichtiges Kriterium für Störungen und Zusatzkosten in der Produktentwicklung und in der Produktion sind die Anzahl konstruktiver Änderungen[367]. Die Indikatoren (5) und (6) zeigen, inwieweit Änderungen nach der Markteinführung auftreten und zu Lasten der Produktion nachentwickelt werden und wie effizient jede Änderung gestaltet wird.

(5)	Änderungsanteil vor Markteinführung	%
	$\dfrac{\textit{Anzahl Änderungen vor Markteinführung} * 100}{\textit{Anzahl Änderungen während des gesamten Lebenszyklus}}$	

(6)	Kosten einer Änderung	DM
	Kosten einer Änderung nach Markteinführung	

Weiterführende Analysen sind darauf auszurichten, Änderungsursachen zu systematisieren und die nicht kundenspezifischen Störquellen zu beherrschen, indem präventive und optimierende Maßnahmen ergriffen werden[368]. Weitere Merkmale der Innovationsleistung können sich mit der Kapazitätsauslastung oder -bündelung in den Forschungs- und Entwicklungsbereichen und der Beherrschung relevanter Methoden und Prinzipien befassen.

---

[367] Vgl. Wildemann H. (1993c), S. 214ff.
[368] Vgl. Wildemann H. (1993c), S. 23

6 Leistungsindexsystem

Bei der wissensbasierten Diagnose von Industrieunternehmen werden aufgrund der spezifischen Eingangsprofile die Ausprägungen der im Indexsystem dargestellten Leistungsdimensionen ermittelt (vgl. Abbildung D-3). Das erste Ziel ist mit der Positionierung des zu attestierenden Untersuchungsbereichs in dem mehrdimensionalen Leistungsraum verbunden und den daraus ableitbaren Schlußfolgerungen über den Abstand zu einer Position der Vergangenheit oder zu einer weiteren branchinternen oder -übergreifenden Unternehmensposition. Zweitens dient das Leistungsindexsystem als Auswahlmuster zur Selektion von Unternehmen aus der vorhandenen Datenbasis. Dadurch wird es möglich, Eingangsmuster oder Einzelmerkmale des Wertschöpfungsprozesses bezüglich einer bestimmten oder mehrerer Leistungsdimensionen von erfolgreichen oder weniger erfolgreichen Unternehmen zu analysieren. Die Formulierung der Leistungsdimensionen für Industrieunternehmen kann im Rahmen eines Mustererkennungssystems unabhängig von den Leistungsebenen der Eingangsmuster vorgenommen werden.

In der Literatur existieren eine Vielzahl erfolgsfaktorenbasierter Ansätze mit verschiedenen Leistungsdimensionen und unterschiedlicher Kardinalität der Einzelkriterien[369]. Da die Auswahl der vier Leistungsdimensionen vor dem Hintergrund des Performance Measurement sinnvoll erscheint, sollen sie als Indikatoren im Leistungsindexsystem Berücksichtigung finden[370]. Darüber hinaus stellt die Mitarbeiterorientierung der Unternehmen eine weitere Leistungsebene dar[371]. Die Einbeziehung der Mitarbeiterorientierung resultiert aus der bedeutenden Stellung, die dem Humankapital heute

---

[369] Vgl. Buzzel R.D. / Gale B.T. (1989); Hoffmann F. (1986), S. 831ff.; Krüger W. (1989), S. ; Nagel K. (1989); Pümpin C. (1983); Rommel G. / Brück F. / Diederichs R. et. al. (1993) ; Voigt J.F. (1988); Weissman A. (1992); Wohlgemuth A.C. (1989); Eccles R.G. (1991)
[370] Vgl. Kaplan R.S. / Norton D.P. (1992), S. 38ff.
[371] Vgl. Wildemann H. (1993c), S. 140ff.; Reichwald R. (1992), S. 7

im Unternehmen zukommt. Das Leistungsindexsystem setzt sich demzufolge aus den fünf in der Abbildung D-3 dargestellten Leistungsdimensionen zusammen.

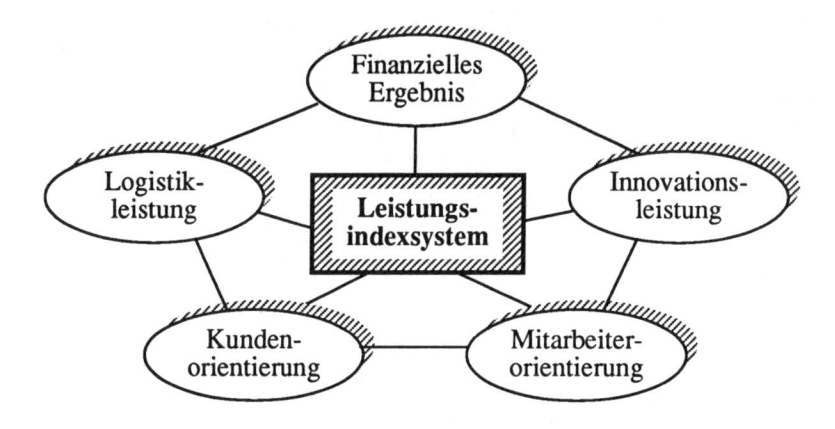

Abb. D-4: Dimensionen des Leistungsindexsystems

Die Verdichtung mehrerer Kennzahlen zu einen Index verfolgt das Ziel, Einzelinformationen zu bündeln[372]. Bei hierarchisch aufgebauten Rechensystemen erfolgt dies über Spitzenkennzahlen[373]. Falls keine direkten mathematisch beschreibbaren Abhängigkeiten vorliegen, gilt es, Merkmale zu identifizieren, zu gewichten und durch eine Funktion in einem Index zu komprimieren. Tamari versucht mittels einem Risiko-Index die Kreditwürdigkeit von Unternehmen zu prüfen, indem er sechs Merkmale gewichtet und addiert[374]. Lachnit umgeht die Gewichtung der Einzelmerkmale, indem er diese über den Vergleich zum Branchendurchschnitt in einen mehrstufigen Prozeß bewertet und errechnet[375]. Die aus der Komprimierung entstehenden Hauptprobleme sind die Auswahl der Kriterien, die Anzahl und der Bewertungsprozeß des Leistungsindex. Die Ansätze von Tamari und

---

[372] Vgl. Reichmann Th. (1993), S. 20
[373] Vgl. Staehle W.H. (1969), S. 69
[374] Vgl. Tamari M. (1966), S. 29ff.
[375] Vgl. Lachnit L. (1979), S. 306ff.

Lachnit wählen die Kriterien subjektiv aus. Aus diesem Grund steht jeder Leistungsindex innerhalb des Diagnosemodells immer im Kontext zu allen Eingangsmerkmalen. Er wird durch das Mustererkennungssystem ermittelt. Dadurch werden die Defizite der Merkmalsauswahl, wie die Zuordnung einer Leistungsebene des Eingangsmusters an den zugehörigen Index, und die der subjektiven Gewichtung ausgeschaltet, da der Klassifikator in Abhängigkeit aller Merkmale die Ermittlung vornimmt. Jeder Leistungsdimension wird ein Wert zwischen 0 und 100 zugeordnet. Eine sehr hohe Ausprägung entspricht einem extrem erfolgreichen, eine sehr niedrige einem extrem schlechten Unternehmen innerhalb der jeweiligen Leistungsebenen. Eine weitere Komprimierung zu einem Gesamtleistungsindex der fünf Dimensionen erfolgt nicht, da sowohl der Erkenntniszuwachs als auch der Aussagegehalt eher gering angesehen wird.

7 Reorganisationsschwerpunkte

Organisationen erreichen ebenso wie Produkte oder Dienstleistungen Leistungsgrenzen, die auch durch einen kapazitiven Mehraufwand nicht mehr steigerbar sind[376]. Zur Erhöhung der Leistungsfähigkeit sind deshalb Reorganisationen in der Aufbau- und Ablauforganisation notwendig. Die wichtigsten Ziele von Reorganisationen sind vorwiegend die Reduktion der Kosten, der Durchlaufzeiten und der Bestände, eine Erhöhung der Flexibilität, der Termintreue, der Produktivität sowie eine Verbesserung der Lieferbereitschaft[377]. Diese Ziele harmonieren mit einer erfolgreicheren Position im vorgestellten Leistungsindexsystem. Allgemein sind diese Zielsetzungen mit einer Verbesserung der Geschäftsprozesse des Unternehmens oder einer Optimierung des Ressourceneinsatzes verbunden. Dies führt zu einer Erhöhung der Wettbewerbsfähigkeit und einer effizienteren

---

[376] Vgl. Wildemann H. (1994b), S. 46
[377] Vgl. Wildemann H. (1994c), S. 216

Produktion mit Fokus auf die genannten Erfolgsfaktoren[378]. Im folgenden Kapitel sollen die Schwerpunktbereiche für Industrieunternehmen aufgezeigt werden, in denen Maßnahmen zur Steigerung der Leistungsfähigkeit umgesetzt werden können. Die Ergebnisse der Reorganisationsmaßnahmen wurden im Rahmen von Projekten und auf der Grundlage von Arbeitskreisen, die in Zusammenarbeit mit Prof. Dr. Horst Wildemann durchgeführt wurden, ermittelt. Eine exakte Abgrenzung der Reorganisationsschwerpunkte ist nicht immer möglich, da diese voneinander abhängig sind und in unterschiedlichster Kombination behandelt wurden. Den identifizierten Bereich gilt es, im Anschluß weiter einzugrenzen, um direkt umsetzbare Einzelmaßnahmen für die Leistungssteigerung zu erhalten. Die Eingrenzung könnte durch ein weiteres Mustererkennungssystem auf einem niedrigeren Abstraktionsniveau erfolgen. In dieser Ausarbeitung werden ausschließlich fakultative Maßnahmen für jeden Schwerpunktbereich genannt. Die Realisierung der Maßnahmen muß im Anschluß an die Identifikation in jedem Unternehmen geprüft werden. Im folgenden soll ein Katalog mit den Reorganisationsschwerpunkten der Beschaffung, Fertigung, Auftragsabwicklung der Kundenaufträge, Organisation, Qualitätssicherungssysteme, Informationssysteme und Produktgestaltung formuliert und mit umsetzbaren Maßnahmenfeldern hinterlegt werden[379].

7.1 Beschaffung

Aufgabe der Beschaffung ist es, die Bereitstellung von Roh-, Hilfs- und Betriebsstoffe sowie von fertigungsbezogenen Teilen für die Leistungserstellung sicherzustellen. Damit diese Aufgabe kostenoptimal realisiert werden kann, sind Einkaufs-, Bestell- und Warenversorgungsprozesse eng aufeinander abzustimmen. Die Beschaffungslogistik verfolgt die Zielsetzung, die Ware zum richtigen Zeitpunkt, in der

---

[378] Vgl. zur Umsetzung von Reorganisationen Wildemann H. (1992a), S. 211ff.
[379] Vgl. zur Abgrenzung einzelner Reorganisationen Kluge J. / Stein L. / Krubasik E. et. al. (1994), S. 177; Hadamitzky M.C. (1994), S. 135ff.; Rommel G. / Brück F. / Diederichs R. et. al. (1993), S. 9ff.

richtigen Menge, am richtigen Ort und im gewünschten Zustand für die Produktion zur Verfügung stehen[380]. Ist die Beschaffung als Reorganisationsschwerpunkt identifiziert worden, kann die Überprüfung der Inhalte in Abbildung D-5 bezüglich der Zusammenarbeit mit Lieferanten, der internen und externen Schnittstellen sowie der Abläufe zur Leistungsverbesserung der Beschaffung effizienzsteigernd sein.

Maßnahmenfelder
• Montage- und produktionssynchrone Bereitstellung
• Differenzierte Materialbereitstellung
• Bevorratungsebenen und Lagerstufen
• Transportsystematik und -frequenz
• Durchgängige Behältersysteme
• Planung, Bestellung und Disposition
• Lieferantenauswahl, Single- und Global-Sourcing
• Organisation
• Vertragsgestaltung
• Speditions- und Logistikkonzepte

Abb. D-5: Maßnahmenfelder der Beschaffung

Die Realisierung einer Just-in-Time-Beschaffung ist unmittelbar erfolgswirksam[381]. Die Materialbereitstellung erfolgt im Idealfall auf Abruf der Produktionseinheiten ohne Einlagerungen und

---

380 Vgl. Wildemann H. (1995e), S. 3
381 Vgl. Fischer Th.M. (1993), S. 103

Qualitätskontrollen. Für einen reibungslosen Ablauf müssen hohe Anforderungen an den Lieferanten, an den Bestellablauf und an die Beziehung zwischen Lieferant und Abnehmer gestellt werden[382]. Die Auswahl möglicher Lieferanten kann im Zusammenhang zum Produkt- und des Produktions-Know-hows vorgenommen werden. Bei der Formulierung der partnerschaftlichen Zusammenarbeit kann es sich dann um logistische, wertschöpfende oder auch um entwicklungstechnische Aktivitäten handeln. Ziel einer Reorganisation in der Beschaffung ist die Senkung von Beständen und Wiederbeschaffungszeiten, die Erhöhung der Flexibilität und Planungssicherheit sowie die Reduktion des Handlingsaufwands auf Seiten des Abnehmers und auch des Lieferanten durch eine ganzheitliche Optimierung aller zur Materialbereitstellung notwendiger Tätigkeiten[383].

7.2 Fertigung

Das Reorganisationsfeld Fertigung stellt einen zweiten Identifikationsschwerpunkt dar. Ziel der Fertigung ist die kosteneffiziente, termin- und qualitätsgerechte Erzeugung von Produkten. Um diese Aufgabe zu erfüllen, kann sich die Fertigung an verschiedenen Gestaltungsprinzipien ausrichten. Ein Organisationskonzept zur Strukturierung von Produktionsprozessen ist die Fertigungssegmentierung[384]. Fertigungssegmente sind produktorientierte Organisationseinheiten, die mehrere Stufen der logistischen Kette umfassen und indirekte Funktionen beinhalten[385]. Darüber hinaus verfolgen Fertigungssegmente eine spezifische Wettbewerbsstrategie und werden in der Regel als Cost- oder Profit-Center in Abhängigkeit der durchgängigen Produktverantwortung geführt. Das Konzept geht von der Annahme aus, daß kleine und unabhängige Produktionseinheiten effizienter arbeiten können als große Einheiten mit komplexen Strukturen. Wichtigstes Gestaltungsmerkmal ist die Flußorientierung entlang der

---

[382] Vgl. Wildemann H. (1994c), S. 156
[383] Vgl. Wildemann H. (1995e), S. 92
[384] Vgl. Wildemann H. (1994c), S. 21ff.
[385] Vgl. Lauermann A. (1994), S. 23

logistischen Kette durch eine horizontale und vertikale Entflechtung von Fertigungskapazitäten[386]. Dadurch wird es möglich, die Produktivitäts- und Kostenvorteile der Fließfertigung mit der Flexibilität der Werkstattfertigung zu verbinden. Die Fertigung wird bei technologischen und organisatorischen Optimierungen als ein Gesamtsystem verstanden[387].

Maßnahmenfelder
• Produktions- und logistikgerechtes Layout
• Differenzierte Materialbereitstellung
• Bevorratungsebenen und Lagerstufen
• Komplettbearbeitung
• Rüstzeitoptimierung
• Fertigungssteuerung
• Qualitätssicherungssysteme, Regelkreise
• Integration indirekter Funktionen
• Entkopplung von Mensch und Maschine
• Fertigungstiefe
• Automatisierung

Abb. D-6: Maßnahmenfelder der Fertigung

Die Einführung von Fertigungssegmenten erfolgt über die Definition des Kerngeschäfts und der Anreicherung mit indirekten Tätigkeiten wie der Planung, Steuerung, Qualitätssicherung und Instandhaltung.

---
[386] Vgl. Wildemann H. (1994b), S. 278
[387] Vgl. Reinhart G. (1994), S. 198

Falls bei der Identifikation der Fertigung als Reorganisationsschwerpunkt die Segmentierung schon realisiert wird, kann die Frage nach der Durchdringung und der Implementierung der in Abbildung D-6 genannten Maßnahmenfelder gestellt werden. Durch die angestrebte Flußorientierung werden Durchlaufzeit- und Bestandsreduzierungen erzielt[388]. Darüber hinaus lassen sich Qualitätsverbesserungen sowie eine Steigerung der Produktivität und der Flexibilität feststellen[389]. Die Segmentierung ist nicht nur auf die Produktion beschränkt. Sie findet ebenso Anwendung in indirekten und administrativen Bereichen, wo sich Planungs-, Logistik-, Auftragsabwicklungs- oder Einkaufssegmente definieren lassen, denen eine besondere Marktausrichtung inhärent ist[390]. Bei der Konzeption und Implementierung indirekter Segmente können die Gestaltungsansätze der Fertigungssegmentierung auf indirekte Geschäftsprozesse übertragen werden.

7.3 Produktionsplanung und -steuerung

Die Kundenauftragsabwicklung ist immer in direkter Abhängigkeit der Beschaffung, der Fertigung und der zu disponierenden Materialien zu sehen. Bei der Produktionssteuerung bieten sich unter anderem das KANBAN-Prinzip, die belastungsorientierte Auftragsfreigabe, das Fortschrittszahlenkonzept und das Material Requirement Planning System an[391]. In der Praxis wird im Kontext der Fertigungsstrukturen und Zielsetzung nicht nur ein einziges Steuerungssystem angewendet, sondern ein Methodenmix vorgenommen[392]. Die richtige Verteilung der Planungs- und Steuerungsmethoden gilt es festzulegen, wenn dieses Gebiet als Reorganisationsschwerpunkt identifiziert wurde.

---

[388] Vgl. Wildemann H. (1994c), S. 376
[389] Vgl. Wildemann H. (1994b), S. 282
[390] Vgl. Wildemann H. (1994b), S. 297
[391] Vgl. Glaser H. / Geiger W. / Rohde V. (1991)
[392] Vgl. Wildemann H. (1994c), S. 48

Maßnahmenfelder
• Durchdringung von KANBAN   • Methodenmix in der Steuerung   • Planungsmethoden, -instrumente, -zyklen   • Dispositionmethoden, -instrumente, -zyklen   • Losgrößenfestlegung, Standards   • Organisation, Leitstand

Abb. D-7: Maßnahmenfelder der Produktionsplanung und -steuerung

Desweiteren soll das KANBAN-Prinzip kurz dargestellt werden, da sich insbesondere dieses Konzept in der Praxis als eine sehr effiziente und flußorientierte Steuerungsmethode bewährt hat. Das Ziel von KANBAN liegt in der Hol-Pflicht der benötigten Teile durch die verbrauchende Stelle vom vorgelagerten Fertigungsbereich. Als Kommunikationsmittel zur Umsetzung des Holprinzips ist dabei der KANBAN in Form einer Karte, einer markierten Fläche oder eines Behälters. Durch die Implementierung selbststeuernder Regelkreise zwischen den einzelnen Dispositionsstufen findet eine Umwandlung vom Bring- oder Schiebe-Prinzip zum Hol- oder Zieh-Prinzip statt. In Abhängigkeit der Durchdringung dieses Steuerungsprinzips kann der Anstoß der Fertigung durch einen Kundenauftrag erfolgen und bei der Beschaffung enden[393]. Ziel der Produktionssteuerung und insbesondere des KANBAN-Prinzips ist eine flußoptimierte, transparente und dezentrale Produktionssteuerung mit minimalen Beständen und Durchlaufzeiten.

---

[393] Vgl. Wildemann H. (1994c), S. 56

7.4 Organisation

Herkömmliche Konzepte der Fließfertigung zerlegen im Sinne einer verrichtungsorientierten Arbeitsteilung die Produktionsaufgaben in unabhängige Einzelaktivitäten. Neuere Organisationsmodelle lösen demgegenüber starre Hierarchien ab, wobei die zielgerichtete Einbeziehung der Mitarbeiter in dezentrale Problemlösungsprozesse mit der Einführung dieser Organisationsformen angestrebt wird. Bei der Selektion dieses Reorganisationsfeldes dienen die in Abbildung D-8 dargestellten Maßnahmen zur Leistungssteigerung durch Organisationsveränderungen.

Maßnahmenfelder

- Veränderung der Abteilungsstruktur
- Hierarchieebenen und Leitungsspannen
- Dezentralisierung von Kompetenzen
- Job Rotation, Job Enlargement, Job Enrichment
- Mitarbeiterqualifikation
- Arbeitszeitmodelle
- Entlohnungskonzepte
- Autonome Gruppen, Gruppenarbeit
- Problemlösungsgruppen
- Vorschlagswesen
- Visualisierung

Abb. D-8: Maßnahmenfelder der Organisation

Das Konzept der Gruppenarbeit beinhaltet die Ausdehnung des Kompetenz- und Entscheidungsspielraums. Dies ist durch die Schaffung abgegrenzter Arbeitsbereiche, in denen zusammenhängende Aufgabenkomplexe vollständig abgearbeitet werden, zu erreichen[394]. Die durch indirekte Aktivitäten angereicherten Produktionsaufgaben werden von den Mitarbeitern selbst organisiert, ausgeführt und im Rahmen eines kontinuierlichen Verbesserungsprozesses verbessert. Die Koordination innerhalb der Gruppe erfolgt durch einen Gruppensprecher und auf der Basis von Zielvereinbarungen. Die Einführung dieser Arbeitsorganisationsform führt zu einer Verbesserung der Arbeitsbedingungen, was zu einer verstärkten Identifikation der Mitarbeiter mit ihren Tätigkeiten führen kann. Hiermit verbunden sind Produktivitätserhöhungen und Qualitätssteigerungen[395]. Selbstorganisierte Strukturmodelle können in Entwicklungs- und Konstruktionsbereichen analog eingeführt werden. Die Prinzipien des Simultaneous Engineering in Verbindung mit einer effizienten Teamorganisation ermöglichen auch in indirekten Bereichen wie der Auftragsabwicklung eine Leistungssteigerung[396].

7.5 Qualitätssicherung

Bei der Identifikation dieses Reorganisationsgebietes sind nicht nur die Kontrollmechanismen zur produktbedingten Qualitätssicherstellung relevant. Die Grundidee basiert auf dem Total Quality Management, welches auf ein neues Qualitätsverständnis in Richtung einer Bedingung oder Anforderung für die Erfüllung vielfältiger und mehrdimensionaler Kundenbedürfnisse abzielt[397]. Total Quality Management unterscheidet sich von herkömmlichen Qualitätssicherungssystemen durch die Einbeziehung aller betrieblichen Wertschöpfungsstufen und Prozesse sowie durch die Vermeidung von Mängeln schon in der

---

[394] Vgl. Wildemann H. (1993b), S. 141
[395] Vgl. Wildemann H. (1995b), S. 59ff.
[396] Vgl. Kargl H. (1984), S. 198ff.
[397] Vgl. Weber J. / Kummer S. (1994), S. 248

Entwicklungsphase[398]. Ein damit verbundenes, langfristig wirkendes Konzept erstreckt sich auf alle Produkte und sämtliche Unternehmensbereiche. Es soll von den Mitarbeitern getragen, gepflegt und kontinuierlich verbessert werden[399]. Zur erfolgreichen Anwendung wird darüber hinaus der Methodeneinsatz, insbesondere der FMEA und von QFD zur Problemerkennung und -lösung innerhalb des Wertschöpfungszyklus eines Produktes vorgeschlagen[400].

Maßnahmenfelder
• Prüfende Methoden und Instrumente, Kontrolle
• Präventiver Methodeneinsatz, Sicherung
• Qualitätsregelkreise
• Qualitätskosten- und Leistungsrechnung
• Qualitätsverständnis, Konzeption

Abb. D-9: Maßnahmenfelder der Qualitätssicherung

7.6 Informationssysteme

Die Anwendung der elektronischen Datenverarbeitung zur Optimierung betrieblicher Prozesse hängt sehr stark von organisatorischen Strukturen und deren Möglichkeit zur Nutzung der Systeme ab. Wird in der Produktion vom Einsatz der Datenverarbeitung gesprochen, wird dies mit dem Begriff des Computer Intergrated Manufacturing (CIM) verbunden. CIM umfaßt den integrierten EDV-Einsatz in allen mit der Produktion zusammenhängenden Bereichen wie die primär planenden und technischen Funktionen zur Produkterstellung sowie das

---

[398] Vgl. Fischer Th.M. (1993), S. 112
[399] Vgl. Oess A. (1991), S. 89
[400] Vgl. Stockinger K.-H. (1989), S. 158

informationstechnologische Zusammenwirken zwischen CAD, CAP, CAM, CAQ, PPS und BDE[401]. Mit dem Einsatz EDV-gestützter Komponenten ist die Flexibilisierung der Produktionsprozesse und eine stärkere Kundenorientierung durch die Bewältigung der gewachsenen Komplexität verbunden[402]. Die Durchdringung der Systeme kann innerhalb des Unternehmens durch die Schaffung einer einheitlichen Datenbasis sowie durch eine Integration und Diffusion von Funktionen verstärkt werden[403].

Maßnahmenfelder

- Computer, Hardwarekomponenten, Pheripheriegeräte
- Software, Betriebssysteme, Dienstleistungsprogramme
- Schnittstellen, Standards
- Netzwerke, Datenbanken
- Systemstruktur

Abb. D-10: Maßnahmenfelder innerhalb der Informationssysteme

Extern gilt es, Kunden und Lieferanten gleichermaßen in ein Netzwerk zu integrieren oder über EDIFACT der internen elektronischen Informationsverarbeitung zugänglich zu machen[404]. Darüber hinaus können Standardisierungen wie die Einführung einheitlicher Artikel- und Produktnummern oder ebenso Informationsprozeßoptimierungen Arbeitserleichterungen in bezug auf Aufwand und Komplexität

---

401 Vgl. Scheer A.-W. (1988b), S. 595
402 Vgl. zur Wirkungsanalyse von CIM Wildemann H. (1990a), S. 45ff.
403 Vgl. Wildemann H. (1990a), S. 146
404 Vgl. Szyperski N. / Klein St. (1993), S. 194; Picot A. / Neuburger R. (1991), S. 22ff.; Scheer A.-W. / Berkau K. / Kruse Chr. (1991), S. 30ff.

bringen[405]. Zur Leistungssteigerung ist zu prüfen, inwieweit die Komponenten der Informations- und Kommunikationstechnologie, wie Programme, Netzwerke oder verteilte Systeme, einen betriebswirtschaftlich wirksamen Beitrag liefern können[406].

7.7 Produktgestaltung

Der letzte Reorganisationsfeld umfaßt das Produkt einschließlich der Teile- und Baugruppengestaltung. Die in Abbildung D-11 dargestellten Maßnahmenfelder können entweder über die Umsetzung von Programmen zur Komplexitätsreduzierung oder im Rahmen einer Wertanalyse erfolgen.

Maßnahmenfelder
• Teile- und Artikelvielfalt
• Variantenstruktur
• Modulare Produkt- und Erzeugnisstruktur
• Stücklistenaufbau und -tiefe
• Baukastensystem
• Wertanalyse, Design to Cost
• Teilestandardisierung
• Recyclingfähigkeit

Abb. D-11: Maßnahmenfelder der Produktgestaltung

---

[405] Vgl. Davenport Th.H. (1993), S. 77ff.
[406] Vgl. Reichwald R. / Nippa A. (1988), S. 22

Zur Komplexitätstreduzierung sind die Variantenanzahl der Endprodukte und der benötigten Teile auf Notwendigkeit hin zu überprüfen. Darüber hinaus können Produktänderungen durch die Prävention und Selektion einen Beitrag zur Beherrschung oder Reduktion der Vielfalt beitragen[407]. Im Rahmen einer produktbezogenen Wertanalyse sind unter verschiedenen Blickrichtungen Funktionen, Material oder Verbindungstechniken in Frage zu stellen. Die Behandlung dieser Themenstellung muß im Anschluß an die Formulierung der eigenen produktorientierten Kernkompetenzen in Abhängigkeit der vorhandenen oder benötigten Fertigungstechnologien behandelt werden. Neben den genannten Verfahren kann der Einsatz von Methoden präventiv dazu beitragen, das Produktspektrum und das Produkt in der gesamten Prozeßkette vom Kunden über die Produktion bis hin zum Kunden logistisch besser zu beherrschen[408].

---

[407] Vgl. Wildemann H. (1994b), S. 292ff.; Eversheim W. / Schuh G. (1988), S. 45ff.
[408] Zu nennen sind hier die Methoden QFD, DFM, DFA, Gestaltungsrichtlinien oder Strukturanalysen vgl. Wildemann H. (1993c), S. 79ff.

E Prototyp zur Implementierung eines wissensbasierten Diagnosesystems

Für die Modellanalyse und empirische Absicherung des Unternehmensmodells ist es von Bedeutung, die vierte Phase der Informationssystementwicklung durchzuführen[409]. Die prototypische Implementierung dient dem Nachweis der Anwendbarkeit neuronaler Netze bei der Diagnose von Industrieunternehmen. In diesem Kapitel wird der strukturelle Aufbau und die Realisierung eines Prototyps beschrieben. Die Präsentation des Diagnosesystems erfolgt über die Beschreibung eines Datenbankdesigns und dessen Anforderungen an die Datenstruktur, der Darstellung der Charakteristika des neuronalen Netzes sowie benutzerrelevanter Funktionen für die Durchführung einer unternehmensspezifischen Diagnose. In Abbildung E-1 sind die wichtigsten Komponenten des wissensbasierten Informationssystems zusammengefaßt.

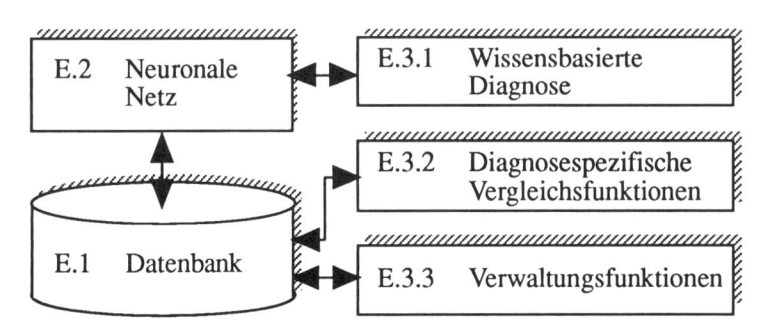

Abb. E-1: Komponenten des Diagnosesystems

Die Implementierung des Diagnosesystems erfolgt auf der Grundlage eines relationalen Standarddatenbanksystems in Verbindung mit einem Simulationsprogramm für künstliche neuronale Netze. Der Einsatz eines

---

[409] Vgl. Prozeß der Konzeption und Analyse von Modellen in Kapitel D.1

relationalen Datenbanksystems ergibt sich aus der Datenstruktur und der zu erwartenden Höhe der Transaktionsraten[410]. Der empirische Teil endet mit einem Fallbeispiel und der Diskussion von Erkenntnissen und Entwicklungsperspektiven des Prototyps.

1 Datenbankdesign

Für die Konzeption einer Datenbank können neben der Informationsbedarfsanalyse drei weitere Ebenen unterschieden werden[411]. Die erste Ebene ist die Entwicklung eines konzeptionellen Schemas. Diese ergibt sich aus dem Aufbau des Unternehmensdatenmodells in Kapitel D. Für die Implementierung ist es zweitens erforderlich, das logische Schema aus der Modellkonzeption unter Berücksichtigung der Besonderheiten des Datenbanksystems zu generieren. Abschließend ist die Entwicklung des internen Schemas, der physischen Datenstruktur, dessen Gerüst dem Datenbanksystem und dem Betriebssystem der benutzen EDV-technischen Plattform obliegt. Im folgenden sollen die Anforderungen an die Datenbankstruktur aufgezeigt werden[412]. Die Datenbank übernimmt die Aufgabe, Unternehmensbereiche verschiedener oder gleicher Unternehmen im Zeitverlauf zu speichern. Darüber hinaus werden branchen- oder klassenspezifische Forschungsergebnisse und Veröffentlichungen in die Datenbank eingegeben. Die Positionierung gegenüber den Studien dient in erster Linie dem Klassenvergleich einzelner Merkmale[413]. In der Abbildung E-2 ist das logische Schema

---

[410] Zum Aufbau relationaler Datenbanken vgl. Schwinn H. (1992)
[411] Vgl. Tschritzis D.C. / Klug A. (1978), S. 173ff.; Stickel E. (1991), S. 6; Schäfer G. (1986)
[412] Auf obligatorische Anforderungen von Datenbanksystemen soll an dieser Stelle nicht eingegangen werden vgl. zur Zuverlässigkeit von Softwaresystemen Broy M. (1991), S. 9ff.
[413] Studien und Berichte können mit Attributen näher charakterisiert werden.

der Datenstruktur in Anlehnung an die objektorientierte Konvention von Booch dargestellt[414]:

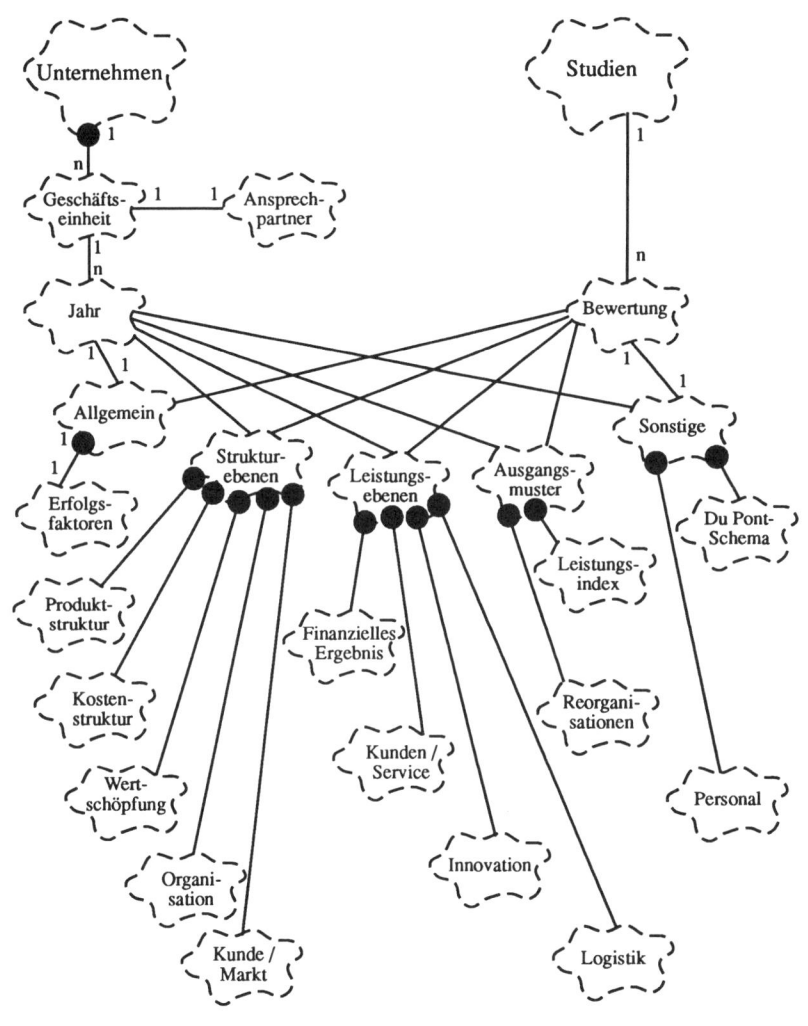

Abb. E-2: Datenstruktur des Prototyps

---

414 Obwohl die Repräsentationsart der objektorientierten Datenstrukturierung zuzuordnen ist, bietet sich diese Darstellungsart aufgrund der klaren und einfachen Form an vgl. Booch G. (1994)

Neben den aufgezeigten Objekten der Datenstruktur sind Felder für individuelle Bemerkungen und systembedingte Einstellungen in den Diagnosemethoden integriert. Wegen dem modularen Aufbau können in Ausbaustufen zusätzliche Merkmale aufgenommen werden (vgl. in Abbildung E-2: Personal und Du Pont Schema). Der realisierten Datenstruktur entsprechend kann jeder Geschäfts- oder Untersuchungsbereich mit 160 Einzelmerkmalen beschrieben werden.

2 Merkmale des neuronalen Netzes

Die Realisierung des wissensbasierten Diagnosesystems wird durch die Einbindung eines neuronalen Netzes vorgenommen. Das neuronale Netz verfolgt die Zielsetzung, Leistungsgrade der Unternehmen zu ermitteln und potentielle Reorganistionsfelder zu identifizieren. Anhand einer Lernstichprobe, die sich aus Studien, Forschungsprojekten und themenspezifischen Befragungen innerhalb von unterschiedlichen Arbeitskreisen zusammensetzt, wird der Klassifikator trainiert. Die Struktur des Netzes und die Unternehmensdaten repräsentieren die Wissensbasis des Diagnosesystems.

2.1 Struktur des implementierten neuronalen Netzes

Für die vorliegende Anwendung gilt es nicht, die Entwicklung, Eignung oder Diskussion verschiedener Netzmodelle oder deren Lernalgorithmen zu untersuchen oder miteinander zu vergleichen. Vielmehr sollen die primären Eigenschaften neuronaler Netze in Anspruch genommen werden. Da es sich bei der Problemstellung um eine komplexe Trennfunktion handelt, soll ein dreischichtiges Multi-Layer-Perceptron Verwendung finden. Die Netzstruktur besteht aus

- einer Eingangsschicht, die die normalisierten Eingangsdaten an das Netzmodell übergibt,

- zwei verdeckten Schichten und

- einer Ausgangsschicht, die das Klassifikationsergebnis der Leistungsgrade und der Erfolgswahrscheinlichkeiten selektierbarer Reorganisationsfelder darstellt.

Die Zahl der Eingangsknoten wird durch die Anzahl der Merkmale aus den Partialmodellen für die allgemeinen Unternehmensdaten, den Erfolgsfaktoren und durch die Struktur- und Leistungsmuster festgelegt. Die Anzahl der Ausgangselemente ist in zwei Segmente getrennt und entspricht der Summe aus der Anzahl möglicher Reorganisationsschwerpunkte und der Anzahl der zu messenden Leistungsebenen. Bei dem Netzwerk sind alle Knoten der aufeinander folgenden Schichten eines Segmentes miteinander vernetzt. Da das Netzwerk nicht zu viele Knoten beinhalten soll, wird die Anzahl für jede verborgene Schicht auf zehn Knoten je Segment beschränkt[415]. Die Strukur des dimensionierten Multi-Layer-Perceptrons geht aus Abbildung E-3 hervor. Die Pfeile zwischen den einzelnen Schichten oder Layern repräsentieren eine vollständige Verbindung zwischen diesen. Jeder Knoten ist mit allen Knoten der nachfolgenden Schicht verbunden. Durch die Wahl dieses Modells ergibt sich eine Gesamtanzahl der Netz-Verbindungen und der dadurch zu berechnenden Gewichte von 1960. Davon liegen 1640 Verbindungen in der ersten Schicht, 200 in der zweiten und 50 für die Leistungsdimensionen. Für die Reorganisationsfelder sind 70 Verbindungen vorgesehen. Alle Verbindungsgewichte müssen iterativ über ein Lernverfahren eingestellt werden. Als Lernverfahren kommt bei dem Netzmodell der Back-Propagation-Algorithmus zum Einsatz. Dieser transformiert den aktuellen Klassifikationsfehler mit jedem Lernmuster von der Ausgangsschicht zurück in die Eingangsschicht und optimiert dementsprechend Gewichte.

---

[415] Zur Vorgehensweise vgl. Steiner M. / Wittkemper H.-G. (1993), S. 460ff.

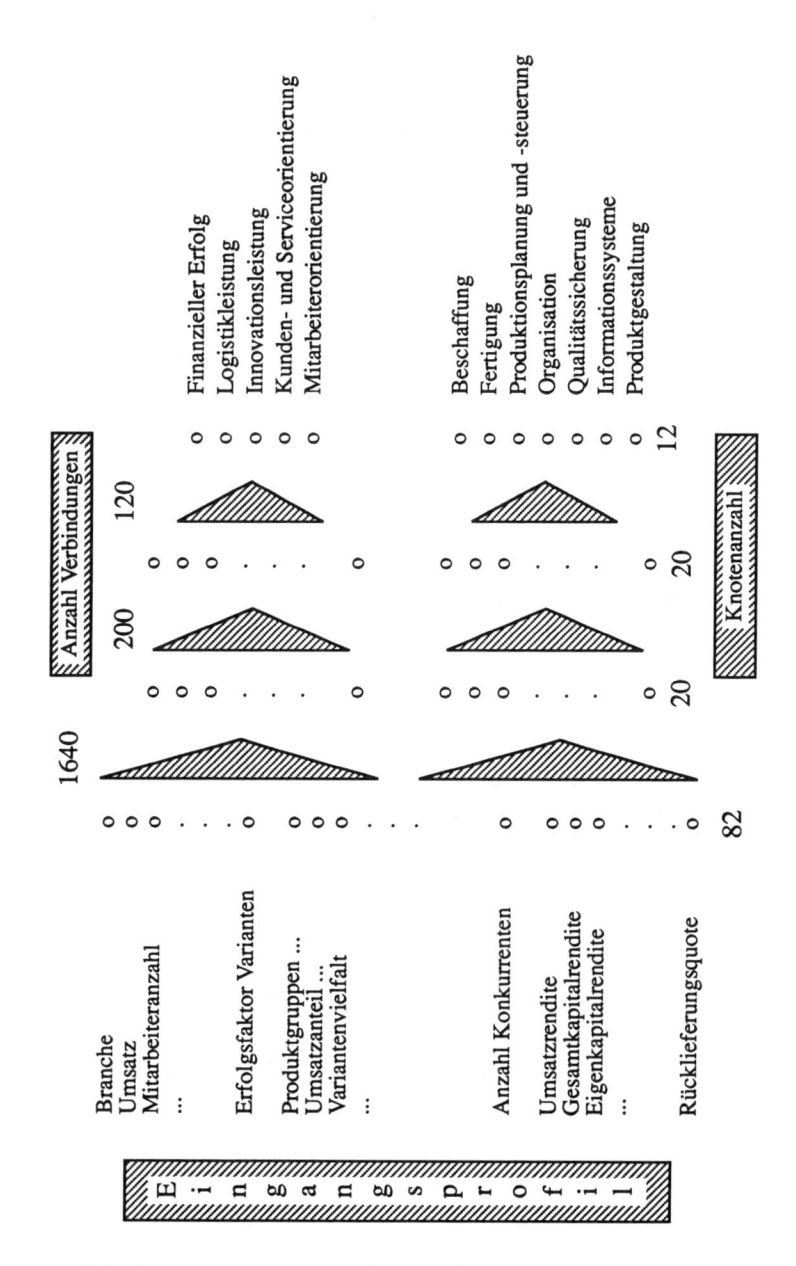

Abb. E-3: Struktur des realisierten Multi-Layer-Perceptrons

2.2 Rahmendaten der Wissensbasis

Bei der Aufgabenstellung eine Entscheidung über die Leistungsfähigkeit und die Auswahl geeigneter Reorganisationsschwerpunkte zu treffen, ergibt sich die Problematik, ein einzigartiges Unternehmensprofil zu erfassen und über identifizierte Gesetzmäßigkeiten das Ausgangsmuster zu ermitteln. Die Lernstichprobe soll hierfür die erforderlichen Gesetzmäßigkeiten liefern. Es ergeben sich mehrere Anforderungen an die Stichprobe:
Erstens muß eine genügend große Anzahl von Unternehmensbereichen zur Verfügung stehen, bei denen Informationen über die Ausgangssituation, Wissen über deren Leistungsfähigkeit sowie abgesicherte Ergebnisse über erfolgreich umgesetzte Reorganisationsfelder verfügbar sind. Weiterhin soll die Stichprobe repräsentativ für die zu lösenden Klassifikationsaufgaben sein. Dies unterstreicht insbesondere die Forderung nach einer Gleichverteilung der Leistungsgrade und der gewählten Reorganisationsbereiche innerhalb der Stichprobe. Die Güte des Klassifikators hängt von der Qualität der zur Verfügung stehenden empirischen Basis ab. Für das Training des neuronalen Netzes dienen die Ergebnisse von Forschungsprojekten und Studien des Lehrstuhls für Betriebswirtschaftslehre mit Schwerpunkt Logistik, Prof. Dr. Horst Wildemann, an der Technischen Universität München. Insgesamt konnten 55 Fallbeispiele für den Aufbau der Wissensbasis herangezogen werden[416]. Wichtige Kriterien für die Auswahl der Unternehmen waren der Untersuchungsbereich und das Vorhandensein einer ausreichend validen Datenmenge an der für den Aufbau der Wissensbasis notwendigen Merkmale. Für die Anwendung wurde ein separater Fragebogen aufgestellt, indem jedes Merkmale einzeln abgebildet und definiert wurde, um den Anforderungen an die Güte der Datenbasis gerecht zu werden. In den Abbildungen E-4a und E-4b sind die Untersuchungseinheiten der aktuellen Wissensbasis in Abhängigkeit von Branche, Umsatz oder Produktionswert sowie der Beschäftigtenanzahl charakterisiert.

---

[416] Zur Beschreibung der Stichprobe vgl. Kapitel D.3

Nr.	Branche	Umsatz (Mio.DM)	Mitarbeiter	Reorganisationsfelder
1	Kfz-Zulieferer (Kunststoff)	130	280	B - F - O
2	Optik (Keramik)	249	2137	B - PPS - Q
3	Maschinenbau (Heizung)	800	2000	B - Q - I - P
4	Kfz-Zulieferer (Metall)	132	393	PPS - Q - I
5	Maschinenbau	146	815	PPS - I
6	Optik (Brillen)	153	250	B - F
7	Maschinenbau	208	820	B - PPS
8	Maschinenbau (Haustechn.)	287	1410	B - F - PPS
9	Eelektronik (Unterhaltung)	695	1695	B - O - Q
10	Maschinenbau	100	290	F - PPS - P
11	Kfz-Zulieferer	414	1311	F - O - Q - I
12	Kfz-Zulieferer	159	1370	B - F - PPS - Q
13	Druckindustrie	100	400	PPS - Q
14	Druckindustrie	180	600	PPS - O
15	Maschinenbau	94	650	B - O - P
16	Elektronik (Medizin)	381	860	F - PPS - I
17	Elektronik (Steuerungen)	195	1400	B - F - P
18	Elektronik (Apparatebau)	35	158	B - F - PPS - Q
19	Kfz-Zulieferer	60	298	F - Q
20	Elektronik (Steuerungen)	19	89	B - PPS
21	Elektronik	200	1500	B - F - I
22	Kfz-Zulieferer (Kunststoff)	123	635	F - O - I
23	Kfz-Bau	689	1205	B - PPS
24	Möbelindustrie	96	312	B - F - PPS
25	Maschinenbau	246	550	B - I - P
26	Apparatebau	121	508	B - PPS
27	Elektronik (Kommunik.)	342	1140	F - PPS - I
28	Elektronik	501	1598	B - Q - I

Abb. E-4a: Charakterisierung der Wissensbasis

Nr.	Branche	Umsatz (Mio.DM)	Mitarbeiter	Reorganisationsfelder
29	Maschinenbau	204	805	F - PPS - I - P
30	Maschinenbau	112	487	F - P
31	Maschinenbau	350	1980	B - F - I
32	Elektronik	25	176	B - PPS - Q
33	Modeindustrie	418	2022	O - Q - I
34	Elektronik	540	4000	B - PPS - I - P
35	Elektronik	7	58	B - PPS - I
36	Pharmaindustrie	360	1000	B - F
37	Lebensmittel	102	289	B - F
38	Maschinenbau	50	202	B - F - O
39	Metallbau	47	148	PPS - I - P
40	Optik	100	691	B - F - PPS - Q
41	Elektronik	78	280	B - I - P
42	Kfz-Zulieferer	198	789	PPS - O - I
43	Kfz-Zulieferer	84	776	F - PPS - Q
44	Elektronik (Motoren)	32	165	B - F - PPS
45	Optik	337	1789	B - F - PPS - Q
46	Kfz-Bau	36	150	O
47	Kfz-Bau	1345	8200	PPS - Q - I
48	Kfz-Bau	40	108	B - F - PPS - O - P
49	Elektronik	78	500	B - PPS - Q
50	Kfz-Bau	390	896	F - O - I
51	Elektronik (Steuerung)	13	50	B - F - I - P
52	Optik	7	30	F - PPS - P
53	Kfz-Zulieferer	320	890	O - I
54	Maschinenbau	74	294	PPS - O - I - P
55	Elektronik (Medizin)	116	264	B - PPS

Abb. E-4b: Charakterisierung der Wissensbasis

Ferner sind die Reorganisationsfelder angeben, die in den Industrieunternehmen erfolgreich bearbeitet wurden[417]. Die Skala der Merkmale geht für jedes der beiden Ausgangsmuster von "Eins" bis "Sieben". Bei der Leistungsbeurteilung steht die "Eins" für "Absolut schlecht", eine "Vier" für "Mittel" und eine "Sieben" für "Hervorragend". Ein Reorganisationsbereich wurde dann als erfolgreich angenommen und mit einer "Sieben" bewertet, wenn das Leistungssteigerungspotential ausgeschöpft werden konnte. Falls das Reorganisationsfeld nicht selektiert oder die Ziele nicht erreicht wurden, steht dies für die "Eins". Es ergibt sich folgende Verteilung: Bei 2 % aller Unternehmen wurde nur ein einziges Reorganisationsfeld selektiert, bei 25 % zwei, bei 53 % drei und bei den restlichen mehr als drei Gestaltungsfelder. Die durchgeführten Reorganisationsfelder weisen die in Abbildung E-5 dargestellte Verteilung auf:

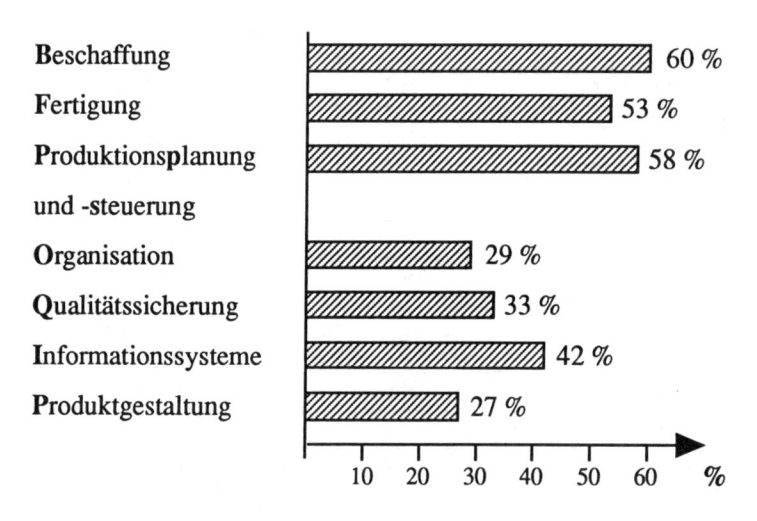

Reorganisationsfeld	Anteil
Beschaffung	60 %
Fertigung	53 %
Produktionsplanung und -steuerung	58 %
Organisation	29 %
Qualitätssicherung	33 %
Informationssysteme	42 %
Produktgestaltung	27 %

Abb. E-5: Verteilung der Reorganisationsfelder

Aufgrund der Anzahl an Fallstudien und der Ungleichverteilung zwischen den Reorganisationsfeldern ist die Leistungsfähigkeit des

---

[417] Die Reorganisationsfelder werden mit dem Anfangsbuchstaben abgekürzt

Mustererkennungssystems begrenzt. Für den Aufbau eines Prototyps und der empirische Fundierung wird die Stichprobe allerdings als erfolgsversprechend angenommen.

2.3 Eigenschaften der Simulationssoftware

Für die Implementierung des Multi-Layer-Perceptrons wird auf eine Simulationssoftware zurückgegriffen, mit der es möglich ist, auf seriellen Computern neuronale Netze zu generieren, zu trainieren und Muster zu klassifizieren. Das Softwarepaket stammt von der PDP Research Group vom Massachusetts Institute of Technology[418]. Das Paket ermöglicht die Simulation vieler bekannter neuronaler Netzmodelle von Assoziativspeichern über rückgekoppelte Netzsysteme bis hin zu beliebigen mehrschichtigen Neuronennetzen[419]. Das in dieser Ausarbeitung verwendete Modell mit drei Schichten und 134 Knoten ist ein speziell ausgewähltes Netz aus den möglichen Alternativen, die der Simulator zur Verfügung stellt. Zur Simulation des Multi-Layer-Perceptrons existiert innerhalb des Softwarepakets ein eigenes Programm. Dieses übernimmt die Aufgabe der Netzwerkverwaltung und die Steuerung der Lernvorgänge, wobei insbesondere die Initialisierung und Speicherung der Gewichte von zentraler Bedeutung ist. Darüber hinaus können netzwerkbestimmende Einzelparameter in Form variabler Offset-Größen für die Netzoptimierung verwendet werden, die ebenfalls durch den Lernalgorithmus eingestellt werden. Der Backpropagation-Lernalgorithmus kann erweitert werden, indem neben der einstellbaren Lernrate auch ein Momentenfaktor angegeben wird, der bei der Berechnung eines neuen Gewichts aus dem Klassifikationsfehler heraus auch die vorgenommene Einstellung dieses Gewichts durch den letzten Lernschritt berücksichtigt. Ziel ist hierbei ein schnelleres Lernen durch die Verhinderung oszillierender Gewichtsänderungen sicherzustellen. Für die Berechnung der Gewichte werden vier verschiedene Lernstrategien angeboten. Unterschieden werden das muster- oder

---

[418] Vgl. McClelland J.L. / Rumelhart D. (1988)
[419] Die wichtigsten Netzmodelle wurden in Kapitel C.4.2 dargestellt

blockweise und das sequentielle oder zufallsgesteuerte Lernen. Das Einstellen der Netzwerkgewichte erfolgt über iterativ ablaufende Trainingsläufe. Unter einem Trainingslauf wird das einmalige Anbieten aller Muster einer Lernstichprobe verstanden. Beim musterweisen Lernen werden nach jedem Anlegen eines Musters des gesamten Trainingslaufes die einfache Musterfehlerquadratsumme gebildet und daraus die Gewichtseinstellungen im Netzwerk berechnet und eingestellt. Das blockweise Lernen berechnet die Gewichte erst nachdem alle Muster eines Laufes angeboten wurden. Es kommt die Musterfehlerquadratsumme zur Anwendung. Das sequentielle Lernverfahren bietet dem Netzwerk die Muster in einer definierten Reihenfolge an, während dies beim zufallsgesteuerten nicht der Fall ist. Für die Beurteilung der Güte des Netzmodells stellt die Simulationssoftware zwei Fehlermaße zur Verfügung, die einfache Musterfehlerquadratsumme und die totale Musterfehlerquadratsumme. Die einfache Musterfehlerquadratsumme ist die über alle Ausgangsknoten aufsummierte quadratische Abweichung zwischen dem aktuellen Ergebnis und dem Sollresultat der Lernstichprobe beim Anbieten eines einzelnen Musters. Die totale Musterfehlerquadratsumme errechnet sich hingegen aus der Addition aller einfachen Musterfehlerquadratsummen je Muster bei einer gegebenen Netzwerkeinstellung. Ziel ist die konsequente Minimierung beider Fehlermaße.

2.4 Realisierung des Klassifikators

Inhalt dieses Abschnitts ist die Realisierung des Klassifikationssystems vor dem Hintergrund der erforderlichen Phasen eines Mustererkennungssystems. Mit der Wahl des strukturellen Aufbaus des Multi-Layer-Perceptrons und der Auswertung der Datenbasis wurde die erste Phase abgeschlossen. Die nächsten Phasen sind gemäß des Klassifikationssystems die Vorverarbeitung, die Merkmalsextraktion und die Durchführung der Lernphase des neuronalen Netzes[420]. Die

---

[420] Vgl. Prozeß der Klassifikation in Abbildung C.2

Vorverarbeitung transformiert die auf der Basis von Studien oder Befragungen erhobenen Merkmale von Industrieunternehmen in für das neuronale Netz geeignete Eingangsgrößen. Die Eingangsmerkmale wurden bereits in Kapitel D dargestellt. Es ist nun die Frage zu beantworten, wie die Daten mit unterschiedlicher Meßskala auf einheitliche Größen abgebildet werden können. Diese Forderung resultiert aus der Herstellung der Vergleichbarkeit durch die Gleichgewichtung der Eingangsdaten. Das neuronale Netz verarbeitet ausschließlich Eingangsgrößen im Intervall von 0.0 bis 1.0, wodurch eine Abbildungsvorschrift für jedes Merkmal in diesen Raum definiert werden muß. Die Transformationsfunktion in den Wertebereich des Netzes ist vor dem Hintergrund der spezifischen Eigenschaften der Merkmale zu treffen. Mögliche Transformationsfunktionen sind die lineare, die nicht lineare und die Treppenfunktion. Bei der linearen Übertragung wird die Ausprägung eines Merkmals x mit ihrem maximalen Wert x_{max} und ihrem minimalen Wert x_{min} innerhalb der Wissensbasis durch folgende Formel auf den Zielbereich abgebildet:

$$x^{NN} = \frac{x - x_{min}}{(x_{max} - x_{min})} \qquad F.\text{-}12$$

Beim Einsatz des Klassifikators ist darauf zu achten, daß auch neuere Merkmalsausprägungen im Wertebereich bleiben. Ansonsten müssen die Werte x^{NN} aller Unternehmen in der Wissensbasis anhand veränderter Extremwerte ermittelt werden. Die lineare Normierungsvorschrift wurde bis auf wenige Ausnahmen auf alle kontinuierlichen Merkmale angewendet. Qualitative oder abstrakte Merkmale stellen ein anders gelagertes Problem dar, da sie für die Verarbeitung des neuronalen Netzes in ein numerisches Zahlengerüst umgewandelt werden müssen. In der vorliegenden Ausarbeitung wurde jedes Merkmal in so viele Intervalle zwischen 0.0 und 1.0 aufgeteilt, wie es unterschiedliche Ausprägungen gab. Die Zuordnung einer bestimmten Ausprägung an ein Intervall erfolgt ohne Präferenzen, weil diese keinen Einfluß auf das Klassifikationsergebnis haben, da das Netz diese Faktoren gemäß ihrer Bedeutung selbst gewichtet. Diese Vorgehensweise wurde etwa bei der Branchenbeschreibung, der Art des Auftragseingangs sowie der Problematik von Auftragsänderungen angewendet. Desweiteren besteht die Möglichkeit, Merkmale über Treppenfunktionen diskret zu gestalten. Allerdings ist zum einen die Verarbeitung kontinuierlicher Größen ohne Mehraufwand möglich und zum anderen bleibt die Aussagekraft vollständig erhalten. Aus diesen Gründen wurde die Treppenfunktion bei der Realisierung des Klassifikators nicht angewendet. Im Idealfall liegen in einer Stichprobe alle Merkmalsausprägungen vor. Da dies bei der vorhandenen Wissensbasis nicht der Fall ist, sind die nicht erhobenen Merkmale ebenfalls mit einem Wert zu belegen. Dadurch entsteht das Problem, daß durch eine falsche Wahlbelegung das Klassifikationsergebnis beeinträchtigt werden kann. Für die Wahl bieten sich zwei Strategien an. Entweder können die fehlenden Merkmale den Mittelwert 0.5 des zulässigen Intervalls oder den normierten Mittelwert der Basis erhalten. Da beide Verfahren von Mittelwerten ausgehen, dürfte das Ergebnis nur geringfügig beeinflußt werden. In der vorliegenden Ausarbeitung wurde stets der Mittelwert der gesamten normierten Stichprobe zugewiesen. Die Phase der Merkmalsextraktion wird durch die identische Abbildung vorgenommen. Das bedeutet, daß keine Reduzierung der Eingangsdatenmenge erfolgte, welches sich in der handhabbaren Dimensionalität der Merkmale begründet. Ferner kann auf Korrelationsanalysen verzichtet werden, wobei es generell fraglich ist, ob bei einer dynamischen Betrachtung ermittelte Interdependenzen über die Zeit erhalten bleiben. Die Klassifikation wird deswegen mit den vorverarbeiteten und normierten Mustern direkt durchgeführt. Die Generierung der Wissensbasis erfolgt durch das Lernen im neuronalen Netz. Hierzu müssen alle Verbindungsgewichte des Multi-Layer-Perceptrons aus der Stichprobe so berechnet werden, daß die Abweichungen zwischen dem aktuellen Netzwerkergebnis und dem Sollresultat für alle Profile der Stichprobe so gering wie möglich werden. Somit werden die von der Simulationssoftware zur Verfügung gestellten Fehlermaße minimiert. Die Anzahl der Trainingsläufe hängt von der individuellen Anwendung und der Einstellung der Lernparameter, wie den Lern- oder Momentenfaktor sowie von dem Startpunkt der Iteration ab. Die Anfangsinitialisierung der Gewichtsmatrix ist der Beginn der Iteration und bestimmt den Optimierungsweg und die Lage des Optimums im Gradientenverfahren. Aus diesem Grund sollte das Training mit verschiedenen Ausgangsinitialisierungen vorgenommen werden, um die Optimierung in Richtung lokaler Optima zu vermeiden. Wird ein Netzwerk zu oft mit denselben Mustern geschult, wird das Fehlermaß zwar immer geringer. Darunter leidet jedoch die Klassifikationsleistung aufgrund mangelnder Fähigkeit der Generalisierung. Da keine allgemeingültigen Aussagen über die notwendige Menge an Trainingsläufen bekannt ist, muß hier experimentell vorgegangen werden. Bei der Behandlung der vorliegenden Problemstellung kommen mehrere Lernstrategien und Lernverfahren zum Einsatz. Der Momentenfaktor wird stets auf Null gesetzt, da das System nicht zur Oszillation neigt. Die Anzahl der Trainingsläufe und der Initialisierung hängt insbesondere von den verwendeten Teststrategien ab, auf die im nächsten Unterkapitel näher eingangen wird.

2.5 Validität und Leistungspotential

Für die empirische Fundierung und der Generierung von Aussagen über die Verwendbarkeit des realisierten Klassifikators im Rahmen der Unternehmensanalyse bietet die Software zwei Testverfahren an. Differenziert wird die Reklassifikationsleistung und die Prognoseleistung. Für die Korrektheits- und Leistungsprüfung werden beide Testverfahren auf die Selektion von Verbesserungsmaßnahmen angewendet. Bei der Teststrategie gemäß der Reklassifikationsleistung ist die Frage nach der Lernfähigkeit des Netzwerkes zu beantworten. Es soll geprüft werden, ob das Multi-Layer-Perceptron in der Lage ist, aus der Wissensbasis die Trennfunktionen richtig zu berechnen, so daß eine fehlerfreie Reklassifikation möglich wird. Für die Messung der Reklassifikationsleistung werden dem neuronalen Netz die Muster so oft angeboten bis das Fehlermaß das absolute Minimum erreicht. Da es lokale Minima geben kann, muß in mehrmaligen Fehlerläufen mit unterschiedlichen Initialisierungen der Gewichtsmatrix versucht werden, experimentell das absolute Minimum auszumachen. Bei der Durchführung der Teststrategie wird das Netzwerk für 100 unterschiedliche Anfangsinitialisierungen mit allen Mustern der Wissensbasis solange geschult bis sich die Einstellungen der Gewichte nur noch marginal verändern. Damit wird der Trainingszustand erreicht, bei dem das Klassifikationssystem gegen ein bestimmtes Fehlerminimum konvergiert ist. Das Minimum kann auch durch zusätzliche Iterationen nicht mehr verringert werden. Der Klassifikator ist demnach nicht weiter zu verbessern. Dieser Zustand kann nach 1500maligen Anbieten der Lernstichprobe erreicht werden. Die erzielte Musterfehlerquadratsumme liegt bei diesen Versuchen im Bereich von 12.03 bis 1.01. Dies entspricht einer Reklassifikationsquote von 96 % bis 99,8 %. Der beste Trainingszustand kann also mit dem kleinsten Fehler von 1.01 erzielt werden. Das bedeutet, daß der realisierte Klassifikator von 55 Mustern 54 vollständig zuordnen kann und daß nur bei einem Muster ein einziges Ausgangsmerkmal falsch entschieden worden ist. Nach Abschluß der Messung der Reklassifikationsleistung mit dem Ergebnis von 99 % kann die Korrektheit des Netzmodells als bestätigt angesehen werden. Die nächste Teststrategie soll die Qualität der Prognoseergebnisse berechnen.

Für die Beurteilung des Multi-Layer-Perceptron wird eine im Training nicht verwendete Stichprobe im Anschluß an die Schulung des künstlichen neuronalen Netzes angeboten und die Ergebnisse der Klassifikation mit der realen verglichen. Da keine weitere Wissensbasis zur Verfügung steht, werden aus der vorhandenen Stichprobe zufällig ausgewählte 10 % der Muster zum Training nicht zugelassen. Die Schulung des Klassifikators erfolgt somit durch 49 Muster. Damit die Messung der Prognoseleistung mehr Objektivität gewinnt, wird der Versuch dreimal mit je sechs zufällig und unabhängig ausgewählten Testmustern durchgeführt. Die Lernparameter entsprechen der Reklassifikationsleistung des ersten Tests.

Die Frage nach dem dafür geeigneten Trainingszustand des Netzwerks ist in Abhängigkeit der Dauer und unter der Prämisse der Vermeidung von übertrainierten Netzen zu beantworten. In der Lernphase erreicht das Netz schnell einen stabilen Zustand und verändert anschließend die Gewichtsmatrix nur noch gering. Danach werden dem Netz die jeweils vorenthaltenen sechs Muster angeboten, um die Prognoseleistung zu ermitteln. Es ergaben sich die totalen Musterfehlerquadratsummen von 6.3, 14.4 und 10.8. Dies entspricht den Klassifikationsquoten von 79 %, 54 % und 67 %. Hieraus ergibt sich ein durchschnittlichen Fehler von 10.5 Fehlentscheidungen des neuronalen Netzes oder einer Fehlklassifikationsrate von 30 %. Der Fehler des Systems erscheint auf den ersten Blick als relativ hoch. Wird das Ergebnis mit anderen empirischen Untersuchungen verglichen, liegt das Resultat durchaus im akzeptablen Bereich. Die genannten Tests der Reklassifikations- und Prognoseleistung liefern jeweils einen Qualitätsparameter des realisierten neuronalen Netzes, der über die Korrektheit urteilt[421]. Eine Möglichkeit, um Aussagen über die Eingangsituationen bestimmter Klassifikationsergebnisse zu erhalten, ist die Verbindungsgewichte genauer zu betrachten, um Beziehungszusammenhänge zwischen den Knoten herauszuarbeiten und über die Analyse der Gewichte die Signifikanz der Eingangsknoten im Verhältnis zu bestimmten Ausgangsmerkmalen zu ermitteln. Da es sich bei diesem Diagnosesystem um ein dreischichtiges nichtlineares Netzwerk handelt, sind die Ausprägungen der einzelnen Gewichte zwischen den Schichten nicht mehr eindeutig auf ihre Relevanz hin zu den einzelnen Ausgangsmerkmalen zu erkennen. Daher verspricht die Untersuchung der Verbindungsgewichte in diesem Fall keine sinnvollen Ergebnisbeiträge.

Zusammenfassend ist die Modellierung und deren Ergebnisse als erfolgreich anzusehen. Obwohl die Güte der Stichprobe, die für die Wissensbasis zur Verfügung steht, als relativ gering einzuschätzen ist, kommt zum Ausdruck, daß sich das Diagnoseverfahren zur Selektion von Reorganisationsfeldern eignet. Die Reklassifikationsquote und die

---

[421] Zur Korrektheit von Softwaresystemen vgl. Broy M. / Wirsing M. (1993)

Prognosequalität zeigt, daß der Klassifikator aussagefähige Ergebnisse ermöglicht. Für die praxisnahe Anwendung des Klassifikators ist dieser in ein Datenbanksystem zu integrieren. Die Funktionalität des Diagnoseinstruments ist benutzerfreundlich und komfortabel zu gestalten.

3 Benutzerschnittstelle

WIDIS steht für Wissensbasiertes Diagnose-System von Industrieunternehmen[422]. Es ist modular aufgebaut.

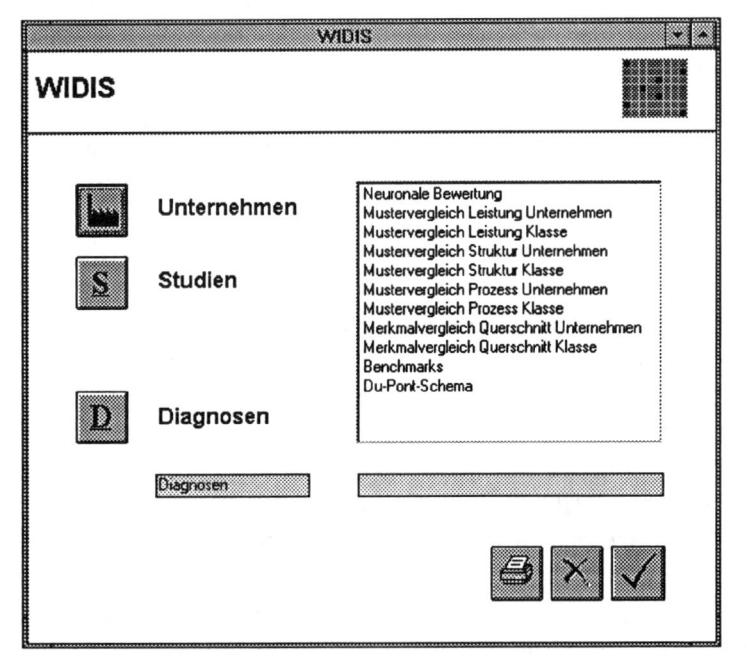

Abb. E-6: Aufbau des Diagnosesystems

---

[422] Das System läuft auf einem IBM-kompatiblen Computer unter MicroSoft Access 2.0 mit MicroSoft Windows 3.1. Access ist ein relationales Standard-Datenbanksystem

Durch die Trennung der Eingabe- und Verwaltungsfunktionen von den Diagnosen wird die angestrebte Erweiterbarkeit des Programms gewährleistet. Insbesondere die Einbindung weiterer Diagnosemethoden wie Share-Holder-Value-Analysen oder Erfolgsmessungen auf der Basis von Cash-Flow-Renditen ist sichergestellt. Nach dem Programmstart erscheint die in Abbildung E-6 dargestellte Maske. Der Benutzer kann zwischen den Verwaltungsfunktionen für Unternehmen oder Studien und dem Durchführen von Diagnosen wählen. Implementiert sind bisher folgende Einzeldiagnosen[423]:

- Mustererkennung mit einem neuronalen Netz
- Vergleich von Leistungsmustern
- Vergleich von Leistungsmustern innerhalb von Unternehmensklassen
- Vergleich von Strukturmustern
- Vergleich von Strukturmustern innerhalb von Unternehmensklassen
- Merkmalsvergleiche
- Merkmalsvergleich innerhalb von Unternehmensklassen
- Analyse im DuPont System of Financial Control

Die Diagnosen greifen auf die zur Durchführung relevanten Daten zu. Somit können in späteren Ausbaustufen beliebig viele Methoden integriert werden. Beim Aufbau des Informationssystems wurde der Dialog durch definierte Konventionen oder Formalismen benutzerfreundlich gestaltet. Symbole und die Benutzeroberfläche sollen dem Anwender den Einstieg erleichtern und die Effizienz des Systems sicherstellen.

---

[423] Die implementierten Diagnosen werden in den Kapiteln E.3.1, E.3.2 und E.3.4 dargestellt

3.1 Wissensbasierte Diagnose

Das dimensionierte neuronale Netz kann als Black Box verstanden werden, bei dem Eingangsdaten gemäß einer Abbildungsvorschrift oder Funktion in Ausgangswerte transformiert werden. Das trainierte neuronale Netz wird in WIDIS über eine Schnittstelle aus eingebunden (Abbildung E-7). Das Training und die Einstellungen für das Netz werden in dieser Implementierungsstufe weiterhin direkt mit der Simulationssoftware wahrgenommen. In weiteren Ausbaustufen sollen auch diese Funktionen mit in das Diagnosesystem eingebunden werden.

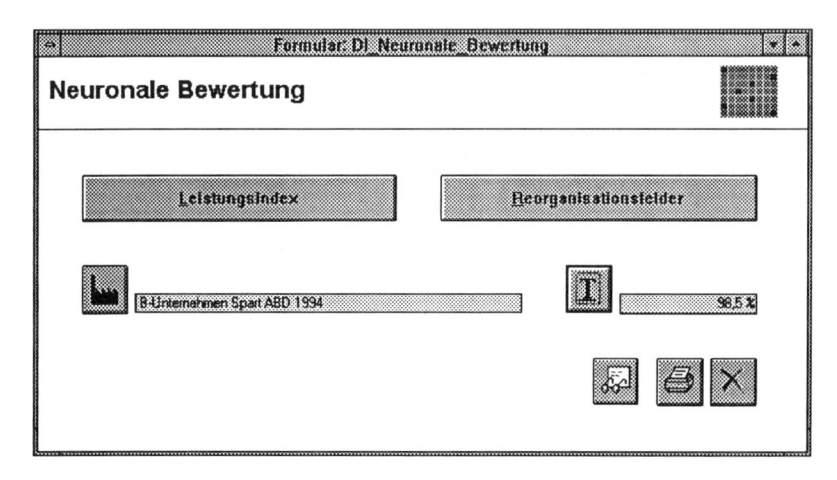

Abb. E-7: Wissensbasierte Diagnosen

Wird die Maske (Abbildung E-7) selektiert, startet ein Algorithmus, der überprüft, ob das Unternehmen schon mit dem aktuellen Netz klassifiziert wurde. Ist dies der Fall, werden die Ausprägungen direkt in das jeweilige Bewertungsfenster eingetragen. Handelt es sich um eine Erstdiagnose, wird die Windowsoberfläche verlassen und das neuronale Netz über einen Batch-Job aufgerufen. Abbildung E-8 zeigt die Reorganisationsfelder und die zugehörigen Erfolgswahrscheinlichkeiten, die mit dem neuronalen Netz ermittelt werden können:

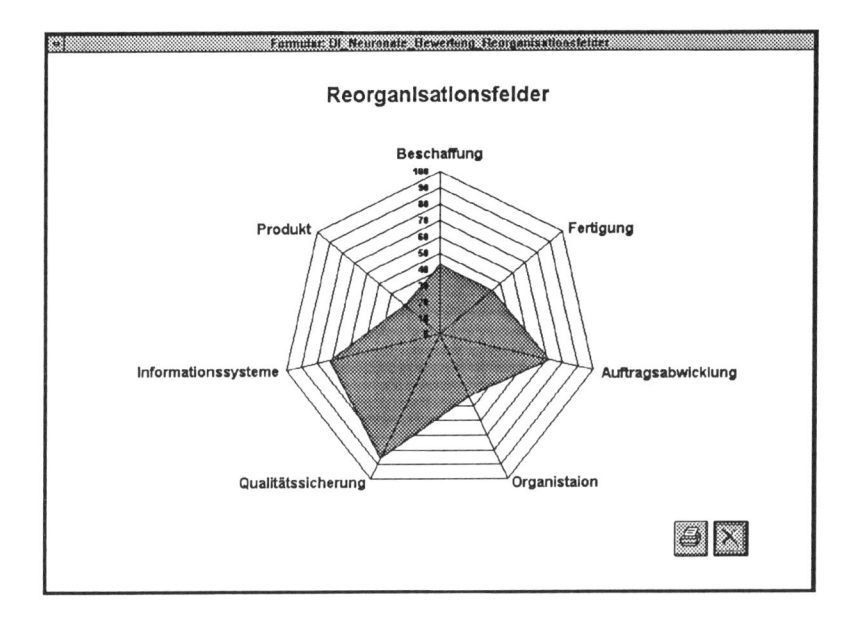

Abb. E-8: Reorganisationsfelder

Analog zu den Reorganisationsfelder existiert eine Maske für die genannten Leistungsebenen.

3.2 Diagnosespezifische Vergleiche

Neben der wissensbasierten Diagnose sollen unterschiedlich strukturierte Vergleiche Zielmuster für die genannten Leistungs- und Strukturebenen sowie für einzelne Merkmale liefern. Im Gegensatz zur direkten Gegenüberstellung zwischen zwei Unternehmen kann der Benutzer eigene Unternehmensklassen, die mit den allgemeinen Unternehmenscharakteristika, der Gewichtung von Erfolgsfaktoren oder über die Leistungsfähigkeit der Leistungsdimensionen definieren (vgl. Abbildung E-9). Die Voreinstellung der Unternehmensklasse entspricht dem zu diagnostizierenden Unternehmen. Durch die Erweiterung der Intervalle kann auf eine systematische Weise der Suchraum vergleichbarer Unternehmen vergrößert werden.

Klassenbestimmung							
Vergleichsklassendefinition Mustervergleich Struktur Klasse							
Umsatz	<50	50-100	100-300	300-500	500-800	800-1000	>1000
Mitarbeiterzahl	<50	50-100	100-300	300-500	500-1000	1000-5000	>5000
Auftragseingang	1	2	3	4	5	6	7
Branche	Maschinenbau	Elektronik, Elektrotechnik	KFZ-Zulieferindustrie	Fahrzeugbau	Feinmechanik, Optik	Bauwesen, Holz	Sonstige
Auftragsänder.	1	2	3	4	5	6	7
Qualität/Umwelt	1	2	3	4	5	6	7
Liefertreue	1	2	3	4	5	6	7
Preis	1	2	3	4	5	6	7
Funktionalität	1	2	3	4	5	6	7
Varianten	1	2	3	4	5	6	7
Finanzen	1	2	3	4	5	6	7
Logistik	1	2	3	4	5	6	7
Innovation	1	2	3	4	5	6	7
Service/Kunden	1	2	3	4	5	6	7
Mitarbeiter	1	2	3	4	5	6	7

Abb. E-9: Unternehmensklassenbildung[424]

Im Anschluß an die Bestimmung der Unternehmensklasse berechnet das System den minimalen, den maximalen und den Durchschnittswert für alle Muster und Merkmale, die sich in dieser Klasse befinden und für den Unternehmensvergleich zugelassen sind. Mit dieser Funktion ist die Diagnose über den direkten Vergleich zu einem speziellen Unternehmen oder zu einer vom Anwender selbst definierten Klasse möglich. Die Klassendefinition kann von allen Diagnosemethoden aufgerufen werden. Abbildung E-10 zeigt die Auswahlmaske für die Gegenüberstellung von Leistungsmustern.

---

[424] Die Werte "1" bis "7" entsprechen bei den Erfolgsfaktoren der Wichtigkeit, bei den Leistungsebenen der Leistung, beim Auftragseingang und bei der Auftragsänderung den Ausprägungen in Kapitel D.3, S. 100

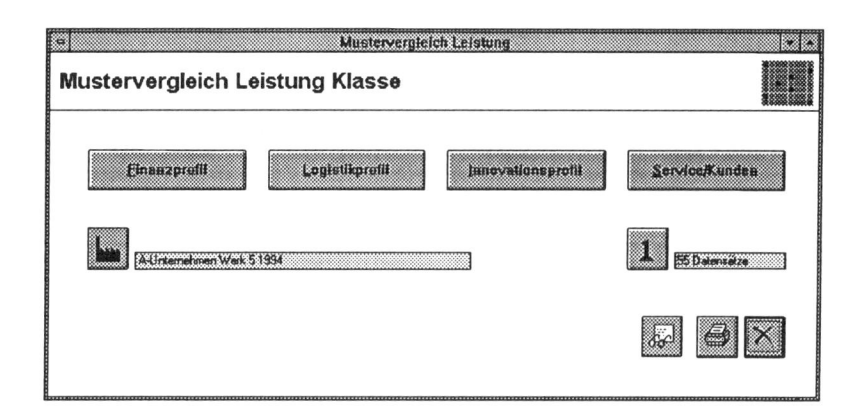

Abb: E-10: Eingangsmaske zum Leistungsmustervergleich

Abbildung E-11 zeigt die Darstellung des Musters für die Logistikleistung eines im Bereich der Logistik erfolgreichen Unternehmens im Vergleich zu einem weniger erfolgreichen Unternehmen. Analog zu den Leistungsmustern wurden jeweils eine Maske für die übrigen Strukturebenen der Unternehmen implementiert. Innerhalb beider Oberflächen kann zwischen dem Vergleich zu einer Klasse oder der direkten Gegenüberstellung für einen Zeitvergleich zum eigenen oder für das Benchmarking zu einem anderen Unternehmen gewählt werden. Neben den Mustervergleichen können alle Merkmale und auch zusätzliche Indikatoren, die sich aus der vorhandenen Datenstruktur ermitteln lassen, entweder mit einem ausgewählten Unternehmen, einer Unternehmensklasse oder im Zeitverlauf miteinander verglichen werden.

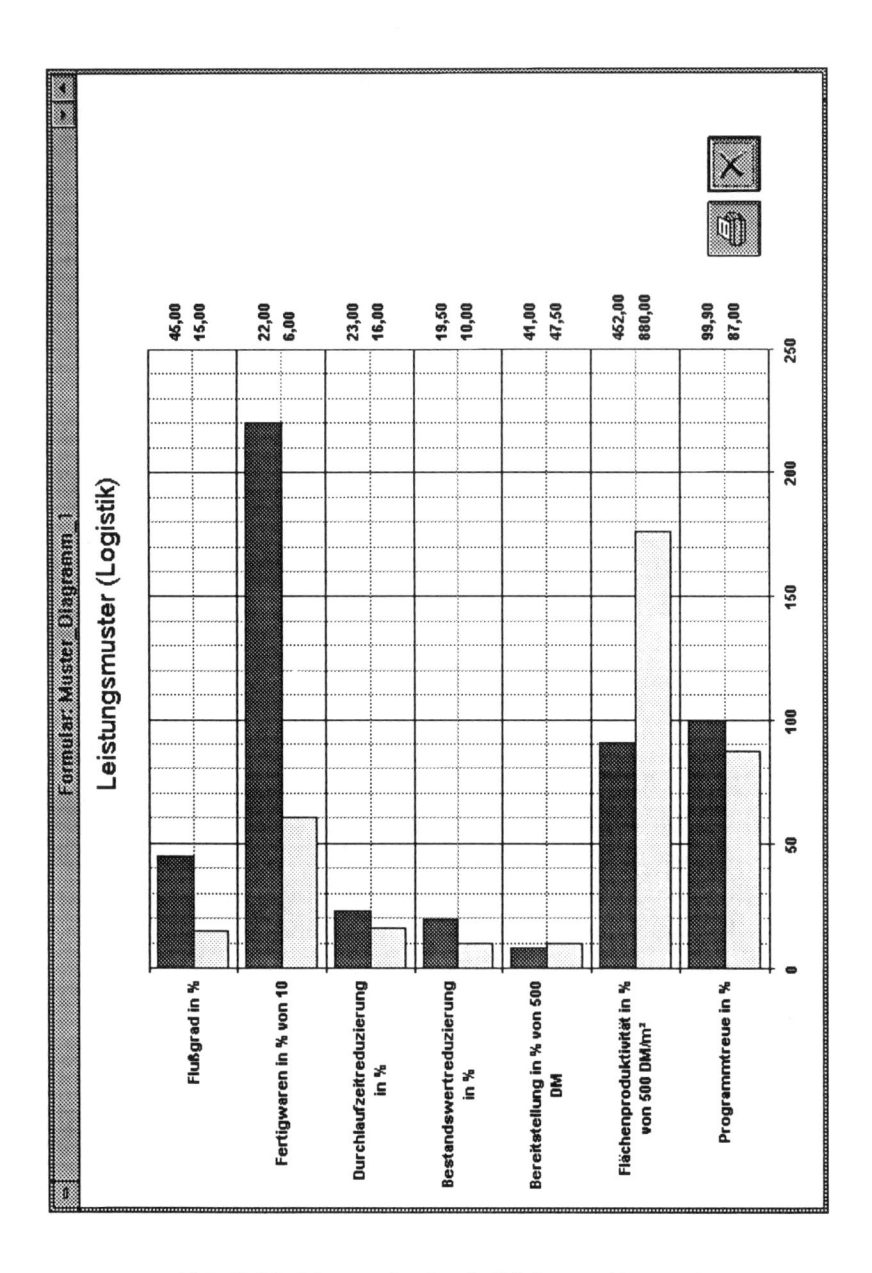

Abb. E-11: Muster der Logistikleistung (Auszug)

3.3 Verwaltungsfunktionen

Für die Verwaltung und Pflege der Datenbank stehen Funktionen zur Generierung, Erweiterung und Veränderung bestehender Datensätze zur Verfügung. Während die wissensbasierte Diagnose ausschließlich auf Unternehmensdaten zugreift, soll es bei Vergleichen von Merkmalen möglich sein, Unternehmensdaten mit denen einer Studie zu messen.

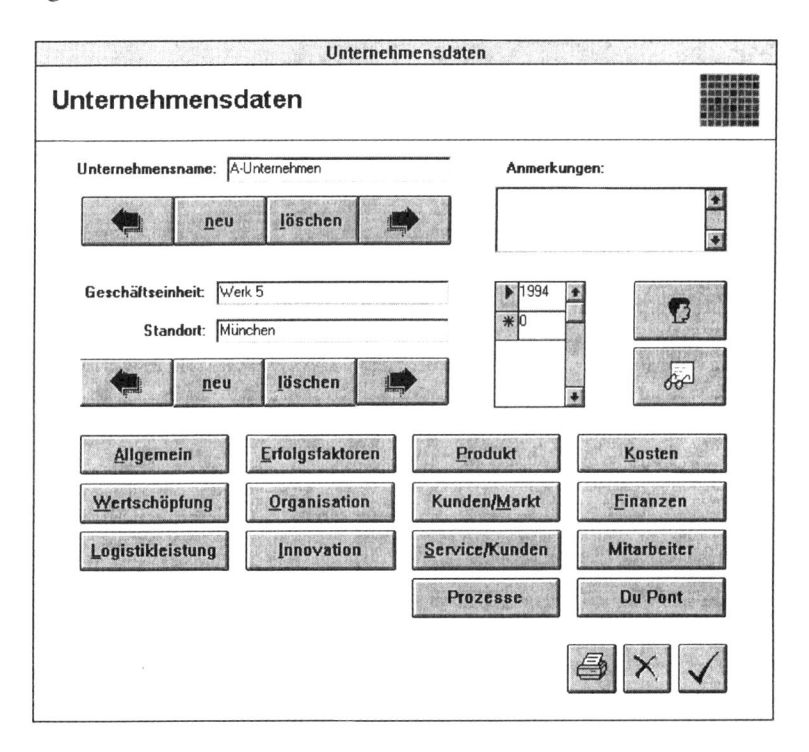

Abb. E-12: Unternehmensverwaltung

Über die Maske der Abbildung E-12 werden Platzhalter aufgerufen, die der Dateneingabe des Unternehmensdatenmodells und der Voreinstellungen des Untersuchungsobjektes sowie der Eingabe sonstiger Bemerkungen dienen. Mehrere Geschäftseinheiten können unter einem

Unternehmensnamen adressiert und entsprechend der Datenstruktur auch für mehrere Jahre gespeichert werden. Die Jahresangabe hat bei einer Studie nur untergeordneten Charakter. Hier stehen vor allem Ausprägungen erfolgreicher oder weniger erfolgreicher Unternehmen, bzw. minimale, maximale oder Durchschnittswerte im Vordergrund. Diese Angaben können studienspezifisch formuliert werden.

3.4 Exkurs: Weitere Analysemethoden

Die Erweiterbarkeit ist eine der zentralen Anforderungen an WIDIS. Deshalb wird das DuPont-Kennzahlensystem als Analysemethode in das Diagnosemodell eingebunden. Ziel ist es, finanzielle und nicht finanzielle Merkmale, welche die Kennzahlenpyramide direkt oder indirekt beeinflussen, zu verändern. Auf diese Weise kann die Signifikanz der Indikatoren bestimmt werden. Besonders interessant ist der Einfluß nichtfinanzieller Kennzahlen auf das DuPont-System[425]. In das vorliegende DuPont-Schema wurden acht nichtfinanzielle Kennzahlen eingebunden (vgl. Abbildung E-13). Einige beeinflussen ausschließlich ein Strukturelement der Pyramide. Dies ist etwa beim Krankenstand, der sich proportional auf die Personalkosten auswirkt, der Fall. Andere Merkmale wie Bestandshöhen- oder Durchlaufzeitreduzierungen können zum einen den Bestandswert und zum anderen die Produktivität des Unternehmens beeinflussen[426]. Durch unterschiedliche Einstellungen der Eingangsgrößen kann der Anwender Szenarien bilden und analysieren, wie sich die einzelnen Werte oder der Return on Investment im Kennzahlensystem verändern.

Die Ermittlung der Abhängigkeiten zwischen den Qualitätsindikatoren und den Strukturelementen des DuPont-Schemas ist grundsätzlich auch mit Methoden der Mustererkennung, insbesondere mit einem

---

[425] Vgl. Fischer Th.M. (1993), S. 276
[426] Vgl. Wildemann H. (1995d), S. 308

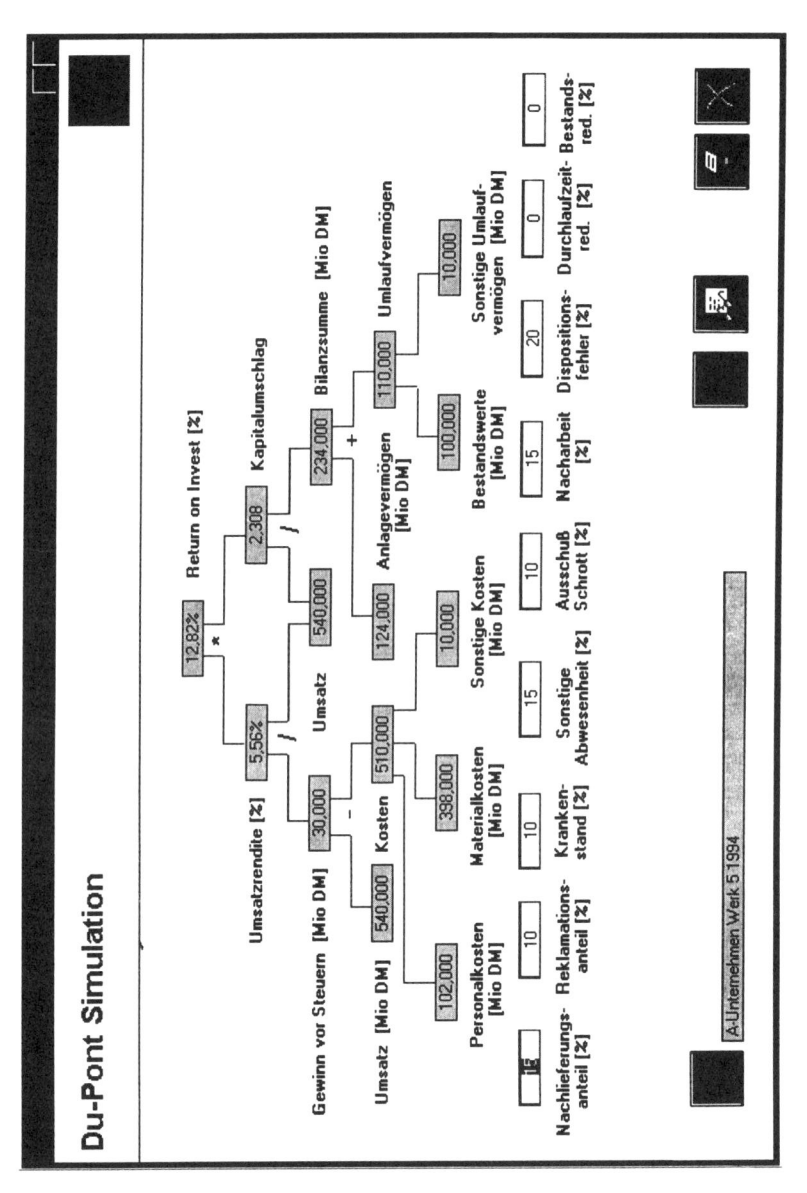

Abb: E-13: Ursache-Wirkungsanalyse im DuPont Schema

neuronalen Netz möglich. Im Anschluß könnte in diesen Fall sogar eine Korrektheitsprüfung über die systeminhärente Funktionalität des Rechensystems erfolgen. Innerhalb der vorliegenden Ausarbeitung liegt jedoch das Gewicht auf der Leistungsbestimmung und der Selektion von Reorganisationsfeldern. Ergänzend ergeben sich Möglichkeiten, weitere Diagnosen mit beliebigen Funktionen in WIDIS einzubinden.

4 Beispielszenario einer wissensbasierten Diagnose

Die Diagnose von Industrieunternehmen kann in fünf Schritten durchgeführt werden (vgl. Abbildungen E-14a und E-14b). Vor dem Beginn der Diagnose gilt es, das Unternehmensprofil mit einen Fragebogen zu erheben und über die Maske der Unternehmensverwaltung in das Informationssystem einzugeben. Die anschließend auszuführenden Diagnosemethoden unterscheiden sich in der Funktionalität zwischen der Mustererkennung durch das neuronale Netz sowie dem Muster- und Merkmalsvergleichs. Die Gegenüberstellung von Mustern sollte erst am Anschluß an die Mustererkennung erfolgen, da sonst keine Entscheidungskriterien zur Verfügung stehen, welche die Effizienzgrade eines Musters messen. Mit Hilfe der Diagnosemethoden kann die Lösungsfindung der in dieser Ausarbeitung gestellten Fragen der Unternehmensanalyse unterstützt werden[427]. Die Positionierung im Leistungsindexsystem ermöglicht die Identifikation überdurchschnittlich erfolgreicher Unternehmen. Der Vergleich der Leistungsmuster zeigt das relative Potential zum ausgewählten Unternehmen auf. Die Gegenüberstellung der Strukturmuster die differenzierte Ressourcenallokation. Alle Mustervergleiche können darüber hinaus innerhalb definierter Klassen durchgeführt werden. Über die vorgegebenen Vergleichsmöglichkeiten kann der Benutzer plausible Merkmalsausprägungen ermitteln. Die Vorauswahl von Reorganisationsfeldern zeigt erste Verbesserungsbereiche auf.

---

[427] Vgl. Kapitel B.1, S. 20ff.

Prototyp zur Implementierung eines wissensbasierten Diagnosesystems 171

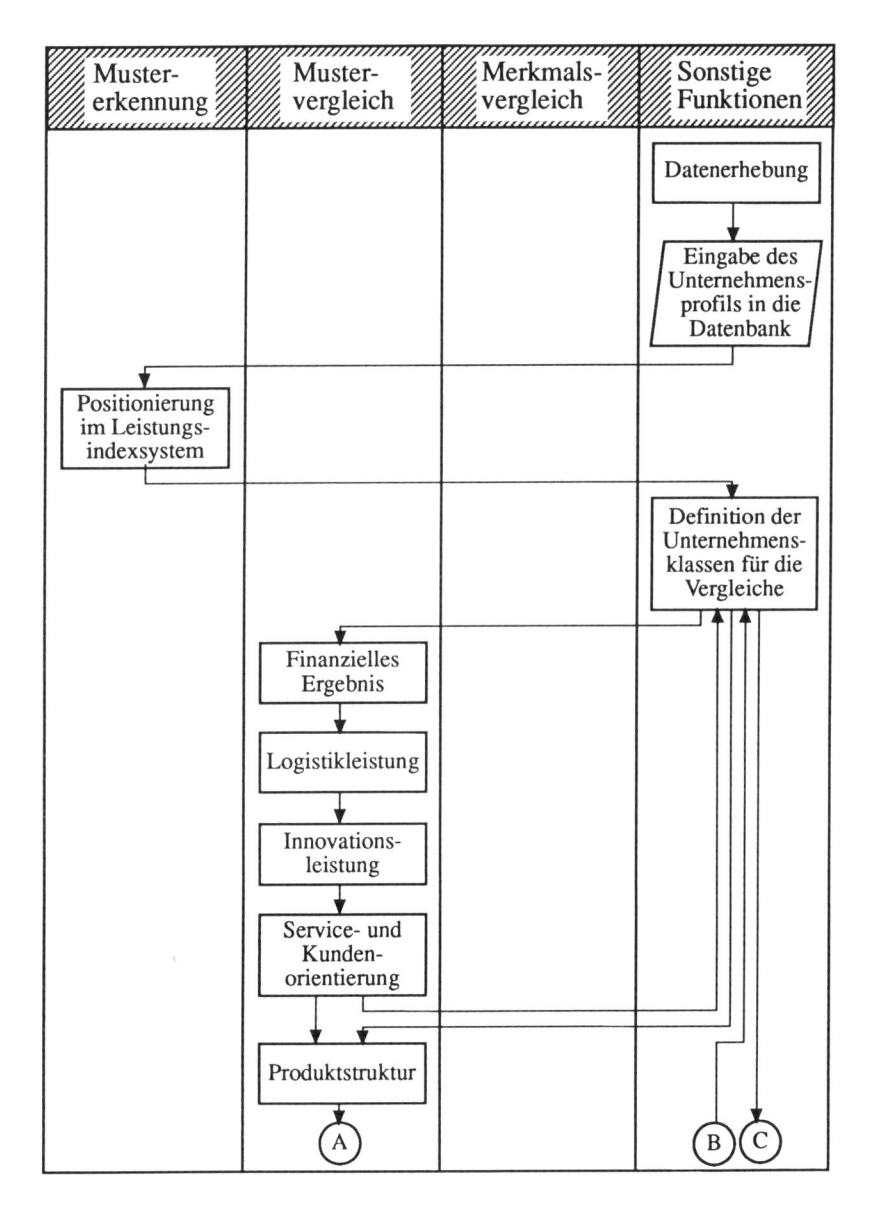

Muster-erkennung	Muster-vergleich	Merkmals-vergleich	Sonstige Funktionen
			Datenerhebung ↓ Eingabe des Unternehmens-profils in die Datenbank
Positionierung im Leistungs-indexsystem			
			Definition der Unternehmens-klassen für die Vergleiche
	Finanzielles Ergebnis ↓ Logistikleistung ↓ Innovations-leistung ↓ Service- und Kunden-orientierung ↓ Produktstruktur (A)		(B)(C)

Abb. E-14a: Prozeß der Unternehmensdiagnose (Beispiel)

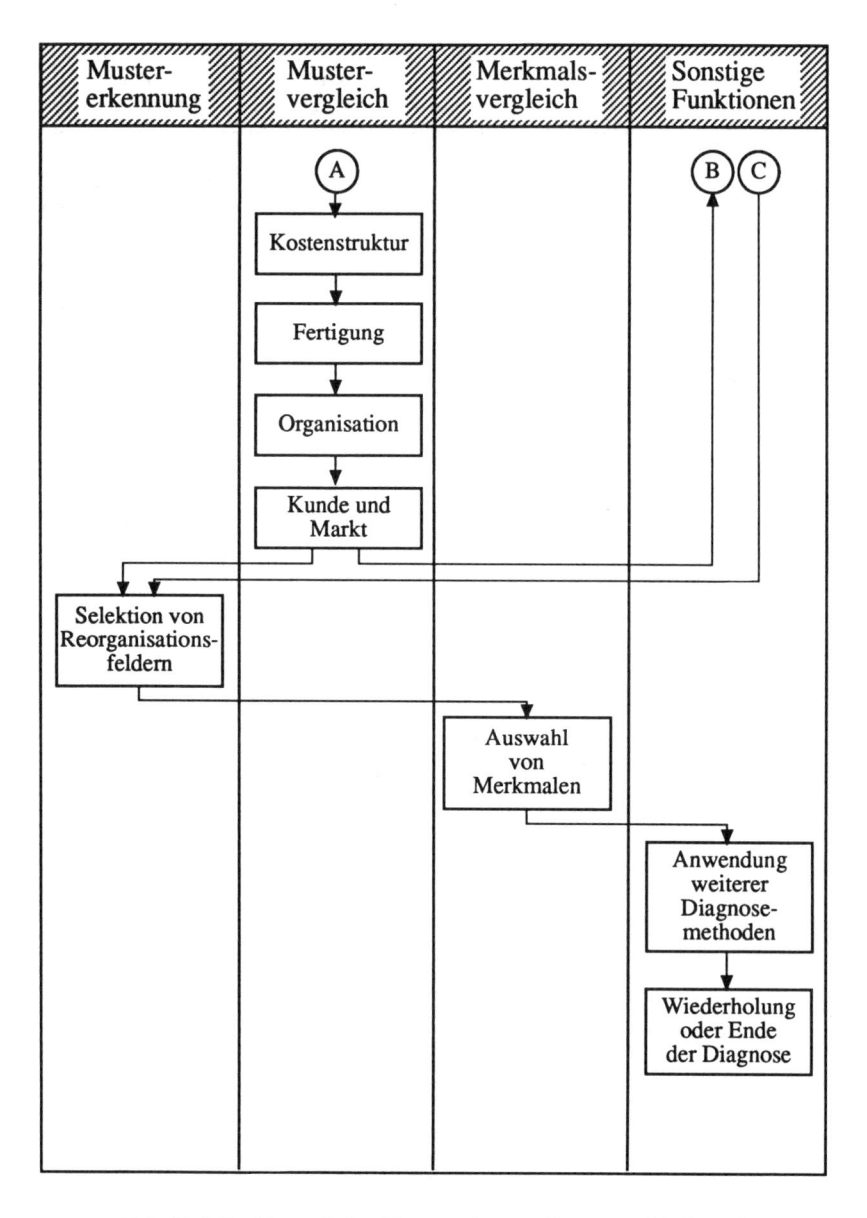

Muster- erkennung	Muster- vergleich	Merkmals- vergleich	Sonstige Funktionen
	(A)		(B)(C)
	Kostenstruktur		
	↓		
	Fertigung		
	↓		
	Organisation		
	↓		
	Kunde und Markt		
Selektion von Reorganisations- feldern			
		Auswahl von Merkmalen	
			Anwendung weiterer Diagnose- methoden
			Wiederholung oder Ende der Diagnose

Abb. E-14b: Prozeß der Unternehmensdiagnose (Beispiel)

Die Identifkation kann analog zur Positionierung im Leistungsindexsystem durch individuelle Merkmalsvergleiche erhärtet werden. Durch die Anwendung des Diagnosesystems können Entscheidungsträger die Leistung von Strukturbereichen und Geschäftsprozessen durch das Leistungsindexsystem ermitteln und einer Vielzahl an Unternehmen oder selbst definierten Klassen gegenüberstellen. Das Lernen vom Best-Performer erfolgt über die Struktur- und Leistungsmuster der überdurchschnittlich erfolgreichen Unternehmen sowie über den Vergleich von Merkmalen, die vom Anwender festzulegen sind. Darüber hinaus stehen dem Benutzer zusätzliche Analysemethoden für die Szenarienbildung zur Verfügung. Durch die Trennung von Daten und Funktionen wird es dem Benutzer freigestellt, in welcher Sequenz er die Diagnosemethoden ausführt.

5 Grenzen und Perspektiven des Prototyps

Vor dem Hintergrund der prototypischen Entwicklung wird deutlich, daß neuronale Netze für die Identifikation von Reorganisationsfeldern geeignet sind und eine Erweiterung traditioneller Methoden der Unternehmensanalyse bieten. Mit dem Diagnosesystem lassen sich relativ schnell und mit geringen Aufwand abgesicherte Entscheidungsgrundlagen für Maßnahmen zur Effizienzsteigerung generieren. Die Grenzen und Perspektiven des Prototyps sind vielschichtiger Natur. So wurde bei der Auswahl der Merkmale des Datenmodells versucht, auf in der betriebswirtschaftlichen Literatur bekannte Größen zurückzugreifen. Da jedoch aufgrund der Komplexität, der Datenerhebung und -auswertung nicht alle sinnvoll erscheinenden Indikatoren in ein praxisnahes Modell eingebunden werden können, wird die Endauswahl durch den Anwender geprägt und fällt insofern subjektiv aus. Ein weiteres Problem neben der Formulierung der Modellparameter stellt die Güte der Datenbasis dar[428]. Hierbei ist zu berücksichtigen, daß die Daten zum einen objektivierbar sind und klar verstanden werden

---

[428] Vgl. auch Kapitel C.5

sowie zum anderen in Abhängigkeit des Untersuchungsbereichs vollständig erhoben werden. Diesen Anforderungen an die Datenqualität und -quantität sollte im Rahmen der Diagnose entsprochen werden. Bevor das wissensbasierte Diagnosesystem zum Einsatz kommen kann, ist das neuronale Netz auf der Grundlage von Beispieldaten zu trainieren. Hierfür standen eine Vielzahl von Fallstudien, die in den letzten Jahren im Rahmen von Industrie- und Forschungsprojekten durchgeführt wurden zur Verfügung. Es besteht die Möglichkeit, die Datenbank mit weiteren Fallstudien auszubauen. Das neuronale Netz wird dann neu trainiert und in die Datenbank eingebunden. Das kontinuierliche Lernen des Diagnosesystems wird auf diese Weise sichergestellt. Eine hohe Aktualität ist schon deshalb erforderlich, weil ein heute sehr effizientes Unternehmen mit den gleichen Merkmalsausprägungen in einer späteren Periode als nicht erfolgreich eingestuft werden kann. Da in der gegenwärtigen Ausbaustufe das neuronale Netz außerhalb der Benutzeroberfläche eingestellt und trainiert wird, wäre eine direkte Einbindung unter Access eine weitergehende Optimierung des Systems. Eine zusätzlicher Erweiterung ergibt sich aus einem veränderten Modellaufbau der Eingangs- und der Ausgangsmerkmale. Anzustreben sind Ausgangsmuster, in denen nicht nur Reorganisationsfelder, sondern auch die Einzelmaßnahmen abgebildet werden. Fraglich wäre in diesem Fall die Wahl der Eingangsmerkmale: Sollen diese wieder Gesamtprozesse oder dem Abstraktionsniveau entsprechend Teilprozesse abbilden? Auch wenn neuronale Netze grundsätzlich keine Rahmenbedingungen der Eingangsdaten, wie bei der Anwendung einer Diskriminanzanalyse fordern, kann eine reduzierte Eingangsdatenmenge, in der mit Hilfe von Korrelationsanalysen erkannte Abhängigkeiten ermittelt und eliminiert werden, zu besseren Ergebnissen des Klassifikators führen. Der wahrscheinlich schwergewichtigste Nachteil in der Anwendung mehrschichtiger neuronaler Netze liegt in der Nichttransparenz des Zustandekommens des Ausgabemusters aufgrund der nichtlinearen Funktionalität. Weiterführende Untersuchungen könnten daher zum Ziel haben, das trainierte Netz detailliert zu analysieren, um Aussagen über Ursache-Wirkungs-Zusammenhänge zwischen den Eingangsprofilen und der Ausprägung der Ausgangsmuster zu erhalten[429]. Mit Hilfe der Sensitivitätsanalyse, bei der bestimmte Eingangsmerkmale in ihrer Ausprägung solange verändert werden, bis sich bei der Klassifikation durch das neuronale Netz merkliche Änderungen bei den vorgeschlagenen Reorganisationsschwerpunkten und Leistungsgraden ergeben, können solche Zusammenhänge identifiziert werden[430]. Da die Dimension von 82 Eingangsmerkmalen sehr hoch ist, um eine vollständige Sensitivitätsanalyse durchzuführen, müßte diese selektiv für spezifische Detaildiagnosen vorgenommen werden. Auch wenn sich neuronale Netze für diese Problemlösung eignen, sind ergänzende Ansätze und Methoden auf ihre Anwendbarkeit für Unternehmensanalysen zu prüfen. Die Theorie der generativen Algorithmen könnte ein solcher Ansatz sein[431].

---

[429] Vgl. Wilbert R. (1995)
[430] Vgl. Zöfel P. (1992), S. 145
[431] Vgl. Mertens P. (1991), S. 156ff.

F Zusammenfassung: Diagnose mittels Mustererkennung

Ziel dieser Arbeit war es, ein wissensbasiertes Diagnosesystem für Geschäftsprozesse und Unternehmensstrukturen zu entwickeln. Ausgangspunkt war hierbei die Feststellung, daß traditionelle Konzepte die Unternehmensanalyse aufgrund der zunehmenden Komplexität der Umweltbedingungen nicht genügend unterstützen können und mit heuristischen Verfahren zu ergänzen ist. Für heuristische Lernstrategien bieten neuronale Netzmodelle konzeptionelle Gestaltungsperspektiven, die sich bei der Lösung betriebswirtschaftlicher Diagnoseprobleme wie der Kreditwürdigkeitsprüfung, der Personalplanung oder der Klassifikation von Unternehmen bereits etabliert haben. Voraussetzung für die Übertragung neuronaler Netze auf die Unternehmensdiagnose zur Identifikation von Reorganisationsfeldern ist, daß neben der Abbildung von nachvollziehbaren Meßgrößen Zuordnungen an Ein- und Ausgangsmuster durchgeführt werden können. Dies macht den Einsatz konnektionistischer Transformationsmodelle erforderlich. Das wissensbasierte Diagnosesystem zeigt, daß der Konnektionismus ein geeignetes Instrument zur Entscheidungsvorbereitung und -unterstützung bei der Unternehmensanalyse ist. Für die erweiterte Sichtweise in Form zusätzlicher Fragestellungen, die im Rahmen der Unternehmensanalyse beantwortet werden müssen, reicht das traditionelle Instrumentarium nicht mehr aus. Während relative Vergleiche im Industrieunternehmen nur Veränderungen aufzeigen können und Wettbewerbsanalysen einen begrenzten Horizont haben, bietet das Benchmarking einen aus zweifacher Sicht erweiterten Erkenntnisfortschritt. Beim Benchmarking wird der Suchraum um die Leistungsfähigkeit weiterer Industriezweige sowie um branchenfremde Handlungsoptionen oder Maßnahmen mit dem Ziel einer Verbesserung und Festigung der eigenen Wettbewerbssituation vergrößert. Hierbei wird von der Annahme ausgegangen, daß gerade die Unternehmen, bei denen die zu untersuchenden Prozesse oder die Funktionen erfolgskritisch sind, diese permanent verbessern und optimieren. Von den Erfahrungen überdurchschnittlich erfolgreicher Unternehmen können bezüglich des Untersuchungsobjektes weniger erfolgreiche Unternehmen partizipieren. Durch die Erweiterung der Unternehmensanalyse mit der Mustererkennung steht ein Werkzeug zur Verfügung, welches nicht nur die traditionelle Unternehmensanalyse erweitert, sondern auch die eindimensionale Sichtweise von Kennzahlen oder qualitativen Merkmalen ablöst. Dadurch wird die Analyse von Mustern in den Vordergrund gestellt. Mit der Einbeziehung mehrerer Dimensionen und Merkmale gilt es, nicht allein einzelne Merkmalsausprägungen zu erreichen, sondern die Konstellation eines Zielmusters und der dadurch verbundenen Klassenzugehörigkeit. Die in der Problemstellung identifizierten Schwachstellen verdeutlichten ferner, daß eine Problemlösung ohne eine EDV-technische Unterstützung nicht zweckmäßig ist und ein Datenbanksystem mit konventioneller Funktionalität den heutigen Anforderungen nicht gerecht wird. Die Forderung bestand demnach in einem entscheidungsbegleitenden Diagnoseinstrument, bei dem das Wissen und die Erfahrungen erfolgreicher Industrieunternehmen einfließen. Methodisch wurde dieses System mittels künstlicher neuronaler Netze unterstützt. Das zur Konstruktion der Wissensbasis gewählte Modell zeichnet sich durch die Orientierung am Wertschöpfungsprozeß aus. Die Wahl der Einzelmerkmale und das Zusammenfassen zu Mustern resultiert aus den Forderungen der Verständlichkeit, der zeit- und kosteneffizienten Erhebung sowie einer Zulässigkeit branchenübergreifender Unternehmensvergleiche. Mit Hilfe des Diagnosesystems WIDIS ist es möglich, quantitative und qualitative Merkmale in einem Unternehmensprofil zu integrieren. Auf dieser Informationsbasis wurde eine Entscheidungsgrundlage zur Unternehmenspositionierung und zur Ermittlung von Reorganisationsschwerpunkten gebildet. Benchmarking in Verbindung mit der Mustererkennung bietet somit weniger erfolgreichen Unternehmen die Möglichkeit, von den erfolgreicheren zu lernen und deren Strukturmuster mit dem Ziel der Effizienzsteigerung zu übernehmen. Leistungsmuster können als Ziel oder Zielsystem von

Gesamtunternehmen angenommen oder für Unternehmensteilbereiche vorgegeben werden. Die Ergebnisse der Modellkonzeption und der empirischen Fundierung können abschließend wie folgt zusammengefaßt werden. Künstliche neuronale Netze eignen sich zur Diagnose von Unternehmen, speziell vor dem Hintergrund der mehrdimensionalen Leistungspositionierung und der Zuordnung zu Reorganisationsklassen. Es wurde gezeigt, daß es durch das prozeßorientierte Datenmodell und mit Hilfe eines dreischichtigen Multi-Layer-Perceptrons auf der Basis der vorhandenen Stichprobe möglich war, nachvollziehbare Klassifikationsergebnisse zu erzielen. Gleichzeitig können weitere Anwendungsperspektiven eröffnet werden. Wenn es bei Problemlösungen zukünftig um die Entscheidungsunterstützung und nicht allein um die Transparenz oder Erklärung getroffener Entscheidungen geht, bieten neuronale Netze eine wertvolle Unterstützung. Deswegen ist bei der Übertragung auf ähnliche betriebswirtschaftliche Problemstellungen stets zu prüfen, ob der Konnektionismus aufgrund der ihm inhärenten Nichtfunktionalität eine Lösung verspricht und wie wichtig die Nachvollziehbarkeit der ermittelten Resultate ist. Aufgrund des hohen Stellenwerts der Unternehmensdiagnose zur Sicherung der Wettbewerbsfähigkeit und der Rentabilität von Industrieunternehmen muß diese über ein geeignetes Instrumentarium zur Lösung unternehmerischer Aufgaben verfügen. Die Anwendung der Mustererkennung verdeutlicht, daß der Konnektionismus durch den Einsatz künstlicher neuronaler Netze den Prozeß und die Validität betriebswirtschaftlich fundierter Unternehmensanalysen verbessern kann.

Literaturverzeichnis

Abels H., Anagnostou E., Brockmann K.-H. (1994): Wie gut ist ihre Logistik - Richtwertekatalog für Produktionsunternehmen, Köln 1994

Albach H. (1987): Investitionspolitik erfolgreicher Unternehmen, in: ZfB, Heft 7, 57. Jahrgang, 1987, S. 636-661

Albach H. (1988): Maßstäbe für den Unternehmenserfolg, in: Henzler H.A. (Hrsg.), Handbuch strategische Führung, Wiesbaden 1988, S. 69-83

Andrews H.C. (1971): Introduction to Mathematical Techniques in Pattern Recognition, New York u.a. 1972

Antoine H. (1956): Kennzahlen, Richtzahlen, Planungszahlen, Wiesbaden 1956

Backhaus Kl., Erichson B., Plinke W., Weiber R. (1994): Multivariate Analysemethoden - Eine anwendungsorientierte Einführung, 7. Auflage, Berlin u.a. 1994

Baetge J., Krause Cl., Mertens P. (1994): Zur Kritik an der Klassifikation mit Neuronalen Netzen und Diskriminanzanalysen, in: ZfB, Heft 9, 64. Jahrgang, 1994, S. 1181-1191

Baetge J., Schmedt U., Hüls D., Krause Cl., Uthoff C. (1994): Bonitätsbeurteilung von Jahresabschlüssen nach neuem Recht (HGB 1985) mit Künstlichen Neuronalen Netzen auf der Basis von Clusteranalysen, in: Der Betrieb, 47. Jahrgang, 1994, S. 337-343

Balzert H. (1981): EDV-Einsatz bei der Kreditwürdigkeitsprüfung, in: Die Bank, Heft 1, 1981, S. 12-16

Barzen D., Wahle P. (1990): Das PIMS-Programm - was es wirklich wert ist, in: Harvard Manager, Heft 1, 1990, S. 100-109

Beischel M.E., Smith K.R. (1991): Linking the Shop Floor to the Top Floor, in: Management Accounting, Heft 10, 1991, S. 25-29

Bemowski K. (1991): The Benchmarking Bandwagon, in: Quality Progress, Heft 1, 1991, S. 19-24

Berthel J. (1973): Zielorientierte Unternehmenssteuerung, Stuttgart 1973

Bezdek J.C. (1992): Computing with Uncertainty, in: IEEE Communications Magazine, September 1992, S. 24-36

Bichler Kl., Gerster W., Reuter R. (1994): Logistik-Controlling mit Benchmarking, Wiesbaden 1994

Bilbro G.L., White M., Snyder W. (1989): Image Segmentations with Neurocomputers, in: Neural Computers, Berlin u.a. 1989, S. 71-80

Bischoff R., Bleile C., Graalfs J. (1991): Der Einsatz neuronaler Netze zur betriebswirtschaftlichen Kennzahlenanalyse, in: Wirtschaftsinformatik, Heft 5, 1991, 33. Jahrgang, S. 375-385

Bissantz N., Hagedorn J. (1993): Data Mining (Datenmustererkennung), in: Wirtschaftsinformatik, Heft 5, Oktober 1993, 35. Jahrgang, S. 481-487

BME (1989): Kennzahlen aus dem Bereich der Materialwirtschaft / Logistik, Frankfurt 1989

Bölzing D. (1990): Kennzahlenorientierte Analyse rechnergestützter Fabikautomatisierung, Diss., Darmstadt 1990

Booch G. (1991): Object-Oriented Design with Applications, Redwood City 1991

Booch G. (1994): Object-Oriented Analysis and Design with Applications, Redwood City 1994

Bortz J. (1993): Statistik für Sozialwissenschaftler, 4. Auflage, Berlin u.a. 1993

Bothe H.-H. (1993): Fuzzy Logic, Berlin 1993

Brauer W. (1990): Grenzen maschineller Berechenbarkeit, in: Informatik Spektrum 13, 1990, S. 61-70

Brauer W. (1993): KI auf dem Weg in die Normalität, in: Künstliche Intelligenz, Heft 7, 1993, S. 85-91

Brauer W., Brauer U. (1992): Wissenschaftliche Herausforderungen für die Informatik: Änderung von Forschungszielen und Denkgewohnheiten, in: Informatik aktuell, Langenheder W. (Hrsg.), Berlin 1992, S. 11-19

Brockhoff K. (1987): Anforderungen an das Management der Zukunft, in: ZfB, 57. Jahrgang, 1987, Heft 3, S. 239-250

Broy M. (1985): Funktionale Programmentwicklung, in: Probster W.E., Remshardt R., Schmid A. (Hrsg.), Methoden und Werkzeuge zur Entwicklung von Programmsystemen, München 1985, S. 255-270

Broy M. (1989): Informatik - im Spannungsfeld zwischen Ingenieurwissenschaft und Grundlagendisziplin, in: Wie die Zukunft Wurzeln schlug - Aus der Forschung der Bundesrepublik Deutschland, Berlin u.a. 1989, S. 231-236

Broy M. (1990): Das Mißverständnis "Künstliche Intelligenz", in: Künstliche Intelligenz, Irrgang B., Klawitter J. (Hrsg.), Stuttgart 1990, S. 55-63

Broy M. (1991): Aspekte der Zuverlässigkeit bei der Spezifikation von Softwaresystemen, in: Technische Zuverlässigkeit 1991, ITG Tagungsbericht 116, Offenbach u.a. 1991, S. 7-18

Broy M. (1993): Zur Aus- und Weiterbildung im Bereich der ingenieurmäßigen System- und Programmentwicklung, in: Informatik Spektrum, Heft 1, 1993, S. 31-33

Broy M., Wirsing M. (1993): Korrekte Software: Vom Experiment zur Anwendung, in: Reichel H. (Hrsg.), Informatik - Wirtschaft - Gesellschaft, 23. GI-Jahrestagung, Berlin u.a. 1993, S. 29-43

Bühner R. (1993): Der Mitarbeiter im Total Quality Management, Stuttgart 1993

Bullinger H.-J., Kornwachs Kl. (1990): Expertensysteme - Anwendungen und Auswirkungen im Produktionsbetrieb, München 1990

Burger A. (1994): Zur Klassifikation von Unternehmen mit neuronalen Netzen und Diskriminanzanalysen, in: ZfB, Heft 9, 64. Jahrgang, 1994, S. 1165-1179

Busch U. (1991): Produktivitätsanalyse - Wege zur Steigerung der Wirtschaftlichkeit, 3. Auflage, Berlin 1991

Bussiek J., Fraling R., Hesse K. (1993): Unternehmensanalyse mit Kennzahlen, Wiesbaden 1993

Buzzell R.D., Gale B.T. (1989): Das PIMS-Programm - Strategien und Unternehmenserfolg, Wiesbaden 1989

Camp R.C. (1989): Benchmarking - The Search For Industry Best Practices That Lead To Superior Performance, Wisconsin 1989

Camp R.C. (1992): Learning from the best leads to superior performance, in: Journal of Business Strategy, Vol. 3, 1992, S. 3-7

Chen P.P. (1976): The Entity-Relatonship Model - Toward an Unified View of Data, in: ACM TODS, Vol. 1, 1976, S. 9-36

Chmielewicz K. (1972): Integrierte Finanz- und Erfolgsplanung, Stuttgart 1972

Codd P., Yourdan E. (1991): Object-Oriented Design, New Jersey 1991

Coenenberg A.G. (1991): Jahresabschluß und Jahresabschlußanalyse, 5. Auflage, Landsberg am Lech 1991

Coenenberg A.G. (1992): Kostenrechnung und Kostenanalyse, 2. Auflage, Landsberg am Lech 1992

Coenenberg A.G., Baum H.-G. (1987): Strategisches Controlling, Stuttgart 1987

Dambrowski J. (1992): Wie man mit Lean Target Costing effizient arbeiten kann, in: Horváth P. (Hrsg.), Effektives und schlankes Controlling, Stuttgart 1992, S. 277-288

Danzer H.H. (1990): Quality-Denken stärkt die Schlagkraft des Unternehmens, Köln 1990

Davenport Th.H. (1993): Process Innovation - Reengineering Work through Information Technology, Boston 1993

Dilts D.M., Russel G.W. (1985): Accounting for der Factory of the Future, in: Management Accounting, Vol. 4, 1985, S. 34-40

DIN 69910: Wertanalyse, DIN (Hrsg.), Berlin u.a. 1973

Dobschütz v.L., Prautsch W. (1993): Outsourcing - Kein Allheilmittel zur Senkung der IV-Kosten, in: Controlling, Heft 2, 1993, S. 100-106

Doppler K., Lauterburg Chr. (1994): Change Management - Den Unternehmenswandel gestalten, Frankfurt u.a. 1994

Dorffner G. (1991): Konnektionismus, Stuttgart 1991

Eccles R.G. (1991): The Performance Measurement Manifesto, in: Harvard Business Review, Nr. 1, 1991, S. 131-137

Eidenmüller B. (1991): Die Produktion als Wettbewerbsfaktor: Herausforderungen an das Produktionsmanagement, 2. Auflage, Köln u.a. 1991

Endres W. (1980): Technik und Theorie des betriebswirtschaftlichen Vergleiches, Berlin 1980

Erxleben K., Baetge J., Feidicker M., Koch H., Krause Cl., Mertens P. (1992): Klassifikation von Unternehmen - Ein Vergleich von Neuronalen Netzen und Diskriminanzanalyse, in: ZfB, Heft 11, 62. Jahrgang, 1992, S. 1237-1262

Eversheim W., Schuh G. (1988): Variantenvielfalt in der Serienproduktion, Ursachen und Lösungsansätze, in: VDI-Z, Nr. 12, 1988, S. 45-49

Fahrmeir L., Hamerle A. (1984): Multivariante statistische Verfahren, New York 1984

Faißt J. (1993): Hierarchische Planung unter Einsatz Neuronaler Netze, Heidelberg 1993

Fischer Th.M. (1993): Kostenmanagement strategischer Erfolgsfaktoren, München 1993

Franz K.-P. (1993): Target Costing - Konzept und kritische Bereiche, in: Controlling, Heft 3, 1993, S. 124-130

Fuchs-Wegner G., Welge M.K. (1974a): Kriterien für die Auswahl von Organisationskonzeptionen - 1. Teil, in: ZfO, Heft 2, 43. Jahrgang, 1974, S. 71-82

Fuchs-Wegner G., Welge M.K. (1974b): Kriterien für die Auswahl von Organisationskonzeptionen - 2.Teil, in: ZfO, Heft 4, 43. Jahrgang, 1974, S. 175-189

Gaitanides M. (1983): Prozeßorganisation - Entwicklung, Ansätze und Programme prozeßorientierter Organisationsgestaltung, München 1983

Gal T. (1989): Grundlagen des Operations Research, Bd. I bis III, 2. Auflage, Berlin u.a. 1989

Garvin D.A. (1994): Das lernende Unternehmen: Nicht schöne Worte - Taten zählen, in: Harvard Business Manager, Nr. 1, 1994, S. 74-99

Gaster D. (1988): Qualitätsaudit, in: Masing, W. (Hrsg.), Handbuch der Qualitätssicherung, 2. Auflage, München u.a. 1988, S. 910-921

Glaser H., Geiger W., Rohde V. (1991): PPS - Produktionsplanung und -steuerung, Wiesbaden 1991

Gödicke P. (1992): Wissensmanagement - aktuelle Aufgaben und Probleme, in: IO Management Zeitschrift, Nr. 4, 61. Jahrgang, 1992, S. 1119-1130

Grochla E., Fieten R., Puhlmann M., Vahle M. (1983): Erfolgsorientierte Materialwirtschaft durch Kennzaheln, Baden-Baden 1983

Grochla E., Welge M.K. (1975): Zur Problematik der Effizienzbestimmung von Organisationsstrukturen, in: ZfbF, 27. Jahrgang, 1975, S. 273-289

Groffmann H.-D. (1992): Kooperatives Führungsinformationssystem, Wiesbaden 1992

Groll K.-H. (1990): Erfolgssicherung durch Kennzahlensysteme, Freiburg 1990

Hadamitzky M.C. (1995): Analyse und Erfolgsbeurteilung logistischer Reorganisationen, Wiesbaden 1995

Hahn D. (1989): Unternehmensanalyse, in: Szyperski N. (Hrsg.), HWPlan, Stuttgart 1989, Sp. 2074-2088

Hahn D. (1991): Planungs- und Kontrollrechnung - PuK, 3. Auflage, Wiesbaden 1991

Hahn W., Hagerer A., Eisenhut M. (1991): Timing Models for Compiler-driven Logic Simulation, in: Dutton, R.W. (Hrsg.), VLSI Logic Synthesis and Design, Amsterdam 1991, S. 133-140

Haist F., Fromm H. (1991): Qualität im Unternehmen, München u.a. 1991

Hamel G., Prahalad C.K. (1995): Wettlauf um die Zukunft, Wien 1995

Hammer M., Champy J. (1994): Business Reengineering - Die Radikalkur für das Unternehmen, 3. Auflage, Frankfurt u.a. 1994

Händel S. (1989): Wertanalyse, in: Szyperski N. (Hrsg.), HWPlan, Stuttgart 1989, Sp. 2214-2220

Hannsmann F. (1978): Einführung in die Systemforschung, München 1978

Hartmann B. (1985): Angewandte Betriebsanalyse, 3. Auflage, Freiburg 1985

Hausknecht J., Zündorf H. (1990): Expertensystem zur Unternehmensbeurteilung, in: io Management Zeitschrift, Heft 10, 1990, S. 85-88

Hebb D.O. (1949): The Organisation of Behavior, New York 1949

Heinen E. (1991): Industriebetriebslehre als entscheidungsoientierte Unternehmensführung, in: Heinen E. (Hrsg.), Industriebetriebswirtschaftslehre, 9. Auflage, Wiesbaden 1991, S. 1-71

Heinhold M. (1989): Simultane Unternehmensplanungsmodelle - ein Irrweg?, in: DBW, Heft 6, 49. Jahrgang, 1989, S. 689-708

Helfrich Chr. (1989): Neue Kennzahlen für die Logistik, in: IO Management Zeitschrift, Heft 7 / 8, 58. Jahrgang, 1989, S. 69-73

Helfrich Chr. (1992): Auswirkung der Fuzzy-Technik auf die Logistik, in: IO Management Zeitschrift, Heft 1, 61. Jahrgang, 1992, S. 34-36

Heno D.O. (1983): Kreditwürdigkeitsprüfung mit Hilfe von Verfahren der Mustererkennung, in: Bankwirtschaftliche Forschungen, Band 81, Bern 1983

Henseler E. (1979): Unternehmensanalyse - Grundlagen der Beurteilung von Unternehmen, Stuttgart 1979

Herter R.N. (1992): Weltklasse mit Benchmarking, in: FB/IE, Nr. 5, 1992, S. 254-258

Hildebrand R., Mertens P. (1992): PPS-Controlling mit Kennzahlen und Checklisten, Berlin 1992

Hildebrandt L., Strasser H. (1990): PIMS in der Praxis - ein Controllingsystem, in: Harvard Manager, Heft 4, 1990, S. 127-132

Hinterhuber H.-H. (1989): Konkurrentenanalyse, in: Szyperski N. (Hrsg.), HWPlan, Stuttgart 1989, Sp. 864-874

Hoffmann F. (1986): Kritische Erfolgsfaktoren - Erfahrungen in großen und mittleren Unternehmen, in: ZfbF, Heft 10, 1986, S. 831-843

Holling L. (1992): Clearing up the confusion, in: TQM Magazine, Vol. 4, June 1992, S. 149-151

Homburg Chr. (1991): Modellgestützte Unternehmensplanung, Wiesbaden 1991

Hopcroft J.E., Ullman J.D. (1979): Introduction to Automata Theory, Languages and Computation, London u.a. 1979

Hopfield J. (1982): Neural Networks and Physical Systems with Emergent Collective Computational Abilities, in: Proceedings of the National Academy of Siences, USA, Vol. 79, April 1982, S. 2554-2558

Hopfield J. (1984): Neurons with Graded Responses have Collective Computational Properties like those of Two-State Neurons, in: Proceedings of the National Academy of Siences, USA, Vol. 81, May 1984, S. 3088-3092

Horváth P., Herter R.N. (1992): Benchmarking - Vergleich mit den Besten der Besten, in: Controlling, Heft 1, 1992, S. 4-11

Horváth P., Mayer R. (1990): Prozeßkostenrechnung - Der Weg zu mehr Kostentransparenz und wirkungsvolleren Unternehmensstrategien, in: Controlling, Heft 1, 1990, S. 214-219

Horváth P., Seidenschwarz W. (1992): Zielkostenmanagement, in: Controlling, Heft 3, 1992, S. 142-150

Hruschka H., Natter M. (1993): Analyse von Marktsegmenten mit Hilfe konnexionistischer Modelle, in: ZfB, Heft 5, 63. Jahrgang, 1993, S. 425-442

Jennings K., Westfall F. (1992): Benchmarking for Strategic Action, in: Journal of Business Strategy, Nr. 3, 1992, S. 22-25

Kamiske G., Malorny C., Michael H. (1994): Zertifiziert, die Meinung danach, in: QZ, Heft 11, 1994, S. 1215-1224

Kaplan R.S., Norton D.P. (1992): In Search of Excellence - der Maßstab muß neu definiert werden, in: Harvard Manager, Heft 4, 1992, S. 37-46

Karayiannis N.B., Venetsanopoulus A.N. (1994): Decision making using neural networks, in: Neurocomputing, Nr. 6, 1994, S. 363-374

Kargl H. (1984): Prozeß der Auftragsführung, in: Kern W. (Hrsg.), HWProd, Stuttgart 1984, Sp. 197-211

Kemke C. (1988): Der neuere Konnektionismus - Ein Überblick, in: Informatik Spektrum, Nr. 11, 1988, S. 143-148

Kemper H.-G. (1991): Entwicklung und Einsatz von Executive Information Systems (EIS) in deutschen Unternehmen, in: IM, Heft 4, 1991, S. 70-78

Kennzahlenkompaß - Informationen für Unternehmer und Führungskräfte, VDMA (Hrsg.), 1992

Kern W. (1989): Kennzahlensysteme, in: Szyperski N. (Hrsg.), HWPlan, Stuttgart 1989, Sp. 809-819

Kern W. (1992): Industrielle Produktionswirtschaft, 5. Auflage, Stuttgart 1992

Kinnebrock W. (1992): Neuronale Netze, München 1992

Kirsch W., Michael M., Weber W. (1973): Entscheidungsprozesse in Frage und Antwort, Wiesbaden 1973

Klapper N. (1993): Präventive Qualitätssicherung von logistischen Leistungen in der Produktion - Eine empirische Untersuchung, Berlin 1993

Klöpper H.-J. (1991): Logistikorientiertes strategisches Management - Erfolgspotentiale im Wettbewerb, 1991

Kluge J., Stein L., Krubasik E., Beyer I., Düsedau D., Huhn W. (1994): Wachstum durch Verzicht - Schneller Wandel zur Weltklasse: Elektronikindustrie, Stuttgart 1994

Knopf R., Börsig Cl., Esser W.-M., Kirsch W. (1976): Die Effizienz von Reorganisationsprozessen aus Sicht der Praxis, München 1976

Knopf R.H. (1975): Dimensionen des Erfolgs von Reorganisationsprozessen, Mannheim 1975

Kordupleski R.E., Rust R.T., Zahorik A.J. (1994): Qualitätsmanager vergessen oft den Kunden, in: Harvard Business Manager, Heft 1, 1994, S. 65-72

Kratzer K.P. (1990): Neuronale Netze - Grundlagen und Anwendungen, München 1990

Krause Cl. (1993): Kreditwürdigkeitsprüfung mit neuronalen Netzen, Düsseldorf 1993

Krebs M. (1991): UNEX - Ein Expertensystem für quantitative und qualitative Unternehmensanalysen, Frankfurt 1991

Kreikebaum H. (1993): Strategische Unternehmensplanung, 5. Auflage, Stuttgart 1993

Krekel D. (1991): Neuronale Netze in der Anwendung, in: Wirtschaftsinformatik, Heft 5, 33. Jahrgang, 1991, S. 353-354

Kreßel U., Schürmann J., Franke J. (1991): Neuronale Netze für die Musterklassifikation, in: Radig B. (Hrsg.), Mustererkennung 1991, 13. DAGM-Symposium München, Informatik Fachberichte 290, Berlin 1991, S. 1-18

Krogh H. (1992): Die Sorgenlatte, in: Manager Magazin, Heft 4, 1992, S. 208-215

Krüger W. (1989): Hier irrten Peters und Waterman, in: Harvard Manager, Heft 9, 1992, S. 208-213

Küpper H.U., Hoffmann H. (1988): Ansätze und Entwicklungstendenzen des Logistik-Controlling in Unternehmen der Bundesrepublik Deutschland, in: DBW, Nr. 5, 48. Jahrgang, 1988, S. 587-601

Kurbel K., Pietsch W. (1991): Eine Beurteilung konnektionistischer Modelle auf der Grundlage ausgewählter Anwendungsprobleme und Vorschläge zur Erweiterung, in: Wirtschaftsinformatik, Heft 5, 33. Jahrgang, 1991, S. 355-364

Küting K. (1983a): Grundsatzfragen von Kennzahlen als Instrumente der Unternehmensführung, in: WiSt, Nr. 5, 1983, S. 237-241

Küting K. (1983b): Kennzahlensysteme in der betrieblichen Praxis, in: WiSt, Nr. 6, 1983, S. 291-296

Lachnit L. (1975): Kennzahlensysteme als Instrument der Unternehmensanalyse, in: WPg , Heft 4, 1975, S. 39-51

Lachnit L. (1976): Zur Weiterentwicklung betriebswirtschaftlicher Kennzahlensysteme, in: ZfB, 28. Jahrgang, 1976, S. 216-230

Lachnit L. (1979): Sytemorientierte Jahresabschlußanalyse, Wiesbaden 1979

Lauermann A. (1994): Autonomie von Fertigungssegmenten - Analyse zur Gestaltung neuer Fabrikstrukturen, Wiesbaden 1994

Lingnau V. (1994): Kostenwirkungen der Variantenvielfalt, in: krp, Heft 5, 1994, S. 307-315

Lippe von der P. (1993): Deskripive Statistik, Stuttgart 1993

Lippmann R.P. (1984): An Introduction to Computing with Neuronal Nets, in: IEEE Acoustics Speech an Signal Processing Magazine, April 1984, S. 4-22

Lovelook Chr. (1993): Dienstleister können Effizienz und Kundenzufriedenheit verbinden, in: Harvard Business Manager, Heft 2, 1993, S. 68-75

Magee J.F., Copacino W.F., Rosenfield D.B. (1985): Modern Logistics Management, Integrating Marketing, Manufacturing and Physical Distribution, New York u.a. 1985

Marking A. (1992): How to Implement Competitive-Cost Benchmarking, in: Journal of Business Strategy, 1992, S. 14-20

Martin J. (1993): Principles of Object-Oriented Analysis and Design, New Jersey 1993

März Th. (1983): Interdependenzen in einem Kennzahlensystem, Diss., München 1983

Maskell B.H. (1991): Perfomance Measurement for World Class Manufacturing, Cambridge 1991

Mayr H.C., Wagner R. (1993): Objektorientierte Methoden für Informationssysteme, Berlin Heidelberg 1993

McClelland J.L., Rummelhart D. (1988): Explorations in Parallel Distributed Processing - A Handbook of Models, Programs and Exercises, 2. Auflage, Cambridge u.a. 1988

McCulloch W.S., Pitts W. (1943): A Logical Calculus of Ideas Immanent in Nervous Activity, in: Bulletin of Mathematical Biophysics, Vol. 5, 1943, S. 115-133

Meffert H. (1989): Marktanalyse, in: Szyperski N. (Hrsg.), HWPlan, Stuttgart 1989, Sp. 1020-1030

Mehrmann E., Wirtz Th. (1992): Controlling für die Praxis, Düsseldorf u.a. 1992

Merkle E. (1982): Betriebswirtschaftliche Formeln und Kennzahlen und deren betriebswirtschaftliche Relevanz, in: WiSt, Nr. 7, 1982, S. 325-330

Mertens P. (1977): Die Theorie der Mustererkennung in den Wirtschaftswissenschaften, in: ZfbF, Heft 11, 29. Jahrgang, 1977, S. 777-794

Mertens P. (1991): Artifical Life - Generative Algorithmen, in: Wirtschaftsinformatik, Heft 2, 33. Jahrgang, 1991, S. 156-159

Mertens P. (1993): Neuere Entwicklungen des Mensch-Computer-Dialoges in Berichts- und Beratungssystemen, in: ZfB, Heft 1, 64. Jahrgang, 1993, S. 35-56

Mertens P. (1994): Vergleich zwischen Methoden der künstlichen Intelligenz und alternativen Entscheidungsunterstützungstechniken, in: Die Unternehmung, Heft 1, 1994, S. 3-16

Literaturverzeichnis

Mertens P., Bodendorf F., König W., Picot A., Schumann M. (1995): Grundzüge der Wirtschaftsinformatik, 3. Auflage, Berlin u.a. 1995

Mertens P., Griese J. (1988): Industrielle Datenverarbeitung, Bd. 2, 5. Auflage, Wiesbaden 1988

Meyer Cl. (1976): Kennzahlen und Kennzahlen-Systeme, Stuttgart 1976

Meyer-Piening A. (1980): Zero Base Budgeting (ZBB) als Planungs- und Führungsinstrument, in: Der Betrieb, 1980, S. 1277ff.

Meyer-Piening A. (1989): Zero-Base-Budgeting, in: Szyperski N. (Hrsg.), HWPlan, Stuttgart 1989, Sp. 2277-2296

Millard Chr., (1992): Benchmarking: Turning the Theory into Practice, in: A.T.Kearney International Conference, 1992

Minks W.A. (1990): Kundenreklamationsanalyse, warum? - Möglichkeiten einer rechnergestützten Anwendung, in: QZ, Heft 5, 1990, S. 275-278

Minsky M.L., Papert S.A. (1988): Perceptrons - An Introduktion to Computational Geometry, MIT Press, Cambridge 1988

Nadler M. (1993): Pattern Recognition Engineering, New York 1993

Nagel K. (1993): Die 6 Erfolgsfaktoren des Unternehmens, 5. Auflage, Landberg / Lech 1993

Nagel K., Ley D. (1994): Unternehmenssignale - Situationsbewertung, Strategienanalyse, Neupositionierung, Landsberg / Lech 1994

NEVEM-Workgroup (1989): Performance Indicators in Logistics, New York 1989

Niemand St. (1992): Target Costing - konsequente Marktorientierung durch Zielkostenmanagement, in: FB/IE, Heft 3, 41. Jahrgang, 1992, S. 118-123

Niemann H. (1974): Methoden der Mustererkennung, Frankfurt am Main 1974

Niemann H. (1983): Klassifikation von Mustern, Berlin 1983

Niemann H. (1984): Mustererkennung - eine einführende Übersicht, in: HMD, Heft 151, 21. Jahrgang, Januar 1984, S. 3-22

Niranjan M., Fallside F. (1990): Speech Feature Extraction using Neural Networks, in: Almeida L.B., Wellekens Chr.J. (Hrsg.), Neural Networks, EUROSIP Workshop, Berlin u.a. 1990, S. 197-204

Oess A. (1991): Total Quality Management - Die ganzheitliche Unternehmensstrategie, 2. Auflage, Wiesbaden 1991

Oppenländer K.H., Pilgrim von E. (1989): Brachenanalyse, in: Szyperski N. (Hrsg.), HWPlan, Stuttgart 1989, Sp. 169-175

Osyk B.A., Hung M.S., Madey G.R. (1994): A neural network modell for fault detection in conjunction with a programmable logic controller, in: Journal of Intelligent Manufacturing, Nr. 5, 1994, S. 67-78

Pal S.K., Mitra S. (1992): Multilayer Perceptron, Fuzzy Sets, and Classifikation, in: IEEE Transactions on Neuronal Networks, Vol. 3, Nr. 5, September 1992, S. 683-697

Pao Yoh-Han (1989): Adaptive Pattern Recognition and Neuronal Networks, Massachusetts 1989

Papadimitriou Chr.H., Steiglitz K. (1982): Combinatorial Optimation - Algorithms and Complexity, New Jersey 1982

Pawellek G., Mihajlovic G. (1995): Neuronale Netze im Produktionslogistik-Controlling, in: Distribution, Heft 10, 1995, S. 15-16

Peters T.J., Waterman R.H. (1993): Auf der Suche nach Spitzenleistungen - Was man von den bestgeführten US-Unternehmen lernen kann, 15. Auflage, Landsberg / Lech 1993

Pfohl H.-C., Zöllner W. (1991): Effizienzmessung der Logistik, in: DBW, Heft 3, 51. Jahrgang, 1991, S. 323-339

Pfohl H.-Chr. (1990): Logistiksysteme - Betriebswirtschaftliche Grundlagen, 4. Auflage, Berlin u.a. 1990

Phyrr P.A. (1970): Zero-Base-Budgeting, in: Harvard Business Review, Heft 11/12, 1970, S. 111-119

Picot A., Maier M. (1993): Interdependenzen zwischen betriebswirtschaftlichen Organisationsmodellen und Informationsmodellen, in: IM, Heft 3, 1993, S. 6-15

Picot A., Maier,M. (1994), Ansätze der Informationsmodellierung und ihre betriebswirtschaftliche Bedeutung, in: ZfB, Heft 2, 46. Jahrgang, 1994, S. 107-126

Picot A., Neuburger R. (1991): Ökonomische Perspektiven eines "Elektronik Data Interchange", in: IM, Heft 2, 1991, S. 22-28

Poddig Th. (1992): Künstliche Intelligenz und Entscheidungstheorie, Wiesbaden 1992

Porter M.E. (1992): Wettbewerbsvorteile - Spitzenleistungen erreichen und behaupten, 3. Auflage, Frankfurt 1992

Preißler P. (1991): Controlling, 3. Auflage, München u.a. 1991

Pümpin C. (1986): Management strategischer Erfolgsfaktoren, 3. Auflage, Bern u.a. 1986

Puppe F. (1988): Einführung in Expertensysteme, Berlin 1988

Puppe F. (1990): Problemlösungsmethoden in Expertensystemen, Berlin u.a. 1990

Rauba A. (1990): Planungsmethodik für ein Qualitätskostensystem, Berlin 1990

Rehkugler H., Poddig Th. (1991): Künstliche Neuronale Netze in der Finanzanalyse: Eine Ära der Kursprognosen?, in: Wirtschaftsinformatik, Heft 5, 33. Jahrgang, 1991, S. 365-374

Rehkugler H., Poddig Th. (1992): Anwendungsperspektiven und Anwendungsprobleme von künstlichen neuronalen Netzwerken, in: IM, Heft 2, 1992, S. 50-58

Reichheld F.R., Sasser W.E. (1991): Zero Migration: Dienstleister im Sog der Qualitätsrevolution, in: Harvard Manager, Heft 4, 1991, S. 108-117

Reichmann Th. (1993): Controlling mit Kennzahlen und Managementberichten - Grundlagen einer systemgestützten Controlling-Konzeption, 3. Auflage, München 1993

Reichmann Th., Lachnit L. (1976): Planung, Steuerung und Kontrolle mit Hilfe von Kennzahlen, in: ZfbF, Heft 8, 28. Jahrgang, 1976, S. 705-725

Reichwald R. (1992): Die Wiederentdeckung der menschlichen Arbeit als primärer Erfolgsfaktor für eine marktnahe Produktion, in: Reichwald R. (Hrsg.), Marktnahe Produktion: Lean Production - Leistungstiefe - Time to Market - Vernetzung - Qualifikation, Wiesbaden 1992, S. 3-18

Reichwald R., Nippa A. (1988): Die Büroaufgabe als Ausgangspunkt erfolgreicher Anwendungen neuer Informations- und Kommunikationstechniken, in: IM, Heft 2, 1988, S. 16-23

Reinhart G. (1994): Wettbewerbsfähige Produktion - Voraussetzung für eine strategische Entscheidung, in: Milberg J., Reinhart G. (Hrsg.), Tagungsband Münchener Kolloquium, München 1994, S. 188-211

Reinhart G. (1995): Autonome, kooperative Produktionssysteme, in: Schnell lernende Unternehmen - Quantensprünge in der Wettbewerbsfähigkeit, in: Wildemann H. (Hrsg.), Tagungsband Münchner Management Kolloquium, München 1995, S. 527-545

Reiss M. (1992): Mit Blut, Schweiß und Tränen zur schlanken Organisation, in: Harvard Manager, Heft 2, 1992, S. 57-62

Ritter H. (1991): Neuronale Netze - Möglichkeiten und Aussichten, in: HMD, Heft 159, 28. Jahrgang, Mai 1991, S. 3-6

Ritter H., Martinez Th., Schulten K. (1991): Neuronale Netze - Eine Einführung in die Neuroinformatik selbstorganisierender Netzwerke, Bonn u.a. 1991

Rommel G., Brück F., Diederichs R., Kempis R.-D., Kluge J. (1993): Einfach überlegen - Das Unternehmenskonzept, das die Schlanken schlank und die Schnellen schnell macht, Stuttgart 1993

Rumbough J., Blaha M., Premerlan W., Eddy F., Lorenson W. (1991): Object-Oriented Modeling and Design, New Jersey 1991

Rummelhart D., McClelland J.L (1987): Parallel Distributed Processing - Explorations in the Microstructure of Cognition - Volume 1: Foundations, 4. Auflage, Massachusetts 1987

Rummelhart D., McClelland J.L (1986): Parallel Distributed Processing - Explorations in the Microstructure of Cognition - Volume 2: Psychological and Biologival Models, 2. Auflage, Massachusetts 1986

Sauerburger H. (1991): Grundlagen neuronaler Netze, in: HMD, Heft 159, 28. Jahrgang, Mai 1991, S. 7-28

Schäfer G. (1986): Datenbankentwurf, Eul 1986

Schaffer R.H. (1992): Die Leistung steigern - aber wie?, in: Harvard Manager, Heft 1, 1992, S. 68-75

Schalkoff R. (1992): Pattern recognition: Statistical, Structural and Neural Approaches, New York 1992

Scheer A.-W. (1988a): Entwurf eines Unternehmensdatenmodelles, in: IM, Heft 1, 1988, S. 14-23

Scheer A.-W. (1988b): Wirtschaftsinformatik - Informationssysteme im Industriebetrieb, 2. Auflage, Berlin 1988

Scheer A.-W. (1992): Architektur integrierter Informationssysteme - Grundlagen der Unternehmensmodellierung, Berlin 1992

Scheer A.-W. (1994): Wirtschaftsinformatik - Referenzmodelle für industrielle Geschäftsprozesse, 4. Auflage, 1994

Scheer A.-W., Berkau K., Kruse Chr. (1991): Analyse der Umsetzung einer EDI-Konzeption am Beispiel der Beschaffungslogistik in der Automobilzulieferindustrie, in: IM, Heft 2, 1991, S. 30-37

Schnettler A. (1960): Betriebsanalyse, 2. Auflage, Stuttgart 1960

Scholz Chr. (1985): Strategische Branchenanalyse durch Mustererkennung, in: ZfB, Heft 2, 55. Jahrgang, 1985, S. 120-140

Schöneburg E. (1991): Aktienkursprognosen mit neuronalen Netzen, in: HMD, Heft 159, 28. Jahrgang, Mai 1991, S. 43-59

Schott G. (1991): Kennzahlen - Instrument der Unternehmensführung, 6. Auflage, Wiesbaden 1991

Schumann M. (1991): Neuronale Netze zur Entscheidungsunterstützung in der Betriebswirtschaft, in: Biethahn J., Bloech J., Bogaschewsky R., Hoppe U. (Hrsg.), Wissensbasierte Systeme in der Wirtschaft 1991, Wiesbaden 1991, S. 23-50

Schürmann J., Kreßel U. (1991): Neuronale Netze in der Mustererkennung: Multilayer-Perzeptron und Polynomklassifikator, in: HMD, Heft 159, 28. Jahrgang, Mai 1991, S. 110-122

Schürmann, B., Schütt D. (1989): Neuronale Netze - hochparallele, adaptive Modelle für die Informationsverarbeitung, in: HMD, Heft 150, 26. Jahrgang, November 1989, S. 146-160

Schwinn H. (1992): Relationale Datenbanksysteme, München 1992

Seidenschwarz W. (1991): Target Costing - Ein japanischer Ansatz für das Kostenmanagement, in: Controlling, Heft 4, 1991, S. 198-203

Serfling K. (1992): Controlling, 2. Auflage, Stuttgart u.a. 1992

Servatius H.-G. (1994): Reenginneering - Programme umsetzen, Stuttgart 1994

Siegwart H. (1992): Kennzahlen für die Unternehmensführung, 4. Auflage, Bern u.a. 1992

Sieper H.-P., Syska A. (1987): Entwicklung einer Kennzahlensystematik für die Logistik, AIF-Forschungsbericht Nr. 6467, Aachen 1987

Sommerlatte T. (1992): Unternehmen zur Hochleistungsorganisation entwickeln - wie und warum?, in: Burckhardt W. (Hrsg.), Schlank, intelligent und schnell, Wiesbaden 1992, S. 11-36

Sommerlatte T., Wedekind E. (1989): Leistungsprozesse und Organisationsstruktur, in: A.D. Little (Hrsg.), Management der Hochleistungsorganisation, Wiesbaden 1989, S. 23-41

Staehle W.H. (1969): Kennzahlen und Kennzahlensysteme als Mittel der Organisation und Führung, Wiesbaden 1969

Staehle W.H., Grabatin G. (1979): Effizienz von Organisationen, in: DBW, Heft 1, 39. Jahrgang, 1979, S. 89-102

Stalk G., Evans Ph., Shulman L.E. (1993): Kundenbezogene Leistungspotentiale sichern den Vorsprung, in: Harvard Business Manager, Heft 1, 1993, S. 59-71

Stanley J., Bak, E. (1992): Neuronale Netze - Computersimulation biologischer Intelligenz, München 1992

Stata R. (1989): Organizational Learning - The Key to Management Innovation, in: Sloan Management Review, Heft 1, 1989, S. 63-74

Literaturverzeichnis

Stata R. (1991): Analog Devices: The Half-Life-System, Harvard Business School, December 1991, S. 1-27

Steiner M., Wittkemper H.-G. (1993): Neuronale Netze - Ein Hilfsmittel für betriebswirtschaftliche Probleme, in: DBW, Heft 4, 53. Jahrgang, 1993, S. 447-463

Steinmüller P.H., Riedel G. (1993): Die neue Betriebsstatistik - Grundlagen, entscheidungsorientierte und konventionelle Anwendungen, 7. Auflage, 1993

Stickel E. (1991): Datenbankdesign - Methoden und Übungen, Wiesbaden 1991

Stockinger K.-H. (1989): FMEA - Ein Erfahrungsbericht, in: QZ, Heft 3, 1989, S. 155-158

Striening H.-D. (1988): Prozeß-Management, Frankfurt 1988

Strom A., Baum S. (1992): Neuronale Netze in der Finanzprognose, in: Sparkasse, 109. Jahrgang, Nr. 11, 1992, S. 534-539

Sullivan L.P. (1988): Quality Function Deployment, in: Bläsing J.P. (Hrsg.), Praxishandbuch Qualitätssicherung, Band 4, Baustein B3, München 1988

Syska A. (1990): Kennzahlen für die Logistik, Berlin 1990

Szyperski N., Klein St. (1993): Informationslogistik und virtuelle Organisationen, in: DBW, Heft 2, 53. Jahrgang, 1993, S. 187-208

Tamari M. (1966): Finanzwirtschaftliche Kennzahlen als Mittel zur Vorhersage von Insolvenzen, in: MIR, Heft 6, 1966, S. 29-34

Tanaka T., (1993): Target Costing at Toyota, in: Journal at Cost Management, Spring 1993, S. 4-11

Thom N. (1976): Zur Effizienz betrieblicher Innovationsprozesse, Köln 1976

Till T. (1993): Mustererkennung mit Fuzzy-Logik: Analysieren, klassifizieren, erkennen und diagnostizieren, München 1993

Tsichritzis D.C., Klug A. (1978): The ANSI/X3/SPARC DBMS framework report of the study group on database management systems, in: Information Systems, Nr. 3, 1978, S. 173-191

Tucker F.G., Zivian S.M., Camp R.C. (1987): Mit Benchmarking zu mehr Effizienz, in: Harvard Manager, Nr. 3, 1987, S. 16-18

Tucker S.A. (1961): Successful Managerial Control by Ratio-Analysis, New York 1961

Ulrich H. (1970): Die Unternehmung als produktives soziales System, Bern 1970

Ulrich H., Probst G.J.B. (1990): Anleitung zum ganzheitlichen Denken und Handeln, 2. Auflage, Bern u.a. 1990

VDMA (1991): Unternehmensplanung und Kontrolle, Frankfurt 1991

Viel J. (1958): Betriebs- und Unternehmensanalyse, 2. Auflage, Köln 1958

Voigt J.F. (1988): Die vier Erfolgsfaktoren des Unternehmens, Wiesbaden 1988

Walleck St.A., O'Halloran D.J., Leader C.A. (1991): Benchmarking world-class performance, in: The McKinsey Quarterly, Vol. 1, 1991, S. 3-24

Warnecke H.-J. (1993): Die fraktale Fabrik, Revolution der Unternehmenskultur, Berlin u.a. 1993

Weber J. (1986): Zum Begriff Logistikleistung, in: ZfB, Heft 12, 56. Jahrgang, 1986, S. 1197-1212

Weber J. (1992): Logistik als Koordinationsfunktion, in: ZfB, Heft 8, 62. Jahrgang, 1992, S. 877-895

Weber J. (1993): Logistik-Controlling, 3. Auflage, Stuttgart 1993

Weber J., Kummer S. (1990): Aspekte des betriebswirtschaftlichen Managements der Logistik, in: DBW, Nr. 6, 50. Jahrgang, 1990, S. 775-787

Weber J., Kummer S. (1994): Logistikmanagement, Stuttgart 1994

Wedekind H. (1976): Systemanalyse, 2. Auflage, München 1976

Weissman A. (1992): Management Strategien - Fünf Faktoren für den Erfolg, Landsberg / Lech 1992

Wiesböck K. (1987): Lineare Diskrimanzanalyse - Theoretische Ansatzpunkte und computergestützte Realisierung, Diss., Passau 1987

Wilbert R. (1991): Kreditwürdigkeitsanalyse im Konsumentenkreditgeschäft auf der Basis Neuronaler Netze, in: ZfB, Heft 12, 61. Jahrgang, 1991, S. 1377-1393

Wilbert R., Czap H. (1992): Neuronale Netze zur Beurteilung im bank- und versicherungsbetrieblichen Massengeschäft, in: Zur E. (Hrsg.), Controlling - Grundlagen, Informationssysteme, Anwendungen, Spremann Kl., Wiesbaden 1992, S. 789-801

Wilbert R. (1995): Interpretation neuronaler Netze in den Sozialwissenschften, in: ZfB, Heft 7, 65. Jahrgang, 1995, S. 769-783

Wild K.-D. (1993): Aktienkursprognose mit einem neuronalen Netz, in: Sparkasse, 110. Jahrgang, Nr. 6, 1993, S. 275-278

Wildemann H. (1987): Expertensysteme als CIM-Bausteine - Betriebswirtschaftlich-technologische Anforderungen an wissensbasierte Systeme in der Produktion, in: Wildemann H. (Hrsg.), Expertensysteme in der Produktion, Tagungsbericht, München 1987, S. 1-57

Wildemann H. (1990a): Einführungsstrategien für eine computerintegrierte Produktion (CIM), München 1990

Wildemann H. (1990b): Die Fabrik als Labor, in: ZfB, Heft 7, 60. Jahrgang, 1990, S. 611-630

Wildemann H. (1992a): Kosten- und Leistungsbeurteilung von Qualitätssicherungssystemen, in: ZfB, Heft 7, 62. Jahrgang, 1992, S. 761-782

Wildemann H. (1992b): Qualitätsentwicklung in F&E, Produktion und Logistik, in: ZfB, Heft 1, 62. Jahrgang, 1992, S. 17-21

Wildemann H. (1993a): Organisation der Produktion, in: Wittmann W. (Hrsg.), HWB, 5. Auflage, Bd. 2, Stuttgart 1993, Sp. 3388-3404

Wildemann H. (1993b): Unternehmensqualität - Einführung einer kontinuierlichen Qualitätsverbesserung, München 1993

Wildemann H. (1993c): Optimierung von Entwicklungszeiten - Just-in-Time in Foschung & Entwicklung und Konstruktion, München 1993

Wildemann H. (1994a): Das lernende Unternehmen: Evolutionäre Unternehmensstrukturen, Lean Management, KVP, JIT und TQM als Standortsicherungskonzept, in: Industriestandort Deutschland: Unternehmen in Deutschland - wie ist der Standort zu retten?, in: Wildemann H. (Hrsg.), Tagungsband Münchner Management Kolloquium, S. 1-40, München 1994

Wildemann H. (1994b): Fertigungsstrategien - Reorganisationskonzepte für eine schlanke Produktion und Zulieferung, 2. Auflage, München 1994

Wildemann H. (1994c): Die modulare Fabrik - Kundennahe Produktion und Zulieferung durch Fertigungssegmentierung, 4. neubearbeitete Auflage, München 1994

Wildemann H. (1995a): Produktionscontrolling - Systemorientiertes Controlling schlanker Produktionsstrukturen, 2. Auflage, München 1995

Wildemann H. (1995b): Lean Management - Methoden, Vorgehensweisen und Wirkungsanalysen, 2. Auflage, München 1995

Wildemann H. (1995c): Benchmarking von Geschäftsprozessen, in: Schnell lernende Unternehmen - Quantensprünge in der Wettbewerbsfähigkeit, in: Wildemann H. (Hrsg.), Tagungsband Münchner Management Kolloquium, S. 69-101, München 1995

Wildemann H. (1995d): Das Just-in-Time Konzept - Produktion und Zulieferung auf Abruf, 3. Auflage, München 1995

Wildemann H. (1995e): Produktionssynchrone Beschaffung, 3. Auflage, München 1995

Wohlgemuth A.C. (1989): Die klippenreiche Suche nach Erfolgsfaktoren, in: Die Unternehmung, Heft 2, 1989, S. 89-111

Womack,J.P., Jones D.T., Roos D. (1991): Die zweite Revolution in der Automobilindustrie, Frankfurt 1991

Zöfel P. (1992): Statistik in der Praxis, 3. Auflage, Stuttgart u.a. 1992

ZVEI (1976): ZVEI-Kennzahlensystem, Frankfurt 1976